广东省优秀社会科学家文库（系列一）

陈金龙自选集

陈金龙 ◎ 著

·广州·

版权所有　翻印必究

图书在版编目（CIP）数据

陈金龙自选集/陈金龙著. —广州：中山大学出版社，2015.11
[广东省优秀社会科学家文库（系列一）]
ISBN 978-7-306-05447-0

Ⅰ.①陈…　Ⅱ.①陈…　Ⅲ.①中国共产党—活动—研究 ②马克思主义—发展—中国 ③毛泽东思想研究　Ⅳ.①D26 ②D61 ③A84

中国版本图书馆 CIP 数据核字（2015）第 224450 号

出 版 人：	徐　劲
策划编辑：	嵇春霞
责任编辑：	陈　霞
封面设计：	曾　斌
版式设计：	曾　斌
责任校对：	王　睿
责任技编：	黄少伟
出版发行：	中山大学出版社
电　　话：	编辑部 020-84111996，84111997，84113349，84110779
	发行部 020-84111998，84111981，84111160
地　　址：	广州市新港西路 135 号
邮　　编：	510275　传　真：020-84036565
网　　址：	http://www.zsup.com.cn E-mail: zdcbs@mail.sysu.edu.cn
印 刷 者：	广州家联印刷有限公司
规　　格：	787mm×1092mm 1/16 18 印张 305 千字
版次印次：	2015 年 11 月第 1 版 2015 年 11 月第 1 次印刷
定　　价：	60.00 元

如发现本书因印装质量影响阅读，请与出版社发行部联系调换

陈金龙

1963年4月出生于湖南益阳。博士，华南师范大学学术委员会副主任，马克思主义学院院长、教授、博士生导师。兼任国家社科基金学科规划评审组专家、教育部马克思主义理论类专业教学指导委员会委员。先后主持国家社科基金重大项目、重点项目、一般项目、青年项目8项，教育部人文社会科学研究项目3项。迄今出版专著5部，合著多部，在《马克思主义研究》《中共党史研究》《近代史研究》《民族研究》《世界宗教研究》等刊物发表论文百余篇，50余篇文章为《新华文摘》《中国社会科学文摘》、中国人民大学复印资料转载。6项成果获教育部、广东省哲学社会科学研究优秀成果一、二等奖。入选国家高层次人才特殊支持计划（"万人计划"）第一批哲学社会科学领军人才、教育部"新世纪优秀人才"支持计划、中宣部"四个一批"人才培养计划，享受国务院政府特殊津贴，获"广东省优秀社会科学家""南粤优秀教师"等称号，受聘为广东省高等学校"珠江学者"。

"广东省优秀社会科学家文库"（系列一）

主　　任　慎海雄

副主任　蒋　斌　王　晓　李　萍

委　　员　林有能　丁晋清　徐　劲

　　　　　魏安雄　姜　波　嵇春霞

"广东省优秀社会科学家文库"（系列一）

出 版 说 明

哲学社会科学是人们认识和改造世界、推动社会进步的强大思想武器，哲学社会科学的研究能力是文化软实力和综合国力的重要组成部分。广东改革开放30多年所取得的巨大成绩离不开广大哲学社会科学工作者的辛勤劳动和聪明才智，广东要实现"三个定位、两个率先"的目标更需要充分调动和发挥广大哲学社会科学工作者的积极性、主动性和创造性。省委、省政府高度重视哲学社会科学，始终把哲学社会科学作为推动经济社会发展的重要力量。省委明确提出，要打造"理论粤军"、建设学术强省，提升广东哲学社会科学的学术形象和影响力。2015年11月，中共中央政治局委员、广东省委书记胡春华在广东省社会科学界联合会、广东省社会科学院调研时强调："要努力占领哲学社会科学研究的学术高地，扎扎实实抓学术、做学问，坚持独立思考、求真务实、开拓创新，提升研究质量，形成高水平的科研成果、优势学科、学术权威、领军人物和研究团队。"这次出版的"广东省优秀社会科学家文库"，就是广东打造"理论粤军"、建设学术强省的一项重要工程，是广东社科界领军人物代表性成果的集中展现。

这次入选"广东省优秀社会科学家文库"的作者，均为广东省首届优秀社会科学家。2011年3月，中共广东省委宣传部和广东省社会科学界联合会启动"广东省首届优秀社会科学家"

评选活动。经过严格的评审，于当年7月评选出广东省首届优秀社会科学家16人。他们分别是（以姓氏笔画为序）：李锦全（中山大学）、陈金龙（华南师范大学）、陈鸿宇（中共广东省委党校）、张磊（广东省社会科学院）、罗必良（华南农业大学）、饶芃子（暨南大学）、姜伯勤（中山大学）、桂诗春（广东外语外贸大学）、莫雷（华南师范大学）、夏书章（中山大学）、黄天骥（中山大学）、黄淑娉（中山大学）、梁桂全（广东省社会科学院）、蓝海林（华南理工大学）、詹伯慧（暨南大学）、蔡鸿生（中山大学）。这些优秀社会科学家，在评选当年最年长的已92岁、最年轻的只有48岁，可谓三代同堂、师生同榜。他们是我省哲学社会科学工作者的杰出代表，是体现广东文化软实力的学术标杆。为进一步宣传、推介我省优秀社会科学家，充分发挥他们的示范引领作用，推动我省哲学社会科学繁荣发展，根据省委宣传部打造"理论粤军"系列工程的工作安排，我们决定编选16位优秀社会科学家的自选集，这便是出版"广东省优秀社会科学家文库"的缘起。

  本文库自选集编选的原则是：（1）尽量收集作者最具代表性的学术论文和调研报告，专著中的章节尽量少收。（2）书前有作者的"学术自传"或者"个人小传"，叙述学术经历，分享治学经验；书末附"作者主要著述目录"或者"作者主要著述索引"。（3）为尊重历史，所收文章原则上不做修改，尽量保持原貌。（4）每本自选集控制在30万字左右。我们希望，本文库能够让读者比较方便地进入这些岭南大家的思想世界，领略其学术精华，了解其治学方法，感受其思想魅力。

  16位优秀社会科学家中，有的年事已高，有的身体欠佳，有的工作繁忙，但他们对编选工作都非常重视。大部分专家亲自编选，亲自校对；有些即使不能亲自编选的，也对全书做最后的审订。他们认真严谨、精益求精的精神和学风，令人肃然起敬。

在编辑出版过程中，除了16位优秀社会科学家外，我们还得到中山大学、华南理工大学、暨南大学、华南师范大学、华南农业大学、广东外语外贸大学、广东省社会科学院、中共广东省委党校等有关单位的大力支持，在此一并致以衷心的感谢。

广东省优秀社会科学家每三年评选一次。"广东省优秀社会科学家文库"将按照"统一封面、统一版式、统一标准"的要求，陆续推出每一届优秀社会科学家的自选集，把这些珍贵的思想精华结集出版，使广东哲学社会科学学术之薪火燃烧得更旺、烛照得更远。我们希望，本文库的出版能为打造"理论粤军"、建设学术强省做出积极的贡献。

"广东省优秀社会科学家文库"编委会
2015年11月

目录

学术自传 / 1

第一部分　中国共产党纪念活动的历史发展与社会功能

略论民主革命时期中国共产党的纪念活动 / 3
论民主革命时期的中共建党纪念活动 / 25
论中共建党纪念的社会功能
　　——以新中国"七一"纪念活动为中心的考察 / 46
试论国庆纪念的社会功能
　　——以新中国国庆纪念为中心的考察 / 60
中共纪念活动与党史文化的建构 / 77

第二部分　马克思主义中国化的基本理论

论马克思主义中国化的若干问题
　　——基于20世纪50年代社会主义建设道路的探索 / 97
马克思主义中国化的主体探析 / 112
时代特征与马克思主义中国化 / 124
关于道路自信、理论自信、制度自信的思考 / 138
深化马克思主义中国化研究的若干思考 / 151

第三部分　毛泽东思想研究的视阈拓展

孙中山思想：毛泽东思想的重要理论来源 / 165
毛泽东与纪念活动的政治功能表达 / 177

十月革命与毛泽东革命话语的建构／196

中国革命经验与毛泽东建设话语的建构／210

试论正确处理人民内部矛盾理论的社会传播路径／222

试论毛泽东的制度自信／238

试论毛泽东思想的当代价值／252

附录　陈金龙主要著述目录／264

后记／272

学术自传

◎ 陈金龙

求学、工作30余年的经历,使我与三所大学结下了不解之缘,即湖南师范大学、中山大学和华南师范大学。本科、硕士分别就读湖南师范大学政治系思想政治教育专业、中共党史专业,得益于谭双泉教授的指导;博士就读中山大学历史系中国近现代史专业,师从林家有教授。1987年7月研究生毕业后留湖南师范大学任教,1994年8月调入华南师范大学工作至今。

我的研究领域主要包括中共党史、中国近现代史、马克思主义中国化。主持国家社科基金项目7项、教育部人文社科项目3项,出版专著5部,合著多部,在《马克思主义研究》《中共党史研究》《近代史研究》《民族研究》《世界宗教研究》等刊物发表论文百余篇,40余篇文章为《新华文摘》《中国社会科学文摘》、中国人民大学复印资料转载。1项成果获教育部中国高校人文社会科学研究优秀成果二等奖,5项成果获广东省哲学社会科学研究优秀成果一、二等奖。入选国家高层次人才特殊支持计划("万人计划")第一批哲学社会科学领军人才、教育部新世纪优秀人才支持计划、中宣部"四个一批"人才培养计划,享受国务院政府特殊津贴,获广东省优秀社会科学家等称号,受聘广东省高等学校珠江学者,兼任教育部马克思主义理论类专业教学指导委员会委员、国家社科基金学科规划评审组专家。回溯这些年的学术研究经历,我的感受主要有如下几个方面。

一、学术研究贵在创新

今人的学术研究,只能在前人积累的基础上进行,而要超越前人必须实现视野、理论、方法的创新,开拓新的研究领域,形成独特的研究方向。我在研究过程中,力求在已有成果的基础上有所创新、有所超越,不简单重复前人的研究，不随意附和他人的观点。比如，关于毛泽东思想的理论来源，国内学术界较长时期多倾向于一个来源，即马克思主义。20世纪80年代中期，学术界开始论证中国传统文化是毛泽东思想的重要理论来源，我以"民族精神与毛泽东"为切入点，参与了这方面的研究。在此基础上，我侧重探讨孙中山思想对中国共产党人的影响，通过对毛泽东与孙中山政治、经济、文化、军事、伦理、外交、民族、科技、教育诸方面思想的系统比较，以相当充分的史料说明了毛泽东对孙中山思想的继承与超越、借鉴与创新，得出孙中山思想是毛泽东思想另一重要理论来源的结论，从而深化了对毛泽东思想理论来源的认识。又如，在中国历史上，宗教与政治的关系既复杂又微妙，政教关系问题成为历史学界和宗教学界长期探讨的一大论题。然而，以往的研究成果大多集中探讨中国古代政教关系，对中国近现代政教关系的研究，由于问题的敏感性和复杂性等原因，虽在某些论著中有所涉及，但无专题深入探讨。我选择佛教作为突破口，在查阅大量档案资料的基础上，对南京国民政府时期佛教与政府的关系进行了较为全面的梳理与分析，着重考察了庙产管理、庙产兴学、中国佛教会成立及内部矛盾、僧伽制度整理、佛教文化复兴等问题所折射和反映的南京国民政府与佛教界之间的复杂关系，并对其中的是非得失作了分析与评价。这一尝试，既拓展了中华民国史研究的视阈，也深化了对南京国民政府时期政教关系的认识。再如，中共自成立后举行了一系列纪念活动，在实施政治动员、表达政治主张、协调各方关系、建构政党形象与国家形象、强化历史记忆等方面发挥了重要作用，纪念活动是中共历史发展的一个重要侧面。长期以来，学术界对此关注不够，成为中共党史研究的薄弱环节。我从2007年开始涉足这一领域，在总体把握中共纪念活动的由来、类型、形式、功能、特点的基础上，具体考察了五四纪念、国庆纪念、建党纪念、辛亥革命纪念的历史发展与社会功能。这些成果发表后，赢得了学术界的关注和认同。中共纪念活动史的研究也表明，只有开拓新的研究领域，才能赢得较大的学术生长空间。

二、学术研究应关注现实

经世致用是中国学术的传统，先秦诸子充满"入世""救世"情怀，他们投身学问的初衷、追求学问的目的，基本上是为了应对现实提出的问题；在"明清易代"的现实冲击下，以顾炎武、黄宗羲、王夫之为代表的一批著名学者，力倡经世致用之学，并使之形成了一股有影响的社会思潮。当代学术研究应秉持这一传统，关注现实，回答现实提出的重大问题，以彰显学术研究的社会价值与实践意义，体现学者的责任担当和现实关怀。关注现实、回应现实，不同的学科有不同的态度和路径。我的基本思路是：从现实获得灵感，回到学科寻找问题。如此，既关切了现实，又拓展了学科的研究视阈。例如，改革开放之后，随着社会变迁和价值取向的多元化，信仰宗教的人逐渐增多，宗教在社会生活中的影响力日益明显，如何认识和对待宗教问题需要理论界作出回答。我没有直接研究当代国民宗教信仰的状况，也无力研究宗教学的基本理论或宗教教义、宗教历史，而是结合自己的专业领域，选择中国共产党处理宗教问题的理论、政策与实践作为回应现实的切入点。事实上，中国是一个有多种宗教的国家，如何对待和处理宗教问题，是摆在中国共产党面前不可漠视和回避的课题。然而，对于中国共产党处理宗教问题的理论、政策与实践，学术界较长时期缺乏系统研究。究其原因，从事宗教学研究的学者或许认为其学术性不强而不屑研究，从事中共党史研究的学者因其复杂性、敏感性而不愿研究。我从1997年开始涉猎这一领域，对各个历史时期中国共产党处理宗教问题的理论、政策与实践进行了具体梳理，对20世纪中国共产党处理宗教问题的历史经验进行了系统总结和理性反思。这一研究，较好地处理了历史与现实、学科性与现实性的关系，探索了学术研究关注现实、回应现实的合理路径。

三、学术研究要善于交叉融合

学术研究创新，一个可行的路径是通过不同学科理论、方法的交叉融合，打破学科划分，形成"杂交"优势，实现研究视野、研究方法的更新。我在从事研究的过程中，力图借鉴不同学科的理论与方法，以开阔研究视野，更新研究思路，避免因文献局限给研究带来的束缚。比如，将宗教学的理论、方法融入中共党史研究，建构中国共产党宗教政策研究的基本理论框架；将政治仪式、政治符号、政治象征的理论引入中共纪念活动史的研究，提升中共纪念活动史研究的理论品位与学术含量，增强中共纪念活动史研究的解释力、说服力；将政教关系的理论引入中华民国史的研究，确立南京国民政府与佛教界互动关系的解释框架；将话语分析方法引入马克思主义中国化的研究，形成马克思主义中国化研究的新视阈。应当说，我尝试的学科交叉融合只是初步的，但它为我开启了新的研究空间，提供了新的研究思路。在学科相对成熟的背景下，要突破研究的瓶颈，学科的交叉融合是可行之途。

四、学术研究重在坚守

学术研究是体力活，没有学术追求与学术志向，没有压力、动力与毅力，难以坚持下来。而能否坚守，在一定程度上决定了研究的成败和学术贡献的大小。人的时间、精力是有限的，要想在学术界或学术史上留下一些痕迹，建构自己的学术形象，必须在一定时期坚守某一研究方向或研究领域，待取得一定研究成果后，再实现研究方向、研究兴趣的转移。中共党史学科是不为学界重视和理解的学科，甚至遭遇不少学科歧视和误解，因而自20世纪90年代始，有不少从事中共党史研究的学者纷纷离场或转向。我在研究过程中，一旦选定某一问题，就不会轻易放弃或见异思迁，因而在毛泽东思想的理论来源、中国共产党的宗教政策、南京国民政府时期的政教关系、中共纪念活动的历史发展与社会功能、马克思主义中国化的基本理论等方面，形成了系列研究成果。尽管研究方向有变化，研究视阈有拓展，但我始终没有离开中共党史学科，力求在这一学科之内寻找生长点、突破口。多年的经历表明，学术研究无捷径可走，需要付出艰辛的努力，需要日积月累的坚守。

到了知天命之年，发现问题的能力似乎更强，但研究问题的精力逐渐递减。不少问题摆在我面前，研究起来又深感力不从心，这是目前最大的困惑。我深知，唯有不懈创新、执意坚守，学术研究才能走得更远。

陈金龙自选集

第一部分

中国共产党纪念活动的历史发展与社会功能

略论民主革命时期中国共产党的纪念活动

纪念活动是一种政治仪式,也是一种政治象征,有其独特的政治功能。中共自成立以来,举行了多种形式的纪念活动,其中,既有对国际共运、近代中国重要历史人物、历史事件和特殊节日的纪念,也有对中共自身主要节日、重大事件、革命先烈的纪念,纪念活动是中共历史发展的一个侧面。本文拟就民主革命时期中共纪念活动的由来、类型、形式、基本特征和历史作用作一总体探讨,以拓展中共党史研究的视域。

一、纪念活动的由来

民主革命时期,中共之所以要发起、组织各种形式的纪念活动,是由以下几个方面的原因决定的。

(一) 尊重历史、总结历史经验的需要

历史是客观的真实存在,尊重历史是一个政党对待历史应持的正确态度。毛泽东明确表示:"我们必须尊重自己的历史,决不能割断历史。"① 这是中国共产党人对待历史的基本态度。民主革命时期,中共举行各种形式的纪念活动,其意正在于表达对历史的尊重、追忆和缅怀。纪念活动通过其特定的方式,可将人们带入历史的时空,置身历史的场景,去感受历史、触摸历史,因而成为中共保留历史记忆的重要途径。同时,历史经验包含诸多启人心智的道理,善于总结和借鉴历史经验,是一个政党成熟的重要标志。中共举行各种形式的纪念活动,其出发点之一就在于总结历史经验,以为中国革命提供有益的启示和借鉴。比如,1931 年 11 月,中共中央《关于广州暴动纪念日的工作决议》明确指出:"武装暴动的教训是值得每一个共产党人加以深刻和详尽的研究的",要求在广州起义纪念活

---

① 中共中央文献编辑委员会:《毛泽东选集》(第 2 卷),人民出版社 1991 年版,第 708 页。

动中,"印发各种宣传品,在群众中进行广大的宣传与鼓动,解释广州公社的经验与教训……使广州公社的宝贵的经验与教训为每一个党员与团员所深切了解"。① 从这里可以看出,纪念广州起义是为了总结其失败的经验和教训,以避免历史的悲剧重演。又如,1933年2月17日,中共中央为纪念巴黎公社62周年发表的宣言也强调:"学习巴黎公社的经验与教训,以公社宝贵的经验来武装自己,这是纪念公社的任务,也是无产阶级争取革命胜利的必要条件。"② 因此,总结和借鉴历史经验是中共发起、组织纪念活动的重要旨趣。

(二)进行政治动员、表达政治主张的需要

由于纪念对象具有超越时空的魅力,借助纪念活动进行政治动员,表达政治主张,容易引起社会的关注和共鸣,有助于强化政治动员、政治表达的效果。1931年4月,中共中央《关于苏区宣传鼓动工作决议》便强调利用纪念节开展政治动员:"一切纪念节在苏区都应该是广大的宣传鼓动的日子。比如'三八'应该是宣传劳动妇女解放,使劳动妇女起来参加一切斗争的日子……'五一'应该是宣传鼓动苏区工农检阅自己的力量,同全世界无产阶级团结在一起的日子;一月二十一日应该是列宁纪念周,大规模征收党员的日子。"③ 张闻天在谈到白区工作时也指出:"如果形势非常有利,利用纪念节有动员广大群众到马路上的可能时,那我们应该组织这类的纪念节活动。比如正在日本进攻中国、形势紧急、群众愤慨的情形之下,'一·二八'与'九一八'这种纪念节是最能动员群众的。"④ 可见,利用纪念活动进行政治动员,是中共政治动员的重要策略。同时,纪念活动也是中共表达政治主张的有利时机,容易赢得广泛的社会认同。在为纪念活动发表的有关宣言、口号、通告中,中共一般要提出自

---

① 参见中央档案馆编《中共中央文件选集》(第7册),中共中央党校出版社1991年版,第495、497页。
② 中国共产党中央委员会:《为巴黎公社六十二周年和北京惨案七周年纪念宣言》,载《红旗周报》第58期(1933年3月8日),第16页。
③ 参见中央档案馆编《中共中央文件选集》(第7册),中共中央党校出版社1991年版,第216页。
④ 中央党史研究院张闻天选集传记组编:《张闻天文集》(第2卷),中共党史出版社2012年版,第121页。

己的政治主张。如1943年7月，中共中央为纪念抗战六周年发表宣言，提出了"加强作战""加强团结""改良政治""发展生产"四大主张，将抗战纪念与政治表达融为一体。① 可以说，纪念活动是进行政治动员的有效形式，也是表达政治主张的绝佳机会。

（三）实现政治整合、凝聚人心的需要

纪念活动既有政治动员、政治表达之功，亦能收政治整合、凝聚人心之效。借纪念活动协调国共关系、整合各派力量、凝聚各方人心，也是中共发起、组织纪念活动的着眼点。事实上，孙中山逝世纪念、辛亥革命纪念，对于国共两党关系的协调甚至国民党内部关系的协调具有不容忽视的意义；"三八"纪念、"五一"纪念、"五卅"纪念、"七七"纪念、"九一八"纪念、"一·二八"纪念等，对于国内各派政治力量的整合，亦有异乎寻常的效果。1926年3月，中共中央在孙中山逝世周年纪念日发表《告中国国民党党员书》，其主旨就在于号召"中国国民党左右派结合起来""全中国的革命派结合起来"。② 尽管这种呼吁未能挽救国民党分裂和大革命失败的危局，但中共借孙中山逝世纪念来推动国民党整合、革命力量凝聚的意图是十分明显的。1939年7月7日，中共中央为抗战两周年纪念发表对时局宣言，借抗战纪念表达对前方将士的敬礼、对后方民众与海外侨胞的问候、对民族英烈的慰问及世界各界人士的谢意③，其目的也在于整合各派力量、凝聚各方人心。

（四）协调国际关系、扩大中共国际影响的需要

民主革命时期，中共面临与共产国际、苏联和世界其他国家关系的协调问题，也需要扩大自身的国际影响。通过组织纪念活动，给予共产国际、苏联和世界其他国家以配合和支持，是协调国际关系、党际关系的重要途径，也是中共扩大自身国际影响的有效形式。比如，十月革命在苏联

---

① 参见中共中央文献研究室编《毛泽东文集》（第3卷），人民出版社1996年版，第41～43页。

② 参见中央档案馆编《中共中央文件选集》（第2册），中共中央党校出版社1989年版，第79页。

③ 参见中央档案馆编《中共中央文件选集》（第12册），中共中央党校出版社1991年版，第138～139页。

历史上占有重要地位，共产国际和苏联每逢十月革命纪念日均有纪念活动的安排，中共相应地组织纪念活动既是对十月革命道路的认同，也是对共产国际领导地位的维护，对中苏关系的协调与中共国际影响的扩大，无疑具有积极意义。又如，"三八"妇女节、"五一"劳动节，都是国际性的纪念节日，共产国际往往为此发表宣言，对纪念活动作出统一部署。如1940年，共产国际执委会发表"五一"宣言，要求全世界的无产者、劳动民众在五一"举行示威，来拥护和平，反对战争的挑拨者及放火者"①。在这种情况下，中共举行相应的纪念活动，向世界其他国家的无产者、劳动民众表达中共的声音，既是对共产国际的配合，也有助于中共步入国际舞台。1942年，美国总统罗斯福发起以每年的6月14日作为联合国日，全世界反法西斯各国都在这天举行纪念活动。为回应这一倡议，1944年6月，逢第三次联合国日，延安举行"热烈的民众大会"，毛泽东为《解放日报》撰写社论《纪念联合国日，保卫西安与西北》。② 组织类似的纪念活动，自然有助于改善与美国等国家的关系。

因此，中共在民主革命时期发起、组织各种形式的纪念活动，既是历史发展的必然，也是中国革命的诉求，亦有助于赢得国际支持、营造有利于中国革命的国际环境。

二、纪念活动的类型

民主革命时期中共发起、组织的各种纪念活动，依据纪念对象的不同，大致可以分为三种类型。

（一）对国际共运重要人物、事件、节日的纪念

1. 对马克思、恩格斯、列宁的纪念

在马克思、恩格斯、列宁诞辰和忌辰纪念日③，中共不定期地发起、

---

① 共产国际执行委员会：《共产国际"五一"宣言》，载《解放》第114期（1940年9月1日），第4页。
② 参见中共中央文献研究室编《毛泽东文集》（第3卷），人民出版社1996年版，第172页。
③ 马克思的诞辰、忌辰纪念日是5月5日、3月14日，恩格斯的诞辰、忌辰纪念日是11月28日、8月5日，列宁的诞辰、忌辰纪念日是4月22日、1月21日。

组织了相关纪念活动。

1922年5月5日是马克思诞辰104周年纪念日，中共组织了首次马克思诞辰纪念活动。活动期间，李大钊、陈独秀等主要领导人在《新青年》发表了介绍马克思的文章；各地党组织还在许多大城市举办了群众性纪念会。1934年，中共中央宣传部为纪念马克思诞辰而拟定《"五五"节报告大纲》，称"马克斯是全世界无产阶级革命的导师"，所创立的马克思主义理论是世界无产阶级革命"一个最有力的武器"。① 抗日战争时期，逢马克思诞辰纪念，中共中央机关刊物和机关报刊发了不少介绍马克思生平、思想的文章。如1938年5月出版的《解放》第36期，发表了凯丰的文章《马克思与中国》，充分肯定了马克思对于中国革命的理论贡献；1940年5月出版的《解放》第106、107期合刊，登载了许之桢摘译的《卡尔·马克思传略》和拉发格著、王石巍译的《马克思回忆录》，简要介绍了马克思的生平。

对于马克思的忌辰纪念，中共也相当重视。1933年2月，中共中央为纪念马克思逝世50周年发表告民众书，并就纪念活动的具体安排作出专门决议，规定各级党部于马克思逝世日在各地组织群众纪念大会；预先指定同志向各纪念大会作内容充实而又通俗易解的报告；成立各种公开的学术组织，如社会科学研究会、马克思主义研究会等；发动左翼作家在各大城市（特别是在上海）组织马克思逝世50周年纪念大会，报告"马克思的学说"；各地党的刊物出版纪念马克思专号；中央宣委编译"马克思主义和列宁主义之理论基础"等小册子。② 中共对于马克思忌辰纪念的重视程度，由此可见一斑。

对于恩格斯的纪念活动，尽管相对于马克思的纪念活动来说有些逊色，但逢恩格斯的诞辰和忌辰，中共仍不定期地组织了一些纪念活动。如1938年8月出版的《解放》第47期，为纪念恩格斯逝世43周年，刊载了列宁所作《纪念恩格斯》和黎平所撰《纪念中国人民的伟大朋友——恩格斯》两篇文章。其中，黎平的文章从"恩格斯与中华民族自卫战争""恩格斯与新中国的建设"两个方面，论述了恩格斯关于中国革命与建设

---

① 参见中共中央宣传部《"五五"节报告大纲》，载《红色中华》，1934年4月19日。
② 中共中央文献研究室、中央档案馆编：《建党以来重要文献选编》（第10册），中央文献出版社2011年版，第126页。

的基本思想。1941年1月出版的《解放》第122期，为纪念恩格斯诞辰120周年，刊载了《恩格斯传略》的译文，向中国读者介绍了恩格斯的生平。

中共对于列宁的纪念活动是从其逝世之后开始的。1925年1月，《向导》出版"列宁逝世一周年纪念特刊"；此时召开的中共四大，也为列宁逝世一周年纪念发表宣言，号召全国的工人、农民和一切被压迫的民众，"站在列宁主义的旗帜之下，实行列宁主义，与全世界的工农阶级联合起来去消灭世界资本帝国主义"。① 从运作方式和字里行间，可见中共对于列宁忌辰纪念的关注程度。大革命失败后，对列宁的纪念活动被延续下来。1929年2月出版的《布尔塞维克》，为纪念列宁逝世五周年发表《纪念列宁的口号》，认为列宁"一生的经验、学问、著作，就是我们全世界无产阶级革命的总路线"，因而强调"学习列宁主义"。② 抗日战争时期，为纪念列宁逝世，《群众》发表社论《列宁逝世十六周年纪念》，论述了列宁帝国主义论的内涵与价值；1941年1月出版的《解放》第123期，设专栏载文纪念列宁逝世17周年，其中包括斯大林《关于列宁的逝世》与实甫《掌握创造性的马克思主义》两篇文章。对于列宁诞辰的纪念相对于忌辰纪念则明显要少。

2．对十月革命、巴黎公社的纪念

十月革命开启了世界无产阶级革命的新时代，对十月革命的纪念是中共纪念活动的重要内容。自李大钊发表《庶民的胜利》《Bolshevism的胜利》之后，为总结十月革命的经验，赢得苏联对于中国革命的支持，中共中央机关刊物和机关报发表了大量纪念十月革命的文章，并为此发表通告或宣言，提升十月革命的纪念意义和纪念价值。1924年11月，《向导》出版"十月革命特刊"，号召全世界的工人、农民、被压迫民族"研究列宁主义，实行列宁主义，努力继续十月革命的工作"③，中国最大多数人

---

① 参见《中国共产党第四次大会对于列宁逝世一周年纪念宣言》，载《向导》第99期（1925年1月21日），人民出版社1954年影印合订本，第825页。

② 参见问友《纪念列宁的口号》，载《布尔塞维克》（第2卷）第4期（1929年2月1日），第94页。

③ 彭述之：《十月革命与列宁主义》，载《向导》第90期（1924年11月7日），人民出版社1954年影印合订本，第746页。

民"接受俄罗斯十月革命的精神"①。土地革命战争时期,随着革命根据地和苏维埃政权的建立,十月革命的纪念意义凸显出来。1928年12月出版的《布尔塞维克》,为纪念十月革命11周年发表《十月革命对于中国革命之经验》一文,从小资产阶级问题、革命转变问题、党的领导作用、革命的客观环境等方面,论述了十月革命对于中国革命的借鉴意义。②1933年11月7日,中共中央为十月革命16周年纪念发表宣言,在分析造成工人失业饥饿、农民破产饥荒、学生失学贫困等问题原因的基础上,号召全国劳苦民众"团结起来,在苏维埃的旗帜之下","为中国民族的独立、自由与领土完整而斗争"。③抗日战争时期,为争取苏联的援助,中共举行了诸多与十月革命纪念相关的活动,甚至苏联红军建立之日也纳入了纪念的视野。1943年2月21日,毛泽东致电斯大林、联共中央和红军将士,祝贺苏联红军成立25周年,称苏联红军是"抵抗法西斯暴力的中流砥柱,是创造新的和平世界的急先锋"④。

巴黎公社是人类历史上第一个无产阶级政权,是建立新型民主国家的初次尝试。巴黎公社的经验教训,对于中共有直接借鉴意义。1926年3月,为纪念巴黎公社55周年,广州成立了筹备会,出版了《巴黎公社纪念册》,毛泽东在国民党政治讲习班发表演讲,既论述了纪念巴黎公社的意义,又从中总结了对中国革命有益的教训和启迪。1933年2月17日,中共中央为纪念巴黎公社62周年发表宣言,系统总结了巴黎公社的经验教训,并就纪念活动作出专门决定:"动员党、团、工会及一切群众组织到广大的群众中,经过各种集会、演讲和刊物宣传巴黎公社的意义与教训。"⑤抗日战争时期,《解放》《群众》等报刊亦刊载了不少纪念巴黎公社的文章。

---

① 陈独秀:《俄罗斯十月革命与中国最大多数人民》,载《向导》第90期(1924年11月7日),人民出版社1954年影印合订本,第747页。

② 参见问友《十月革命对于中国革命之经验》,载《布尔塞维克》(第2卷)第2期(1928年12月1日),第54~65页。

③ 参见中央档案馆编《中共中央文件选集》(第8册),中共中央党校出版社1985年版,第744~745页。

④ 中共中央文献研究室编:《毛泽东文集》(第3卷),人民出版社1996年版,第6页。

⑤ 中央:《关于巴黎公社六十二周年与北京"三一八"惨案七周年纪念的决定》,载《红旗周报》第58期(1933年3月8日),第19~30页。

3. 对"五一"劳动节、"三八"妇女节的纪念

中国民众纪念"五一"劳动节的活动可追溯至1918年，中共成立后，"五一"劳动节纪念成为中共进行政治动员、实现政治整合的重要契机。围绕"五一"劳动节纪念，中共一般要作出专门决定，发表宣言、口号，举行集会、游行，刊发文章、社论。比如，1927年5月1日，中共五大为"五一"劳动节纪念分别发表《告世界无产阶级书》《告中国民众书》，要求中国工人阶级及被压迫民众"应当做世界的'五一'运动中的主要队伍"，实现中国工人阶级及被压迫民众和世界无产阶级及被压迫民族的联合。① 又如，1939年4月，中共中央作出《关于开展职工运动与"五一"工作的决定》，延安各界为此举行纪念"五一"劳动节大会。解放战争时期，"五一"劳动节纪念仍是中共动员民众的重要途径。1947年5月1日，新华社为纪念"五一"劳动节发表社论，其主旨就在于动员一切力量，全力准备反攻，争取解放战争的胜利。

民主革命的胜利离不开妇女的广泛参与，中共充分利用"三八"妇女节纪念进行政治动员。比如，1933、1934年，中共中央就"三八"妇女节工作作出相关决定；1940、1941年，中共中央为"三八"妇女节工作给各级党委发出指示。其中，1941年的指示规定：为扩大"妇运"宣传，"各级党委必须注意使各地方党、政、军、民的各种报纸杂志经常刊载妇女问题的论文和材料，能出专门'妇运'刊物的地方应该出版专门刊物。同时，须认真注意《中国妇女》及《新华日报》的'妇女之路'副刊的发行推销和转载翻印工作"。② 因此，《中国妇女》《解放》等报刊，刊发了系列纪念"三八"妇女节的文章或社论。

(二) 对近代中国重要人物、事件、节日的纪念

1. 对近代中国重要人物的纪念

民主革命时期，中共对近代中国历史人物纪念最为重视的当数孙中山纪念。1925年3月12日孙中山逝世后，中共发表《为孙中山之死告中国

---

① 参见中央档案馆编《中共中央文件选集》（第3册），中共中央党校出版社1989年版，第114页。

② 参见《中共中央为"三八"节工作给各级党委的指示》，载《解放》第125期（1941年2月16日），第3页。

民众》，认为孙中山之死"自然是中国民族自由运动一大损失"①，并致唁中国国民党，希望中国国民党"承继中山先生的遗产，积极进行打倒帝国主义、打倒军阀的伟大事业"。② 第二年，逢孙中山逝世周年纪念日，中共中央又发表《告中国国民党党员书》，针对当时国民党左右派出现的分裂，诚恳劝告国民党右派"继续中山先生的革命政策"、"取消和左派分离的党部组织合成整个的左倾的中国国民党，来努力担负中国民族革命的工作"。③ 土地革命战争时期，由于国民党背叛孙中山，曲解三民主义，中共对孙中山的纪念活动基本上停顿下来。抗日战争时期，由于国共再次携手合作，对孙中山的纪念活动得以恢复和提升。1938年3月12日，延安各界举行纪念孙中山逝世13周年及追悼抗敌阵亡将士大会，毛泽东发表讲话，同一天出版的《群众》刊发社论《纪念孙中山先生》；1944年3月12日，根据中共中央书记处会议的决定，延安各界举行纪念孙中山逝世19周年大会，周恩来在会上发表演说《关于宪政与团结问题》。解放战争时期，对孙中山的纪念活动因内战爆发又相对减少。

鲁迅始终站在时代的前列，受到全党和全国人民的尊敬。1936年10月19日，鲁迅在上海逝世。为追悼与纪念鲁迅，10月22日，以中共中央和苏维埃政府的名义发表了三个文件，即《告全国同胞和全世界人士书》《致许广平女士的唁电》《致中国国民党中央委员会与南京国民政府电》，称鲁迅为"中国文学革命的导师，思想界的权威，文坛上最伟大的巨星"，其"一生的光荣战斗事业做了中华民族一切忠实儿女的模范，做了一个为民族解放社会解放为世界和平而奋斗的文人的模范"，④ 对鲁迅给予了高度评价。此后，逢鲁迅逝世纪念，中共又举行了系列纪念活动。如1938年10月19日，《新华日报》出版鲁迅逝世两周年纪念专刊，中华全国文艺界抗敌协会等团体举行鲁迅逝世两周年纪念会，周恩来在会上发

---

① 参见中国共产党中央执行委员会《中国共产党为孙中山之死告中国民众》，载《向导》第107期（1925年3月21日），人民出版社1954年影印合订本，第889页。
② 《中国共产党致唁中国国民党》，载《向导》第107期（1925年3月21日），人民出版社1954年影印本，第890页。
③ 参见中央档案馆编《中共中央文件选集》（第2册），中共中央党校出版社1989年版，第79页。
④ 参见中央档案馆编《中共中央文件选集》（第11册），中共中央党校出版社1991年版，第103页。

表讲话，强调学习鲁迅的精神①。对鲁迅的纪念活动，既是对鲁迅历史地位的肯定，也是对鲁迅精神的推崇和传承。

2. 对近代中国重要事件的纪念

对近代中国社会发展产生重要影响的历史事件，当数辛亥革命。民主革命时期，中共重视辛亥革命纪念意义的发掘。1924 年 10 月，《向导》出版"双十特刊"，总结了辛亥革命失败的原因和教训，肯定了辛亥革命在中国革命史上的意义和地位。大革命失败后，对辛亥革命的纪念成为动员民众反抗国民党专制统治的重要手段。1927 年 10 月 10 日，中共为纪念辛亥革命发表《告民众书》，号召民众"在中国共产党的旗帜之下，自己武装起来夺取政权，完成辛亥所开始的革命"②。1928 年辛亥革命纪念之时，蔡和森也提出，国民党"欲利用今年辛亥革命纪念日做一番大规模的宣传，以欺骗全国民众"，中国共产党"实有乘此纪念辛亥革命的时机，向全国民众揭破统治阶级国民党之假面具的必要"。③ 如此，辛亥革命纪念成为与国民党对抗的工具。抗日战争时期，对辛亥革命的纪念成为凝聚民族力量的重要形式。1941 年 10 月 6 日，中共就辛亥革命 30 周年纪念作出决定，要求各地共产党员向人民作广泛解释，使每一个中华民族的儿女明白辛亥革命后，"中国人民为民族解放与民权自由的伟大斗争，从此进入了一个新阶段"④。

五四运动在中国近代历史上具有划时代的意义，1939 年陕甘宁边区的西北青年救国联合会向全国青年发出倡议，将 5 月 4 日定为中国青年节，得到各地青年团体的同意，五四运动纪念亦成为中共纪念活动的重要内容。1939 年 5 月 1 日，毛泽东为纪念五四运动 20 周年，撰写《五四运动》一文；5 月 4 日，毛泽东在延安青年群众举行的五四运动 20 周年纪念会上发表"青年运动的方向"的讲演。与此同时，《中国青年》等刊物

---

① 参见中共中央文献研究室编《周恩来年谱（1898—1949）》，中央文献出版社 1998 年版，第 432 页。

② 中央档案馆编：《中共中央文件选集》（第 3 册），中共中央党校出版社 1989 年版，第 379 页。

③ 参见蔡和森《国民党反革命统治下的辛亥革命纪念》，载《布尔塞维克》（第 2 卷）第 1 期（1928 年 11 月 1 日），第 50 页。

④ 中央档案馆编：《中共中央文件选集》（第 13 册），中共中央党校出版社 1991 年版，第 207 页。

出版五四运动20周年纪念专栏或专刊，刘少奇等中共领导人撰写了回忆五四运动的文章，发表了关于五四运动的感想。此后，五四运动纪念成为动员青年、传承"五四"精神的有效形式。

1937年7月7日是日本全面侵华的开始，也是中华民族全面抗战的开始。"七七"纪念是抗日战争时期、解放战争时期中共最为重视的纪念活动。自1938年开始，便有了对"七七"抗战的纪念；1939—1943年的"七七"纪念日，中共中央发表纪念抗战宣言，提出对于时局的主张；1944—1945年的"七七"纪念日，中共中央发表纪念抗战口号，彰显抗战建国的方略。抗战胜利后，逢"七七"纪念日，中共仍发表宣言或口号，以表达自己的政治主张。如1946年7月，中共中央发表《为纪念"七七"九周年宣言》，针对当时的时局呼吁：立即重新发布全国（包括东北）的停战令；重开政治协商会议，改组国民党一党专政政府为民主联合政府；复员裁兵，废除军阀制度；美国停止武装干涉中国内政，停止助长中国内战。①显然，中共想借"七七"抗战纪念来化解当时国内出现的内战危机。

与"七七"抗战纪念相关的"九一八"纪念、"一·二八"纪念，也是抗战纪念的重要组成部分。1933年8月10日，中共中央作出《关于"九一八"二周年纪念的决定》，提出"组织群众的反日运动""开展领导反日的民族革命的战争""进行拥护世界反帝同盟的运动""进行反日的斗争与罢工"等，作为对"九一八"的纪念。②抗日战争时期，《新华日报》《解放日报》《解放》等报刊均发表文章、社论，对"九一八"予以纪念。对"一·二八"的纪念是从1933年开始的。1933年1月，《红旗周报》临时附刊发表《怎样纪念"一·二八"》的时评，提出了纪念"一·二八"的具体方法，如发动反日罢工，扩大、巩固反帝抗日组织，动员力量检查、没收日货并抵制日货，要求"一·二八"纪念成为"推动反帝抗日运动到更高阶段的关键"。③1934年1月8日，中共中央作出

---

① 参见中央档案馆编《中共中央文件选集》（第16册），中共中央党校出版社1992年版，第236、237页。

② 参见中央档案馆编《中共中央文件选集》（第9册），中共中央党校出版社1991年版，第287、288页。

③ 参见《怎样纪念"一·二八"》，载《红旗周报》临时附刊（1933年1月28日），第2页。

《关于"一·二八"两周年运动的决议》,明确规定"一·二八"两周年纪念的主要任务是:"在反帝统一战线基础上,号召与组织广大的群众进行民族革命战争,反对日本和一切帝国主义的新进攻,反对国民党新的出卖与'中日直接交涉'。"①

民主革命时期,激起民众反帝热情的纪念活动除抗战系列纪念活动之外,还有"五七"国耻日纪念、"五卅"运动纪念等。比如,1924 年 5 月 7 日,《向导》发表《国耻纪念日檄告全国同胞》,历数帝国主义对华的种种侵略;1926 年 5 月 30 日,中共中央发表《五卅周年纪念告全国民众》,申明五卅纪念"不是垂头叹气的纪念,应该是挺身奋起的悲愤纪念",以"完成五卅运动的工作:对外废除一切不平等条约,对内解除一切人民的苦痛"。② 土地革命时期,中共中央为纪念五卅运动多次发表宣言。如 1928 年 5 月 30 日,中共为五卅运动三周年纪念发表宣言,系统总结了五卅运动的教训,如只有广大群众的实际斗争,尤其是无产阶级的罢工抵制,才是切实有效的反帝国主义运动;豪绅资产阶级及其政党,不能反对帝国主义到底;中国无产阶级是唯一能彻底反对帝国主义的阶级。抗日战争时期,由于有抗战的系列纪念活动,对五卅运动的纪念规格和频率有所下降。

(三) 对中共自身重大节日、重要事件与革命先烈的纪念

1. "七一"建党纪念

中共珍惜自身的历史,从 1938 年起,每逢"七一",都要举行纪念活动。1938 年 6 月 24 日,中共中央发布《关于中共十七周年纪念宣传纲要》,重申"中共是中国工人阶级的马列主义的党。最后解放中华民族与中国人民是它的历史使命","中共过去的十七年即是为民族独立、民权自由、民生幸福而艰苦奋斗的十七年",③ 这就进一步明确了党的性质、党肩负的使命,对党的历史作出了基本评价。随后,7 月 1 日出版的《解

---

① 中央档案馆编《中共中央文件选集》(第 10 册),中共中央党校出版社 1991 年版,第 16 页。
② 参见中国共产党中央执行委员会《五卅周年纪念告全国民众》,载《向导》第 155 期 (1926 年 5 月 30 日),人民出版社 1954 年影印合订本,第 1489 页。
③ 参见中央档案馆编《中共中央文件选集》(第 11 册),中共中央党校出版社 1991 年版,第 524 页。

放》第43、第44合期刊载王稼祥所作《中国共产党十七周年纪念》一文，同样强调"中共是代表中华民族与中国人民的全体利益的党，中共是最彻底的、最坚决的、最一贯的为中华民族与中国人民的利益而奋斗的党"①。此后，"七一"纪念成为一种常态，每逢"七一"纪念，或由中共领导人撰写纪念文章，或出版纪念特刊，或召开会议予以纪念。

2．"八一"建军纪念

1933年6月30日，中央革命军事委员会决定每年8月1日为中国工农红军纪念日，同年7月11日，中华苏维埃共和国临时中央政府批准了这一决定。1934年7月，中共中央在部署苏区"八一"国际赤色日纪念时，提出了红军七周年纪念的主要任务，即"巩固新战士，给他们政治与军事的训练，提高军事技术，巩固与提高纪律"②。由于"八一"建军纪念与国际赤色日纪念重叠，单独为建军纪念而组织的活动较少。抗日战争时期，对"八一"建军的纪念更多体现在抗日的实际战斗中，专门的纪念活动亦不多见。解放战争时期，为纪念建军20周年，新华社于1947年8月1日发表社论《人民解放军二十周年》，回顾了人民解放军发展壮大的历史，总结了人民解放军历史发展所积累的基本经验。1949年7月31日，新华社为纪念建军22周年又发表社论《我们是能够克服困难的》，对人民解放军的主要特点进行了概括。

3．革命先烈纪念

对于为中国革命而英勇献身的先烈，中共举行了相关纪念活动，一则寄托哀思，一则激励后人。1942年6月20日，中共中央《关于纪念"七七"抗战五周年的决定》指出："我们纪念'七七'五周年，应对抗战死难将士举行追悼大会，以慰死者，以励士气。"③这正是中共纪念革命先烈的意义所在。1947年"十二月会议"期间，恰逢毛泽东54岁生日，身边的工作人员想给他祝寿，他则说："战争时期，许多同志为革命流血牺

---

① 王稼祥：《中国共产党十七周年纪念》，载《解放》第43、44合期（1938年7月1日），第66页。

② 中央档案馆编：《中共中央文件选集》（第9册），中共中央党校出版社1991年版，第296页。

③ 中央档案馆编：《中共中央文件选集》（第13册），中共中央党校出版社1991年版，第404页。

牲，应该纪念的是他们，为一个祝寿，太不合情理。"① 事实上，毛泽东非常重视对革命先烈的纪念，为追悼张思德而发表演讲，就充分说明了这一点。1945年6月11日，中共七大闭幕会议通过了《关于以七大名义召开中国革命死难烈士追悼大会的决定》。6月17日，中共七大代表及延安各界代表在中央党校大礼堂举行中国革命死难烈士追悼大会，毛泽东主祭，朱德、刘少奇、周恩来和邢肇棠陪祭。对于革命先烈，除召开追悼大会予以纪念外，中共领导人还撰写文章予以纪念。如1929年9月，为纪念彭湃等烈士，周恩来撰写《彭杨颜邢四同志被敌人捕杀经过》一文；1946年4月，为追悼"四八"烈士，毛泽东撰写祭文《向"四八"被难烈士致哀》，周恩来撰写署名文章《"四八"烈士永垂不朽》在《新华日报》刊发。

总之，民主革命时期中共的纪念对象既有国际的也有国内的，既有党内的也有党外的；就纪念活动的性质来看，既有庆祝性纪念也有悲情性纪念。从纪念对象和纪念类型的多元性，可见中共的胸怀与对待历史的态度。

三、纪念活动的形式

纪念活动的开展需要借助具体形式。民主革命时期中共发起、组织的纪念活动，主要通过如下形式来进行。

（一）召开纪念大会

一般说来，纪念大会较为庄重，能容纳较多的民众参与，易形成有影响力的纪念声势。抗日战争时期，作为中国革命大后方的延安相对稳定，对于着眼于政治动员的纪念活动，多以召开纪念大会的形式来进行，并由中共主要领导人在会上发表演讲，以强化纪念的效果。比如，1937年10月19日，陕北公学举行纪念鲁迅逝世周年大会，毛泽东发表讲话，对"鲁迅精神"从政治远见、斗争精神、牺牲精神三个方面进行了概括。1938年7月7日，延安各界民众举行纪念抗战一周年及追悼抗敌阵亡将士大会，王稼祥在会上发表演说，号召各界同胞"踏着我们民族先烈的

---

① 胡乔木：《胡乔木回忆毛泽东》，人民出版社1994年版，第515页。

血迹，继续向着抗战的最后胜利，向着独立自由幸福的新中国的光明前途前进"①。1940年5月1日，延安各界举行纪念"五一"劳动节大会，周恩来发表讲话，称工人阶级是反侵略的最先锋的队伍，应坚决努力参加反日本侵略的战争，和全世界工人站在一起，取得整个世界的胜利。② 在马克思逝世纪念、孙中山逝世纪念、"三八"纪念活动中，也召开了类似的纪念大会。

（二）发表宣言、通告或口号

宣言、通告或口号能集中表达中共的政治主张，且能在较大范围内传播，因而是纪念活动中常用的形式之一。如前所述，逢"七七"纪念，中共多发表宣言或口号；逢"三八"纪念、"五一"纪念，中共也常发表通告或口号。1948年4月30日，中共中央发布纪念"五一"节口号，提出了促成革命胜利的具体要求，并正式向各民主党派、各人民团体及社会贤达发出"迅速召开政治协商会议，讨论并实现召集人民代表大会，成立民主联合政府"③的号召，由此揭开了筹建新中国的序幕。逢十月革命纪念、孙中山逝世纪念、鲁迅逝世纪念、"五卅"纪念，中共亦曾发表宣言、通告予以纪念。

（三）出版专刊、特辑，发表纪念文章或社论

文字纪念传播面广，形式灵活，是纪念活动中普遍运用的形式。《向导》在创办过程中，为纪念活动出版了多期特刊，如"双十特刊""十月革命特刊""列宁逝世一周年纪念特刊""孙中山特刊""五一特刊""五卅特刊""上海市民纪念五卅运动特刊""列宁逝世三周年纪念特刊"。《解放》在创办过程中，也出版了不少纪念特刊、特辑，如"纪念孙中山先生特辑""抗战一周年、中国共产党十七周年纪念专刊""纪念'三八'与开展妇运特辑""'七七'纪念特辑""十月革命二十二周年纪念

---

① 《洛甫同志在延安各界民众纪念抗战一周年及追悼抗敌阵亡将士大会上的演说》，载《解放》第45期（1938年7月15日），第3页。
② 参见中共中央文献研究室编《周恩来年谱（1898—1949）》，中央文献出版社1998年版，第464页。
③ 中央档案馆编：《中共中央文件选集》（第17册），中共中央党校出版社1992年版，第146页。

特辑""二七特辑""抗战三周年纪念特辑""纪念七七特辑"等。此外,《新青年》《布尔塞维克》《群众》《新华日报》《解放日报》等报刊,也因纪念活动编辑、出版了大量特刊、特辑,刊载相关的纪念文章或社论。

逢纪念日,中共领导人将根据纪念活动的需要分别撰写纪念文章。1943 年 5 月,中共中央关于纪念抗战六周年宣传工作的指示提出:除中央发表宣言外,各根据地负责同志均须做文章。中央书记处要求周恩来、林彪、彭德怀、刘伯承、邓小平、薄一波、聂荣臻、吕正操、程子华、贺龙、罗荣桓、陈毅等同志作文,事实上,毛泽东、周恩来、刘少奇等中共领导人的不少文章,就是为纪念活动而撰写的。比如,除前文提及的文章之外,毛泽东的《反对投降活动》《苏联利益与人类利益的一致》《斯大林是中国人民的朋友》《团结到底》《祝十月革命二十五周年》《全世界革命力量团结起来,反对帝国主义的侵略》《论人民民主专政》等文章,均为纪念活动而写。周恩来因纪念活动的需要也撰写了不少纪念文章,如《怎样纪念孙中山先生的伟大》《辛亥、北伐与抗战》《抗战两年》《帝国主义战争与民族解放战争》《七·七四周年》《抗战四年》《"九一八"十年》等。

(四) 出版文集、纪念集

民主革命时期,部分马克思、恩格斯、列宁的著作是借助纪念活动推出的;在纪念活动中也编印了不少纪念文集、纪念册。1922 年,为纪念马克思诞辰 104 周年,中国劳动组合书记部编印了《马克思纪念册》,这是我国出版的第一本马克思纪念册。纪念册封面套红印有马克思的半身照片,纪念册内载文 3 篇:即《马克思诞辰一百零四周年纪念日敬告工人与学生》、李卜克内西的《马克思传》和陈独秀的《马克思学说》。① 1938 年 5 月 5 日,逢马克思诞辰 120 周年纪念日,延安成立马列学院,设立编译部,专门负责马克思、恩格斯、列宁著作的编辑和翻译工作,后陆续推出了"马恩丛书"和《列宁选集》等著作。②

---

① 参见中央编译局马恩室编《马克思恩格斯著作在中国的传播》,人民出版社 1983 年版,第 263~264 页。

② 参见中央编译局马恩室编《马克思恩格斯著作在中国的传播》,人民出版社 1983 年版,第 127 页。

此外，举行游行示威、主办纪念展览、出版墙报壁报、散发纪念传单，也是纪念活动中运用甚广的形式。

总的来说，民主革命时期的纪念活动，以文字纪念的形式为主，并且在同一次纪念活动中，往往综合运用多种形式，以求最佳的纪念效果。

四、纪念活动的基本特点

从民主革命时期中共纪念活动的由来、类型、方式及其发起、组织的过程可以看出，中共纪念活动具有如下基本特点。

（一）以追思性纪念为主，多属于周期性纪念

中共纪念活动所指涉的人物、事件、节日基本上已成为一种历史存在，因而追思性、缅怀性的纪念活动居多。尽管因时代、环境、条件的限制，纪念活动的组织往往具有非连续性，但由于纪念的对象较为固定，民主革命时期的纪念活动仍显现周期性特征。正因为如此，纪念活动中对于纪念对象的介绍和评价、纪念意义的挖掘和升华，不少属于重申和强调。如抗日战争时期的"七七"纪念，发表的宣言或口号主要是表达对时局的基本主张，因而不少内容带有重申的特征；对于孙中山的纪念，以践行孙中山遗嘱、阐发三民主义精髓为旨趣，对于鲁迅的纪念，侧重于鲁迅精神的阐释和传承，因而历次孙中山纪念、鲁迅纪念一定程度上具有重演的性质；十月革命纪念，重在揭示十月革命的意义和对于中国革命的启迪，巴黎公社纪念，旨在总结其失败的原因、教训和对于中国革命的借鉴意义，故而历次十月革命纪念、巴黎公社纪念也在某种程度上具有重演的特点。这种重申和重演，对于塑造中国共产党人的集体记忆，引起中国共产党人心理、情感的共鸣，无疑具有积极作用。

（二）以现实为取向，具有强烈的时代气息

中共举行各种形式的纪念活动，目的是为了服务于现实，或从纪念对象中总结经验以指导现实，或借纪念活动表达对现实的主张，或借纪念活动进行政治动员、实现政治整合，以契合时代发展的要求。土地革命战争时期的纪念活动，是围绕农村革命根据地的建立、中国革命新道路的开辟而进行的。1931年11月9日，中共中央《关于广州暴动纪念日的工作决

议》明确规定:"一切的纪念工作必须与巩固与发展苏维埃根据地的争斗联系起来。"① 抗日战争时期的纪念活动是紧密结合抗战而展开的。1942年4月,中共中央《关于纪念"五一"节的指示》强调:"纪念'五一'必须与国际工人阶级反法西斯斗争及我国人民坚持抗战克服困难的斗争密切联系起来。"② 解放战争时期的纪念活动,则主要是围绕争取和平民主、反对内战独裁与新中国的建设而展开的。如中共中央《为纪念"七七"九周年宣言》起草前,毛泽东致信任弼时并告胡乔木,就宣言起草要点提出了明确要求:"首述日本投降后本党发表宣言,主张和平建国;继述双十协定及内战;继述政协表现光明;继述较场口以来中国反动派在全国范围内向解放区及人民大众的进攻及人民应取之方针。全文应说明外国反动派与中国反动派合作,要将中国变为殖民地,中国人民的任务仍是争独立争民主为中心;应表明我党坚决反内战;应说历史不会开倒车,反动派的企图终要失败。"③ 因此,中共组织的纪念活动具有明确的现实取向,富有时代气息和时代特点。

(三) 与时俱进,赋予纪念活动新的内涵

中共组织的纪念活动既有重申和重演的特征,也能与时俱进,不断拓展纪念活动的内涵。比如,"五一"本是工人为争取八小时工作制而进行斗争的纪念日,中共在组织"五一"纪念的过程中,将它发展成为动员广大民众反对帝国主义侵略与封建专制统治、争取民族独立与民主自由的节日。1923年5月,中共发表的《五一节敬告工友》仅限于对工人的宣传和动员,只是强调"全国工人阶级和全世界工人阶级均应团结一致,不相分裂"④。1925年4月,中共为纪念"五一"发表的《告中国工农阶级及平民》则指出:"每年的'五一'本是全世界工人阶级检阅战斗力的日子,可是这个日子,在中国应该扩大他的新意义。这新意义就是'五

---

① 中央档案馆编:《中共中央文件选集》(第7册),中共中央党校出版社1991年版,第499页。
② 中央档案馆编:《中共中央文件选集》(第13册),中共中央党校出版社1991年版,第373页。
③ 中共中央文献研究室编:《毛泽东文集》(第4卷),人民出版社1996年版,第141页。
④ 中国共产党中央执行委员会:《中国共产党五一节敬告工友》,载《向导》第23期(1923年5月2日),人民出版社1954年影印合订本,第165页。

一'这一天,在中国不但是工人阶级检阅战斗力的日子,也是农民检阅战斗力的日子,并且是被压迫的学生、自由职业者、小商人等一切劳苦平民,对工人农民表示同情的日子。"① 这就扩大了"五一"纪念所辐射的范围,使"五一"纪念成为动员工人、农民、学生、自由职业者、小商人加入革命行列的契机。土地革命战争时期,"五一"纪念成为汇合各种革命力量的重要途径,甚至转化为"五一"运动。抗日战争时期,"五一"又成为总结"抗战经验与组织和发挥自己力量,坚持团结抗战,反对投降分裂斗争的节日"②。因此,中共在组织纪念活动的过程中,能依据时代发展需要,不断赋予纪念活动新的内涵。

(四) 统一性与多样性相结合

中共在组织纪念活动的过程中,既有统一部署、整体要求,又注意因地制宜、讲求实效。1941年6月,中共中央发出的《关于中国共产党诞生二十周年、抗战四周年纪念指示》,对纪念活动便作出了统一安排,要求"各抗日根据地应分别召集会议,采取各种办法,举行纪念,并在各种刊物出特刊或特辑"③,这一规定明显带有约束性。另外,中共在组织纪念活动的过程中,并不强求一律,注意结合各地的具体情况组织实施。1942年4月,中共中央《关于纪念"五一"节的指示》也强调:"'五一'纪念仪式,应以节省人力、物力为原则,各根据地可按照当地情况召集'五一'群众纪念大会或晚会。"④ 因此,中共在组织纪念活动时能因地制宜,具有明显的开放性。

当然,民主革命时期中共的纪念活动,也存在一些不尽如人意的地方。比如,纪念活动中尽管有公众的广泛参与,但公众在纪念活动中的表达是有限的;纪念活动的组织过多受制于环境,未能实现常态化、正规

---

① 中国共产党中央执行委员会:《中国共产党1925年"五一"告中国工农阶级及平民》,载《向导》第120期(1925年4月26日),人民出版社1954年影印合订本,第1027页。
② 邓发:《迎接伟大的"五一"国际劳动节》,载《解放》第105期(1940年4月30日),第2页。
③ 中央档案馆编:《中共中央文件选集》(第13册),中共中央党校出版社1991年版,第140页。
④ 中央档案馆编:《中共中央文件选集》(第13册),中共中央党校出版社1991年版,第375页。

化；在白区一度出现不顾具体环境而组织纪念活动的倾向，导致革命力量的暴露与遭受打击。①

五、纪念活动的历史作用

民主革命时期的纪念活动，对于中共的历史发展产生了重要影响，其历史作用可概括为下述几个方面。

（一）对于塑造中共的形象、树立中共的权威产生了积极效应

纪念活动集人、物、语言、文字、行为于一体，具有集中、强烈的表现力量，对于党的形象塑造、权威树立具有非同寻常的影响。对重要历史人物、历史事件、特殊节日进行纪念，实际上表明了中共对待历史、对待前人的正确态度，折射了中共的历史观、文化观与价值观，这对于塑造中国共产党人尊重历史、善待历史的形象，显然具有积极意义。纪念活动中发表的宣言、通告、口号、社论或文章，是中共政治主张的表达和强化，对于扩大中共的社会影响、树立中共的政治权威，发挥了积极效应。比如，中共中央《为抗战两周年纪念对时局宣言》所提出的三大政治口号，即坚持抗战，反对投降；坚持团结，反对分裂；坚持进步，反对倒退，赢得了广泛的社会认同，对于中共的形象塑造、权威树立，无疑具有促进作用。

（二）促进了各派力量的整合与各方关系的协调

国共关系协调的过程，在一定意义上是国共双方寻求共识、缩小分歧的过程。孙中山纪念对于国共两党关系的改善和维持，产生了实际效果。抗日战争时期，南京国民政府逢"九一八""一·二八""七七""双十"等纪念日，也发表告全国同胞书予以纪念。中共组织相关的纪念活动，实际上有助于增加国共两党的共识与默契。抗日战争时期中共追悼的阵亡将士之中，"许多是国民党人，许多是共产党人，许多是其他党派及无党无

---

① 参见中央党史研究室张闻天选集传记组编《张闻天文集》（第 2 卷），中共党史出版社 2012 年版，第 121 页。

派的人"，并且表示"真诚地追悼这些死者"，"永远纪念他们"。① 这种超越党派的纪念活动，对于团结各党各派政治力量共同抗日，其意义不可低估。1937年7月18日，宋庆龄、蔡元培发起成立鲁迅纪念委员会，宋庆龄为鲁迅纪念委员会主席，蔡元培、许寿裳、马相伯、胡愈之、史沫特莱、埃德加·斯诺等70余人为鲁迅纪念委员会委员，可见当时的社会名流对于鲁迅纪念相当重视。中共举行鲁迅纪念活动，对于赢得这部分人的支持和认同，具有不可忽视的意义。因此，中共组织的纪念活动，对于各派力量的整合与各方关系的协调，带来了积极影响。

（三）马克思主义中国化的重要推动力量

借助马克思、恩格斯、列宁纪念的系列活动，诸多经典作家的文献得以翻译、出版，诸多介绍经典作家的文章得以翻译、刊发，诸多诠释经典作家思想的文章及著作得以翻译、面世，而这为国人学习、研究马克思列宁主义提供了基本的文献，为国人了解经典作家的生平提供了基本的素材，为国人认识经典作家的思想准备了基本的读物。因此，纪念活动对于推动马克思主义在中国的传播，对于促进马克思主义的社会化，发挥了积极效应。同时，从对十月革命、巴黎公社的纪念中，中共吸取了有益的经验和教训，对于新民主主义革命理论的形成，产生了积极影响。毛泽东在总结巴黎公社的教训时说：巴黎公社存在不过72天，何以失败这样快呢？有两个主要原因："没有一个统一的集中的有纪律的党作指挥"，"对敌人太妥协太仁慈"。由此，他得出结论："我们欲革命成功，必须势力集中行动一致，所以有赖于一个有组织有纪律的党来发号施令"；"我们对敌人仁慈，便是对同志残忍"。② 因此，巴黎公社的教训对于后来中国共产党人强调党的建设、武装斗争产生了直接影响。可以说，纪念活动是推进马克思主义中国化的重要力量。

（四）为纪念传统的形成与纪念文化的建构奠定了重要基础

民主革命时期的纪念活动，使中共积累了发起、组织纪念活动的经

---

① 参见中共中央文献研究室编《毛泽东文集》（第2卷），人民出版社1993年版，第113页。

② 参见中共中央文献研究室编《毛泽东文集》（第1卷），人民出版社1993年版，第35页。

验，对于新中国成立后中共纪念活动的开展提供了有益的启示和借鉴，也为纪念传统的形成奠定了重要基础。事实上，新中国成立后的纪念活动，沿用了民主革命时期的诸多具体做法，十月革命、孙中山、"七一"、"八一"仍是新中国成立后中共纪念的重要对象。同时，经过民主革命时期的纪念活动，使中共对于纪念活动功能的认识，对于纪念对象与纪念方式的选择，对于纪念策略的运用等，都有了一定的认识，为纪念文化的建构准备了条件。

中共党史研究不仅仅是纪念史学，对纪念活动的研究，应当成为中共党史研究的一个重要方面。从纪念活动的具体史实梳理入手，将纪念活动与中国革命的历史进程与中共的历史发展结合起来进行考察，建构完整的中共纪念活动史，是中共党史研究者不容回避的课题。

（原载《中共党史研究》2007年第6期）

论民主革命时期的中共建党纪念活动

中共建党纪念活动始于共产国际的倡议，经毛泽东提议后确定7月1日为中共建党纪念日，1941年后建党纪念活动走向常态化。民主革命时期，中共通过举行纪念大会、发表纪念文章社论、开展文娱活动和基层组织、单位致电中共中央及党的领袖等形式，开展了多种形式的建党纪念活动。中共借助建党纪念活动，总结党的历史，诠释党的经验，加强党的建设，表达党的主张，推进马克思主义中国化，使建党纪念活动的社会功能得到了充分显现和释放。

一、中共建党纪念活动的由来与发展

中共成立后，先后组织了十月革命、巴黎公社、三八妇女节、五一劳动节、八一国际反帝战争日、辛亥革命、五四运动、二七大罢工、五卅运动、马克思恩格斯列宁诞辰与逝世、孙中山逝世等一系列纪念活动。但因时局和环境限制，在较长时间内没有组织统一的建党纪念活动。中共建党纪念活动始于共产国际的倡议，经毛泽东提议后确定7月1日为中共建党纪念日，1941年后中共建党纪念活动走向常态化。

（一）共产国际关于中共建党纪念活动的倡议

中共是共产国际领导下的一个支部，其建党纪念活动也引起了共产国际的关注和重视。1935年12月，米夫和中共驻共产国际执行委员会代表团提出的1936年第一季度中国工作计划，其中包括纪念中共成立15周年的准备工作：①为纪念中共成立15周年准备出版《中国共产党15周年》《中共文件集》《中国苏维埃》（第2卷）《中共人物（著名共产主义运动活动家）》《中国国民经济恢复和发展计划》《民族危机与中国共产党》等小册子，并分别指定了负责人。②在中国各种政治、军事和教育人士中间调查对中共的看法，并出版单独小册子公布他们的答复。③出版纪念中共成立 15 周年的《共产国际》杂志、《国际新闻》专号和《真理报》专版。① 1936 年 3 月，米夫和中共驻共产国际执行委员会代表团给共产国际执行委员会书记处的信中还提出，为纪念中共成立 15 周年，"6 月中，要在中国境内外开展一场广泛的政治运动"。其具体部署为：①在莫斯科，除出版上述小册子外，要"组织一系列的会议和报告"，"利用共产主义学院一个组的力量制定并出版中共经济纲领"。②在中国，除了将在莫斯科印制的材料寄给中国各社会团体、人士和报刊编辑部以外，还必须"把有关中共活动和中共人物的一系列文章寄给半公开的反帝报刊和自由主义报刊以及文艺性刊物"；"在中国政治和社会活动家、科学家、知识分子中间以及外国政治和社会活动家、学者、作家等人中间征询对中共的意见"。③在国外，"各兄弟党都要在 6 月中旬举办声援中国人民日或周"；"在这些日子里要通过中国人民之友协会、反战委员会、国际革命战士救济会、工会等群众团体召开一些群众大会和集会，以示对中国革命的声援"；"要在党的报刊上发表有关中共成立 15 周年及其斗争的专号或专版，至少要刊载这种文章或短评"。② 这一部署，集多种纪念形式于一体，较之最初的设想增加了组织系列会议和报告、兄弟党声援中国革命等内容，对中共意见的征询对象也扩展到了国外的社会精英，并注意到了国际与中国国内的相互呼应与配合。

米夫和中共驻共产国际执行委员会代表团的上述建议，基本得到了共产国际执行委员会书记处的采纳，且思路有所拓展。1936 年 6 月 23 日，共产国际执行委员会书记处作出《关于中国共产党成立 15 周年的决定》，其中规定：中国共产党成立 15 周年的庆祝活动推迟到 8 月 7 日举行，以使该活动不与 8 月 1 日（国际反帝战争日——引者注）的运动重合；责成共产国际执委会宣传部筹备并用中文、英文、法文、日文、西班牙文、安南文和乌尔都文在 8 月 1 日前出版小册子《中共党史概述》、为中国解放而牺牲的烈士传略文集、党和红军著名领导人的传略文集；《共产国际》和《国际新闻》编辑部保证在 8 月 1 日后出的最近一期上发表三到

---

① 参见中共中央党史研究室第一研究部译《联共（布）、共产国际与中国苏维埃运动（1931—1937）》第 15 册，中共党史出版社 2007 年版，第 73～74 页。

② 参见中共中央党史研究室第一研究部译《联共（布）、共产国际与中国苏维埃运动（1931—1937）》第 15 册，中共党史出版社 2007 年版，第 153～154 页。

四篇纪念中国共产党和专论全民抗日任务的文章；责成宣传部组织一些兄弟党（法国共产党、英国共产党、德国共产党、日本共产党、捷克斯洛伐克共产党）给中国共产党发贺信，并在巴黎、伦敦、马德里、纽约、旧金山、马赛、布拉格等城市举行群众声援集会，并使之与保卫中国抗击日本侵略的任务相结合；责成国际列宁学校校长和东方劳动者共产主义大学校长为学生组织一系列报告，允许东方劳动者共产主义大学举办纪念中国共产党成立15周年内部展览。① 这一决定提出了举行纪念活动的具体日期，明确了小册子出版与文章发表、兄弟党贺电声援、群众集会声援的具体方案，较之米夫和中共驻共产国际执行委员会代表团提出的建议，更具操作性、可行性。

共产国际为中共15周年纪念而提出的活动方案，是否全部得到实施，暂无从考证，但部分方案得到了实施确是有据可查。比如，米夫撰写的《英勇奋斗的15年——中国共产党成立15周年纪念》，1936年在莫斯科用中、英等文字出版。这本小册子分"半殖民地的中国""欧战后的中国共产党之产生""中国革命第一阶段中的中国共产党""中国革命第二阶段中的中国共产党""新革命高潮前的中国共产党""新的革命高涨与为建立苏维埃的斗争""中国共产党为抗日救国统一战线而斗争"七章，概述了中共产生的背景及其历史发展。②《烈士传》（第一辑）《中国人民的英雄》《中国人民的三位英雄》等小册子，均于1936年在莫斯科出版；《共产国际》杂志（中文）1936年第4和第5期，也刊载了纪念中共成立15周年的文章。此外，1936年7月，季米特洛夫撰写《中国共产党15周年纪念》一文，认为"中国共产党在15年以来，经过中国革命的锻炼，已经发展成为强大的革命政党，已经成为共产国际最好的分部之一"③。

与此同时，1936年8月23日，共产国际执行委员会起草了祝贺中共成立15周年的贺电。电文指出："十五年来，中国共产党已经成长为一个强大的布尔什维主义的政党，它在国内战争中经受了考验，创立了苏维

---

① 参见中共中央党史研究室第一研究部译《联共（布）、共产国际与中国苏维埃运动（1931—1937）》第15册，中共党史出版社2007年版，第207～208页。
② 参见中共中央党史研究室第一研究部译《联共（布）、共产国际与中国苏维埃运动（1931—1937）》第17册，中共党史出版社2007年版，第269～342页。
③ 中共中央党史研究室第一研究部译：《共产国际、联共（布）与中国革命文献资料选辑（1931—1937）》第17册，中共党史出版社2007年版，第265页。

埃地区和革命武装力量——红军，红军表现出了令人赞叹的英雄主义，敌人的六次讨伐也未能将它摧毁。"贺电还指出："中国共产党人之所以取得了这些成就，是因为他们深深扎根于中国人民之中，用列宁、斯大林的革命理论武装起来，像爱护眼珠一样维护党的团结，不怕以布尔什维主义的方式揭露自己的错误，从这些错误中学习并及时纠正错误，不许任何异己分子来玷污党。"① 这封贺电从起草时间上来看迟于原定举行纪念活动的8月7日，但对中共的历史发展给予了高度评价，对其成功的原因也作出了客观、深刻的分析。

共产国际酝酿、筹备中共成立15周年纪念活动之时，尽管红一方面军长征到达陕北，但红二、红四方面军尚在北上途中，三大主力红军尚未会师，因而共产国际关于中共成立15周年纪念活动的倡议和准备，并未引起中共党内太多的关注，在国内和国际上也未能产生预期的效果和影响。

（二）中共建党纪念日的提出

1936年8月，当共产国际酝酿、筹备中共成立15周年纪念活动之时，中共一大代表陈潭秋在莫斯科出版的《共产国际》（中文）（第7卷）第4、第5期合刊上，发表《第一次代表大会的回忆》一文，说明了中共一大召开的具体情况和中共成立15年来的历史发展。根据陈潭秋的回忆，中共一大7月底开幕，到会的有13人，原定会期7天，被侦探发现后决定缩短为5天，会议最后一天移至嘉兴南湖。虽然陈潭秋对中共一大开幕、闭幕的具体时间记忆模糊，没有明示，但其回忆已接近历史的真实。②

1937年7月1日，周恩来在中共中央召开的党的活动分子会上作题为"十六周年的中国共产党"的报告。报告指出：中国共产党没有欧美社会主义工人运动的传统，却承袭了中国农民革命与民族民主革命的传统，接受了欧战后俄国革命和世界革命的影响，站在新兴的中国无产阶级

---

① 中共中央党史研究室第一研究部译：《联共（布）、共产国际与中国苏维埃运动（1931—1937）》第15册，中共党史出版社2007年版，第245页。

② 参见中国社会科学院现代史研究室、中国革命博物馆党史研究室选编《"一大"前后》（二），人民出版社1980年版，第286、第288页。

和广大农民基础上的中国共产党已锻炼成为共产国际最好的支部之一，不愧为世界共产主义运动中之一员。① 虽然这时尚未明确将7月1日作为中共建党纪念日，但周恩来选择这一天作关于中共历史的报告，颇具纪念意蕴。是历史的巧合，还是这时对中共纪念日期的选择已有所考虑？

明确提议将7月1日作为中共建党纪念日，始于1938年5月毛泽东在延安抗日战争研究会上所作的讲演"论持久战"。他在讲演开头便说："七月一日，是中国共产党建立的十七周年纪念日，这个日子，又正当抗战的一周年"，研究持久战是"送给这两个伟大纪念日的礼物"。②

因有毛泽东的提议，1938年6月24日，中共中央发出《关于中共十七周年纪念宣传纲要》，对党的性质、党的历史、党的抗日主张进行了提炼和概括，以统一纪念宣传的基调与口径，但并未明确将7月1日定为中共建党纪念日，可见当时在这一问题上的谨慎态度。③ 在中共中央号召下，延安开展了中共成立17周年纪念活动，中共并结合"七七"纪念将7月1—7日作为纪念周，将纪念活动分解至各单位负责组织，陕甘宁边区各界各团体纷纷致信中共中央表示祝贺。1938年7月1日出版的《解放》第43、第44期合刊，即为《抗战一周年中国共产党十七周年纪念专刊》。1939年及1940年的"七一"前后，中央和部分地方报刊也发表纪念中共成立的文章社论或消息。如1939年6月30日《新中华报》发表社论《中国共产党十八周年》，认定"'七一'是中国共产党英勇奋斗的十八周年纪念日"；1939年7月7日出版的《解放》第75、第76期合刊，辟有"中国共产党十八周年纪念特辑"；1940年7月5日《新中华报》发表时评《光荣奋斗的十九年》；1940年7月7日出版的《群众》，刊发社论《庆祝中共十九周年纪念》，认为"中共十九年来的历史，是为独立自由幸福的中国而奋斗的历史"④。不过，这时的建党纪念活动主要集中在

---

① 参见中共中央文献研究室编《周恩来年谱（1898—1949）》，中央文献出版社1998年版，第377页。
② 参见毛泽东《论持久战》，载《解放》第43、第44期合刊（1938年7月1日），第3页。
③ 参见中共中央宣传部办公厅、中央档案馆编研部编《中国共产党宣传工作文献选编》（第2卷），学习出版社1996年版，第22～23页。
④ 社论：《庆祝中共十九周年纪念》，载《群众》（第4卷）第18期（1940年7月7日），人民出版社1955年影印合订本，第494页。

陕甘宁边区，形式较为单一，在党内外的辐射力与影响力有限。

（三）中共建党纪念活动的常态化

1941年6月，中共中央发出《关于中国共产党诞生二十周年抗战四周年纪念指示》提出："今年'七一'是中共产生的二十周年，'七七'是中国抗日战争的四周年，各抗日根据地应分别召集会议，采取各种办法，举行纪念，并在各种刊物出特刊或特辑。"① 这是以中共中央指示的方式明确规定7月1日为中共建党纪念日。自此，全党范围的建党纪念活动拉开帷幕，"七一"纪念成为中共重要而又固定的纪念日。从1941年至1949年，每逢"七一"纪念，中央或地方都有相关的纪念活动安排，内容丰富，形式多样，纪念活动日渐常态化。尽管"七一"纪念和"七七"纪念有不同的纪念对象与要求，但由于时间比较接近，且二者有密切关联，抗日战争时期的"七一"纪念，往往与"七七"纪念结合进行，至解放战争时期依然如此。1948年6月发出的《中央宣传部关于纪念"七一"和"七七"的通知》规定："在条件适当并为群众所要求的时候，也可以将两个纪念合并举行。"②

可见，共产国际首倡中共建党纪念活动，1938年毛泽东提议7月1日作为中共建党纪念日后，至1941年才得到中共中央的正式确认。自此，中共建党纪念走向常态化，成为中共周期性的纪念活动。

二、中共建党纪念活动的主要形式

民主革命时期的中共建党纪念活动，主要通过举行纪念大会、刊发纪念文章社论、开展文娱活动和基层组织、单位致电中共中央及党的领袖等形式进行。为营造纪念氛围，强化纪念效果，各种形式往往同时并用。

（一）举行纪念大会

纪念大会由于时间和空间集中，有一定程序，形式庄重，规格较高，

---

① 中共中央宣传部办公厅、中央档案馆编研部编：《中国共产党宣传工作文献选编》（第2卷），学习出版社1996年版，第261页。
② 中共中央宣传部办公厅、中央档案馆编研部编：《中国共产党宣传工作文献选编》（第2卷），学习出版社1996年版，第707页。

往往感染力强，能收到好的纪念效果。如前所述，中共中央发出的《关于中国共产党诞生二十周年抗战四周年纪念指示》明确规定："各抗日根据地应分别召集会议。"之后，中共中央西北局于1941年6月26日发出通知，要求"各单位单独或并合数单位于七月一日举行全体党员与非党人员可以自由参加的纪念大会，报告'中共略史'或'学习方法'"。① 6月29日，中共中央西北局在中央大礼堂召开纪念中共成立20周年大会，毛泽东、中央政治局诸同志、边区党政军各界党的工作干部千余人出席，张闻天在会上作《纪念我党二十周年我们的任务》的报告。② 与此同时，西北局各机关、学校、部队、团体均放假一日，先后召开大会，并进行关于"中共略史"与"学习方法"的报告。③ 除西北局外，其他地方也举行了类似的纪念大会。1941年7月1日，新四军军部在盐城大众剧场举行中共诞生20周年纪念大会，刘少奇在会上作报告，论述了中共产生的历史根源、发展经过与今后的任务。④

1943年7月1日，中共中央办公厅为纪念中共成立22周年、抗战6周年，在延安中央大礼堂举行干部大会，到会者有党中央全体同志、各级党的干部和非党员干部，来延安不久的日本共产党领导和在延安的苏联、美国人士也应邀列席会议。在这次纪念大会上，毛泽东作了"英勇斗争的二十二年"的报告，把第一次世界大战时的世界与第二次世界大战时的世界、22年前的中国与当时的中国进行了比较，力求使全党认识到"世界将很快成为光明的世界，中国将很快成为光明的中国"⑤。

解放战争时期的建党纪念活动，同样利用了会议纪念形式。1947年7月1日，中共中央机关在驻地小河村召开纪念建党26周年大会，周恩来在会上作报告，介绍了党的历史和传统。⑥ 1948年6月发出的《中央宣传部关于纪念"七一"和"七七"的通知》规定："在七月一日，各级党

---

① 中共西北中央局：《中共西北局通知》，载《解放日报》1941年6月27日。
② 参见《纪念党成立二十周年西北局召开干部大会》，载《解放日报》1941年6月30日。
③ 参见《各机关学校部队纷纷纪念党二十周年》，载《解放日报》1941年7月2日。
④ 参见中共中央文献研究室编《刘少奇年谱（1898—1969）》上卷，中央文献出版社1996年版，第358页。
⑤ 中共中央文献研究室：《毛泽东文集》（第3卷），人民出版社1996年版，第29页。
⑥ 参见中共中央文献研究室编《周恩来年谱（1898—1949）》，中央文献出版社1998年版，第757页。

委应该召集党的干部会议或党员大会或活动分子的纪念会。"① 为此，7月1日，刘少奇在纪念中共成立27周年干部大会上发表讲话，申明："中国共产党的产生，是中国历史上空前重大的一个事件。从中国共产党产生以后，中国历史的发展就离不开共产党，不但离不开共产党，而且是以共产党为中坚来发展的。"② 更值得一提的是，1949年7月1日，中共中央华北局及中共北平市委，召集在北平的党政军民机关、工厂学校的党员团员干部，在先农坛运动场举行了规模空前的纪念中共成立28周年大会，3万多人参加。中央政治局常委除刘少奇秘密访苏和任弼时因病住院外，其他人都出席了纪念大会。民主人士李济深、沈钧儒、何香凝、张澜、罗隆基、谭平山等，革命文学家郭沫若、文代会代表茅盾等，亦应邀出席。中共中央华北局书记薄一波主持纪念大会，薄一波、朱德、茅盾、董必武、彭真、沈钧儒、郭沫若等先后致辞，畅谈党的历史、经验，憧憬党的未来，诠释党的建国方略。纪念大会即将结束之时，毛泽东来到纪念大会现场并领导大家高呼口号。③

（二）出版纪念特刊特辑，刊发纪念文章社论

文本纪念形式灵活，成本较低，传播面广，不受空间限制，因而成为民主革命时期中共建党纪念活动的常用形式。如前所述，为纪念中共成立17周年和18周年，《解放》相继出版特刊特辑。1938年7月1日出版的《抗战一周年中国共产党十七周年纪念专刊》，其中"中国共产党十七周年纪念特辑"载有张闻天的《中国共产党十七周年纪念》、林伯渠的《伟大的七月》等文章；1939年7月7日出版的《解放》，其中"中国共产党十八周年纪念特辑"，载有张闻天的《在民族自卫战最前线的岗位上》与《论共产党的阶级立场与民族立场的一致》两篇文章。作为当时中共中央的机关刊物，《解放》在推出中共建党纪念特刊特辑方面发挥了表率作用。

---

① 中共中央宣传部办公厅、中央档案馆编研部编：《中国共产党宣传工作文献选编》（第2卷），学习出版社1996年版，第706页。
② 中共中央文献研究室编：《刘少奇年谱（1898—1969）》（下卷），中央文献出版社1996年版，第151页。
③ 参见魏建克《1949年北平"七一"纪念的历史考察与审视》，载《北京党史》2010年第4期，第22～23页。

1941年7月1日,《解放日报》出版"中国共产党二十周年纪念特辑",刊发朱德的《中国共产党与革命战争》、林伯渠的《中国共产党与政权》、吴玉章的《我和共产党》等文章,并配发了社论《纪念中国共产党二十周年》。1943年7月2—9日,《解放日报》连续出版"中共二十二周年""抗战第六周年"纪念特刊,发表了林伯渠的《举起马列主义的旗帜前进》、吴玉章的《共产党改造了我的思想》、邓小平的《太行区的经济建设》等纪念建党的文章。

除出版特刊特辑较为集中刊发纪念文章社论外,各报刊还分散发表了一批纪念文章和社论。如《解放日报》逢建党纪念发表的社论,立论高远,富有思想性、启迪性和说服力。其中包括:《中国共产党与中华民族》(1943年7月1日)、《中国共产党创立二十三周年》(1944年7月1日)、《纪念中国共产党的二十四周年》(1945年7月1日)、《中国共产党与中国》(1946年7月1日)。此外,《解放日报》还刊载了王稼祥的《中国共产党与中国民族解放的道路》(1943年7月8日)、刘少奇的《清算党内的孟什维主义思想》(1943年7月6日)等具有重要历史意义的建党纪念文章。又如,为配合建党纪念宣传,《新华日报》也刊发了《为保卫祖国而英勇斗争的中国共产党》(1940年7月1日)、《祝中国共产党成立20周年》(1941年7月1日)、《忠实实行三民主义的中国共产党》(1946年7月1日)等纪念文章。

毛泽东十分重视建党纪念文章社论的撰写和刊发。1943年7月1日,《新华日报》发表社论《纪念中国共产党二十二周年》,被国民党当局无理扣留,并派多人来报馆监视。毛泽东专就此事电示董必武表示关切;1947年7月1日,新华社为纪念中共成立26周年发表社论《努力奋斗迎接胜利》,毛泽东亲自就社论稿作出修改,增加了部分内容;1949年6月24日,毛泽东致信胡乔木,嘱他"写一篇纪念七一的论文(似不宜用新华社社论形式,而用你的名字为宜)"①,此文后来虽未采用,但毛泽东推出了自己的《论人民民主专政》一文,更具纪念意义和影响力。

(三)开展文娱活动

文娱活动既能丰富党员、干部和广大群众的精神生活,也能营造纪念

---

① 中共中央文献研究室编:《毛泽东书信选集》,中央文献出版社2003年版,第301页。

氛围，寓教于乐，达到纪念活动所要实现的目标。民主革命时期的建党纪念活动，也充分运用了文娱活动形式。1938 年，延安各界为纪念中共成立 17 周年，在纪念周安排了内容丰富的文娱活动，包括提灯晚会、演戏、体育比赛等。① 1941 年 6 月，中共中央西北局为纪念中共成立 20 周年发出通知，明确要求"各单位单独或并合数单位举行娱乐晚会"②。事实上，文娱活动已成为抗日战争时期建党纪念不可缺少的组成部分。解放战争时期的建党纪念，同样引入了文娱活动。1946 年 7 月，为纪念中共成立 25 周年，太行区长治市由三个大剧团联合演戏庆祝。③ 1946 年 7 月 1 日，中央印刷厂为纪念"七一"，特放假一天，除会餐外，还举行了象棋、乒乓球、蓝球比赛。④ 北平纪念中共成立 28 周年大会结束后，又举行了娱乐晚会，焰火表演首次进入中共建党纪念活动的现场。

在开展文娱活动的同时，不少生产性单位还通过开展生产竞赛活动来纪念建党，如此既能增加生产，又能活跃纪念气氛。1942 年，八路军印刷厂为迎接"七一"，全体职工自动发起生产、学习、生活大竞赛，竞赛从 5 月 18 日开始，至 6 月底结束。5 月 16 日召开全体职工大会，通过各方面的竞赛条例，并选出评委数人，以评定最后的竞赛结果。⑤ 1946 年，为纪念中共成立 25 周年，太行区行署印刷厂工人，开展生产竞赛，从 6 月 23 日至 7 月 7 日，"每人每天自动增加四小时义务工，作为献给共产党诞生的礼物"。⑥

（四）致电中共中央及党的领袖

中共建党纪念期间，不少基层组织、单位纷纷致电中共中央及党的领袖，表达对于党的庆祝之意、敬佩之情，表明自己的政治态度、政治主张，这种纪念形式虽带有自发性质，但对于塑造中共中央及党的领袖的权

---

① 参见《抗战一周年及中共十七周年纪念延安各界筹备举行纪念周》，载《新中华报》1938 年 6 月 15 日。

② 中共西北中央局：《中共西北局通知》，载《解放日报》1941 年 6 月 27 日。

③ 参见《晋冀鲁豫各地热烈纪念"七一"》，载《解放日报》1946 年 7 月 4 日。

④ 参见《中印厂纪念"七一" 万厂长号召加强团结》，载《解放日报》1946 年 7 月 4 日。

⑤ 参见《迎接"七一""七七"八路军印刷厂生产竞赛》，载《解放日报》1942 年 5 月 26 日。

⑥ 参见《晋冀鲁豫各地热烈纪念"七一"》，载《解放日报》1946 年 7 月 4 日。

威、维护党的团结统一,对于密切党与人民群众的关系,对于营造建党纪念的氛围,同样具有积极意义。1942年7月1日,为纪念中共成立21周年,华北《新华日报》社员工致电中共中央,对于中共"领导中华民族解放斗争,二十一年如一日"表示钦佩,并誓言"团结在党中央旗帜之下",克服困难,争取抗战的胜利。① 1943年,中共成立22周年纪念之时,中国人民抗日军事政治大学致电毛泽东与朱德,"表示最衷心的崇敬和爱戴,并对民族解放事业之胜利,抱有巨大信念"②。中共七大召开后,恰逢中共成立24周年纪念,这类致敬电文更为集中。1945年7月1日,中共晋察冀分局直属机关全体党员,致电毛泽东与中央委员会,表示以毛泽东思想"改造我们自己,改造我们各方面的工作,保证党的路线的彻底实现和抗日战争与中国革命的完全胜利"③。与此同时,中共华中分局直属各机关举行纪念"七一"大会时,也致电毛泽东与新的中央委员会,指出中共"已经积累了极丰富的经验,有了强大的组织与坚强的力量","不仅替中国人民指出唯一正确的新民主主义的方向,而且也创造了新民主主义中国的模型——敌后各解放区",中共"已成为抗日的重心和建设新中国的决定力量"。④ 1945年7月,广东区党委亦致电毛泽东及新的中央委员会,表示"迅速扩大华南敌后的人民军队,扩大解放区,提高人民的觉醒与团结,建立巩固的华南根据点,把目前被分割的解放区打成一片,以肩负起解放华南人民配合盟国驱逐日寇的责任"⑤。致敬电文尽管多属表态性质,但表达了基层组织、单位对于党的历史的认同、党的权威的认可、党的未来的信心,对于塑造党的形象,表征纪念活动的效果,仍是不可缺少的。

可见,民主革命时期的中共建党纪念活动,从当时的环境和条件出发,采取了多种形式,这些形式的交替使用,使建党纪念活动在中国革命

---

① 参见《纪念党二十一周年 华北新华日报社员工电党中央诸同志致敬》,载《解放日报》1942年7月4日。
② 《抗大致电毛泽东同志朱总司令》,载《解放日报》1943年7月6日。
③ 《晋察冀、华中分局直属各机关纪念"七一" 拥护毛主席及党中央》,载《解放日报》1945年7月6日。
④ 参见《晋察冀、华中分局直属各机关纪念"七一" 拥护毛主席及党中央》,载《解放日报》1945年7月6日。
⑤ 《广东区党委纪念"七一"大会 电毛主席及新中央致敬》,载《解放日报》1945年8月5日。

的过程中发挥了独特作用。

三、中共建党纪念活动的社会功能

民主革命时期，中共借助建党纪念活动，总结党的历史，诠释党的经验，加强党的建设，表达党的主张，推进马克思主义中国化，使建党纪念活动的社会功能得到了充分显现。

（一）借助建党纪念活动回顾党的历史

历史是客观的真实存在，尊重历史是一个政党成熟的重要标志。毛泽东明确表示："我们必须尊重自己的历史，决不能割断历史"[1]，这是中共对待历史的基本态度。民主革命时期，中共举行建党纪念活动，其意正在于表达对中共历史的尊重、追忆和缅怀。建党纪念活动通过其特定的形式，可将人们带入中共历史发展的时空，让后人去感受、触摸中共历史，因而成为保留中共历史记忆的重要途径。

1941年6月，中共中央在《关于中国共产党诞生二十周年抗战四周年纪念指示》中指出："在党外要深入的宣传中共二十年来的历史，是为中华民族与中国人民解放事业英勇奋斗的历史。他最忠实的代表中华民族与中国人民的利益"，"要表扬八路军新四军四年抗战的战绩，与各抗日根据地建设的成绩"，以使全党明了中共在中国革命中的重大作用，并要求每个党员"学习党在二十年革命斗争中的丰富经验"。[2] 可见，回顾党的历史，展示党的功绩，总结党的经验，是建党纪念活动的重要内容，也是开展建党纪念活动的出发点之一。

1. 重视总结中共成立以来的业绩

中共成立以来的历史既有辉煌，也有曲折，建党纪念活动重视对于中共历史的梳理和总结。1938年，张闻天在《中国共产党十七周年纪念》一文中，对中共成立17年的历史作了概括，认定它是"为了民族独立、

---

[1] 中共中央文献编辑委员会：《毛泽东选集》（第2卷），人民出版社1991年版，第708页。
[2] 参见中共中央宣传部办公厅、中央档案馆编研部编《中国共产党宣传工作文献选编》（第2卷），学习出版社1996年版，第261页。

民权自由与民生幸福的民主共和国而英勇奋斗的十七周年"①。这实际上是依据三民主义的基本精神，对中共的历史作了总结和勾勒。1942年6月30日，刘少奇在中共中央山东分局召开的纪念"七一"干部大会上，从"中国无产阶级的形成和中共的产生""中国大革命和中共的发展""大革命的失败及其教训""内战时期的中国共产党和抗战时期的中国共产党"几个阶段，回顾了党的历史，认定党已经是一个全国性的大党，在中国社会的政治生活中起了很大的作用。② 在全面总结中共历史的基础上，抗战时期的建党纪念，注重突出中共在抗战中的作用。如1943年7月，朱德为纪念中共成立22周年撰写的《七一志感》一文，从军事、政治、经济、文化四个方面，集中阐述了抗战以来中共创造出的"许多中国历史上从未见过的奇迹"③。1943年7月1日，邓小平出席太行党政军民各界举行的"七一"庆祝大会时指出：中共"是中国社会必然的产物，是中国人民解放事业不可缺少的力量，过去对中华民族已有极其重大的贡献，尤其是坚持敌后抗战六年之久，保卫了华北，如果没有我们在敌后的坚持，不仅华北不知成何局面，即全国抗战的局面也不可设想"④。这些文章、讲话充分展示了中共在抗日战争中的中流砥柱作用。

2. 注意将中共的历史置于中华民族的历史发展进程来评价，以凸显中共在中华民族历史上的地位

总结和评价中共历史，有一个视角和视野问题，不能简单就事论事。1943年7月1日《解放日报》发表的社论《中国共产党与中华民族》，在回顾近代中国历史的基础上，总结了中共在各个时期对中华民族的贡献，从而得出结论："中国共产党的产生，既非'外来的'，也不是几个人凭空制造出来的。它所以发生，所以发展，所以没有人能把它取消得掉，那是因为中华民族的历史发展要求有这样一个政党。"⑤ 王稼祥在《中国共产党与中国民族解放的道路》一文中也指出："回顾中国共产党二十二年

---

① 张闻天：《中国共产党十七周年纪念》，见《解放》第43、第44期合刊（1938年7月1日），第65页。
② 参见中共中央文献研究室编《刘少奇年谱（1898—1969）》（上卷），中央文献出版社1996年版，第401页。
③ 朱德：《"七一"志感》，载《解放日报》1943年7月4日。
④ 《太行热烈纪念"七一" 准备迎接更残酷斗争》，载《解放日报》1943年7月12日。
⑤ 社论：《中国共产党与中华民族》，载《解放日报》1943年7月1日。

的历史，便是为中华民族解放正确道路的斗争史，也是寻找、确定和充实中国民族解放正确道路的历史。"① 这种评价视角、这些评价结论，将中共的历史置于中华民族历史发展的大背景下来定位，更加有力地说明了中共产生的历史必然性和中共在中华民族历史上的地位。

3. 善于将回顾历史与总结经验教训结合起来

回顾历史，是为了总结经验、吸取教训，以利未来的发展。周恩来在中共中央召开的党的活动分子会上作报告时指出：中国共产党取得成就的原因在于中共是用马克思主义理论武装起来的，与中国人民有根深蒂固的联系的党。这就从党的指导思想、党与人民群众的联系方面，揭示了中共发展的历史经验。报告还系统总结了中共在大革命时期的历史教训，指出在工人运动中最基本的弱点是"不认识争取领导权，以为无产阶级天然获得了领导权"，"由行会传统而成的宗派观念，形成工人运动中的分裂以至关门主义"，"农民运动与土地革命在中国党领导机关中接触甚为落后"；在军队工作中"放弃树立党的基础，退避自己建立军队的企图"，"缺乏武装工农的信心和决心"。② 这种总结和反思，既符合历史的真实，也有利于党在吸取教训的基础上进一步前进。刘少奇出席中共中央山东分局召开的纪念"七一"干部大会时指出："在任何困难条件下，绝不放下党的革命的旗帜，既有坚定不移的政治方向与艰苦奋斗的工作作风，再加上学习掌握马列主义的立场、观点与方法，那我们的缺点一定可以克服，革命一定可以胜利。"③ 这里实际上从党的建设入手对党的历史经验进行了说明。在《论人民民主专政》一文中，毛泽东则系统论述了中共积累的宝贵经验："一个有纪律的，有马克思列宁主义的理论武装的，采取自我批评方法的，联系人民群众的党。一个由这样的党领导的军队。一个由这样的党领导的各革命阶级各革命派别的统一战线。这三件是我们战胜敌人的主要武器。"④ 这是对中共领导中国革命取得胜利经验的全面总结与

---

① 王稼祥：《中国共产党与中国民族解放的道路》，载《解放日报》1943年7月8日。
② 参见中央文献研究室编《周恩来年谱（1898—1949）》，中央文献出版社1998年版，第377页。
③ 中央文献研究室编：《刘少奇年谱（1898—1969）》（上卷），中央文献出版社1996年版，第401～402页。
④ 中共中央文献编辑委员会：《毛泽东选集》（第4卷），人民出版社1991年版，第1480页。

理性升华，成为中共的经典性表述和话语。

（二）借助建党纪念活动加强党的建设

中共建党纪念是围绕中共的历史、现实、未来而展开的，历史的发展、现实的把握、未来的走向，与党的自身建设密切相关，通过建党纪念加强党的建设，也是中共开展建党纪念活动的重要旨趣。

1. 党的性质认识的拓展

加强党的建设，必须认识清楚党的性质，密切联系党的性质来推进。1938年6月，中共中央发出的《关于中共十七周年纪念宣传纲要》，将党的性质表述为"中共是中国工人阶级的马列主义的党"，并且指出："中国工人阶级的最高利益，是同中华民族与中国人民的最高利益一致的"，"中共同志已经表示出了他们是中华民族与中国人民的先锋队"①。这里既明确了中共的工人阶级先锋队性质，也意识到中共同时表征中华民族与中国人民的先锋队，深化了对党的性质的认识。1941年7月1日，《解放日报》刊发的社论《纪念中国共产党二十周年》明确指出，中国共产党20年的历史已经证明，"中国共产党不但是中国工人阶级的先锋队，而且是中国人民和中华民族的先锋队"②。"两个先锋队"的表述这里清晰可见，只是尚未明确将其表述为党的性质。

2. 党的特点的概括

加强党的建设，需要把握党的特点，依据党的特点来谋划。朱德在《"七一"志感》一文中指出："中国共产党是马列主义的普遍真理与中国革命的具体实践相结合的党，它吸收了世界各国工人运动的综合归纳起来的宝贵经验，它继承了中国几千年历史积累下来的优良遗产。"③ 这是从党的产生机制、传统渊源对党的特点所作的概括。1947年7月1日，周恩来在中共中央机关召开的纪念建党26周年大会作报告时，指出中共有五个特点：一是最彻底的革命的党，二是群众的党，三是武装斗争的党，

---

① 参见中共中央宣传部办公厅、中央档案编研部编《中国共产党宣传工作文献选编》（第2卷），学习出版社1996年版，第22、23页。
② 社论：《纪念中国共产党二十周年》，载《解放日报》1941年7月1日。
③ 朱德：《"七一"志感》，载《解放日报》1943年7月4日。

四是有理论的党，五是团结的党。① 中共特点的揭示，有利于深化对中共建党规律的认识。

3. 反思党内存在的问题

加强党的建设，必须认识到党内所存在的问题，才能有针对性地提出解决问题的方案。刘少奇出席中共中央山东分局召开的纪念"七一"干部大会上时，剖析了党内存在的缺点。比如，许多党员都是出身于非无产阶级的，对于工人阶级组织上的联系还不够密切，在思想上理论上的准备还不够，许多党员还不能正确地掌握党的政策，正确地领导革命。② 刘少奇为纪念中共成立22周年而作的《清算党内的孟什维主义思想》一文，对党内存在的孟什维主义思想进行了批判，要求全党在整风的基础上，"在思想体系上彻底清算党内的孟什维主义残余，把我们党的布尔什维克化提到更高的阶段"，并将此作为党的建设的"中心任务"。③ 1947年7月1日，陈云在中共中央辽东分局直属机关纪念"七一"大会上讲话时，也批评了党内闹情绪、闹地位、本位主义等问题，要求"利用'七一'的机会，凡有问题的组织讨论，反省"④。这些文章、报告、讲话借建党纪念之机揭示党内存在的问题，分析问题产生的原因，有利于全党认识到党内问题所在、问题所害，从而有助于明确党的建设的任务，提高党的建设的针对性、自觉性。

4. 提出党的建设思路

党的建设要解决问题，取得成效，必须选择正确的路径，找准突破口。1940年7月1日，刘少奇在新四军江北指挥部召开的纪念中共成立19周年大会上，作了题为"做一个好的党员，建设一个好的党"的报告，强调要建设一个最好的党，最基本的是需要有很多好的党员。为此，他提出了做一个好的党员的方法：第一，要尽心负责地为党工作，爱护党的每

---

① 参见中共中央文献研究室编《周恩来年谱（1898—1949）》，中央文献出版社1998年版，第757页。

② 参见中共中央文献研究室编《刘少奇年谱（1898—1969）》（上卷），中央文献出版社1996年版，第401页。

③ 参见中共中央文献编辑委员会《刘少奇选集》（上卷），人民出版社1981年版，第300页。

④ 中共中央文献研究室编：《陈云文集》（第1卷），中央文献出版社2005年版，第607页。

一事物；第二，为党的与劳苦大众的公共事业而牺牲；第三，为党的利益、无产阶级的利益亦即人类最后解放的利益而奋斗到底。① 党员是党的细胞，通过塑造好的党员推进党的建设，是党的建设的重要途径。党性是党的建设的重要内容，通过增强党性推进党的建设，是党的建设的有效途径。1941年7月1日，中共中央政治局选择中共成立20周年纪念之日通过《关于增强党性的决定》（以下简称"《决定》"），明显包含借助建党纪念活动推进党的建设的旨意。《决定》号召"全党党员，尤其是干部党员，更加增强自己党性的锻炼，把个人利益服从于全党的利益，把个别党的组成部分的利益服从于全党的利益，使全党能够团结得像一个人一样"②。学习是推进党的建设的有效措施。董必武为纪念中共成立23周年而发表的《党在不断学习中进步》一文，认为党是在不断学习中进步的，其中主要是向工人、农民学习，主张通过学习加强党的建设。③ 可见，中共建党纪念活动进行过程中提出了不少加强党的建设的思路和举措。

（三）借助建党纪念活动进行政治动员

政治动员是任何一个政党为实现自己的政治目标而采取的政治鼓动行为，其形式多种多样，而借助纪念活动进行政治动员是行之有效的形式之一。民主革命时期的中共建党纪念活动，同样发挥了政治动员的作用。

1. 动员全党全民族参与抗日

抗日战争时期的最大政治，就是凝聚全党全民族的力量共同抗日。周恩来在中共中央召开的党的活动分子会上作报告时，就号召全党"在继承优良传统，汲取革命教训的基础上自觉地担负起领导全国抗日民族统一战线的任务"④。1938年6月30日，在中共成立17周年前夕，《新中华报》发表毛泽东的题词："共产党员，应与各党各派各界人民一道坚持抗

---

① 参见中共中央文献研究室编《刘少奇年谱（1898—1969）》（上卷），中央文献出版社1996年版，第294页。
② 中共中央文献研究室编：《毛泽东年谱（1893—1949）》（中卷），人民出版社、中央文献出版社1993年版，第310页。
③ 参见董必武《党在不断学习中进步》，载《群众》第9卷第13期（1944年7月15日），人民出版社1955年影印合订本，第541页。
④ 中共中央文献研究室《周恩来年谱（1898—1949）》，中央文献出版社1998年版，第377~378页。

战,为驱逐日寇建设新中国而奋斗,并在斗争中起模范作用,不达目的,决不停止!"① 其意正在动员全党全民族参与抗日。1941年7月1日,朱德在《中国共产党与革命战争》一文中指出:"我国神圣的抗战,已经足足进行了四个整年","我国神圣的抗战,不但是为了中华民族,而且是为了世界人类。抗战的结局,毫无疑义地要决定中华民族的命运,而对于世界人类的命运也将起着极其重大的影响。"因此,"学习军队、掌握军事,乃是每一个共产党员在这烽火连天的环境中第一等的任务"。② 朱德此言,说明了赢得抗战胜利的重要意义,其目的也在动员全党全民族学习军事技术以奋起抗日。1943年,毛泽东在纪念中共成立22周年的晚会上指出:"现在,全世界全中国一切反法西斯力量,全世界各国共产党和我们中国共产党,任务都只有一个,这就是打败人类公敌——德、意、日法西斯侵略者。"③ 在整个抗战期间,中共建党纪念活动往往将动员全党全民族参与抗日以赢得抗战胜利作为落脚点和归宿。

2. 动员全党参与整风运动

从1942年开始的全党普遍整风运动,是抗日战争时期中共面临的重要政治任务,需要全党普遍发动、普遍参与,建党纪念活动承担了动员全党参与整风运动的任务。朱德在《纪念党的二十一周年》一文中指出:"要完成打胜敌人的任务,我们全党就必须深入进行目前党所号召的整顿三风的工作,扫除这些残余的恶劣作风,建设党的新的风格,改造干部和党员思想和工作作风,使全党走上完全布尔什维克化的道路。"④ 董必武在纪念中共成立23周年时也提出,"整风运动不仅是只看看整风文献就算了事,而是应当凭藉整风文献切实反省自己,改正自己原来的思想和思想方法","只有在实际工作上表现出不是狭隘经验主义的或教条主义的,而是实事求是的,整风才算有效"。⑤ 借助建党纪念强调整风的意义、说明整风的方法,实际上是为了动员全党参与整风。

---

① 中共中央文献研究室编:《毛泽东年谱(1893—1949)》(中卷),人民出版社、中央文献出版社1993年版,第78～79页。
② 朱德:《中国共产党与革命战争》,载《解放日报》1941年7月1日。
③ 中共中央文献研究室编:《毛泽东文集》(第3卷),人民出版社1996年版,第28页。
④ 朱德:《纪念党的二十一周年》,载《解放日报》1942年7月1日。
⑤ 参见董必武《党在不断学习中进步》,载《群众》第9卷第13期(1944年7月15日),人民出版社1955年影印合订本,第542页。

3. 动员全党全民族争取解放战争的胜利

解放战争时期,中共抓住建党纪念之机,动员全党全民族加入反对国民党内战独裁、建立新中国的行列。1947年6月,正值刘邓大军挺进大别山拉开反攻序幕之际,新华社为纪念中共创立26周年发表社论《努力奋斗迎接胜利》,指出人民解放战争的胜利,"将不是别的,而是百余年来我国志士仁人抛头流血牺牲奋斗的目标的实现,就是祖国的独立与民主的实现,就是孙中山志愿的实现"①。毛泽东在修改这一社论时,还加写了如下一段话:"前进的道路上还会有困难,我们一定要正视这些困难,宁可作长期打算,不要有速胜论,有困难我们一定要克服,也一定可以克服。同胞们,同志们,勇敢前进,努力奋斗,迎接胜利。"② 这篇社论,将建党纪念与政治动员有机结合起来,对于鼓舞士气,振奋人心,动员全党全民族支持解放战争、赢得解放战争的胜利,可谓正当其时、恰到好处。

(四)借助建党纪念活动推进马克思主义中国化

推进马克思主义中国化需要创设多方面的条件,需要借助多方面的力量。民主革命时期的中共建党纪念活动,是马克思主义中国化的重要推动力量。

1. 维护马克思主义的指导地位

马克思主义中国化是以对马克思主义的认同、运用为前提的,为此首先必须肯定马克思主义在中国的历史作用和指导地位。1941年7月1日,《解放日报》刊发的社论指出:中共20年的历史证明,"马克思列宁主义的科学理论是适合于中国,是中国革命所必不可少的"③。王稼祥在《中国共产党与中国民族解放的道路》一文中也指出:中国共产党之所以能提出抗战的正确道路与正确政策,"是由于中国共产党是以人类最先进的革命科学——马克思列宁主义武装着,是由于中国共产党能够把马列主义

---

① 中央档案馆编:《中共中央文件选集》(第13册),中共中央党校出版社1987年版,第658页。
② 中共中央文献研究室编:《毛泽东年谱(1893—1949)》(下卷),人民出版社、中央文献出版社1993年版,第201页。
③ 社论:《纪念中国共产党二十周年》,载《解放日报》1941年7月1日。

与中国现实结合起来"①。这些论断，肯定了马克思主义的科学性、实践性和发展性。张闻天还力图揭示马克思主义存在于中国的历史合理性，认为"马克思列宁主义不但在中国有着社会的基础，而且也有着思想的与文化的渊源。就是世界没有马克思列宁主义，中国的思想史与文化史也是要向着马克思列宁主义的道路发展的"②。这就从马克思主义与中国传统文化的契合、相通，肯定了马克思主义存在于中国、指导中国的缘由。

2. 彰显毛泽东思想的理论与实践价值

毛泽东思想是马克思主义中国化的重要理论成果，中共建党纪念过程中，不仅提出了"毛泽东思想"这一概念，而且充分肯定了毛泽东思想的价值。众所周知，王稼祥在《中国共产党与中国民族解放的道路》一文中，首次提出了"毛泽东思想"的概念，并且指出：毛泽东思想"是以马克思列宁主义的理论为基础，研究了中国的现实，积蓄了中共二十二年的实际经验，经过了党内党外曲折斗争中而形成起来的"；"毛泽东思想就是中国的马克思列宁主义，中国的布尔什维主义，中国的共产主义"。③ 这就概要地说明了毛泽东思想的形成机制、理论地位。1946 年 7 月 1 日《解放日报》刊发的社论《中国共产党与中国》，对毛泽东思想的价值进行了充分肯定，认为它是"中国人民最高智慧的集中，没有这种思想的指导，人民就不能达到解放的目的"，因此，社论要求学习毛泽东思想，将其提到"党员第一条义务"的高度，"掌握毛泽东思想的程度如何，将决定着每个党员为人民服务所贡献的程度"。④ 对毛泽东思想的价值认同，有助于推进马克思主义中国化。

3. 提出继续推进马克思主义中国化的任务

民主革命时期，马克思主义中国化的重要任务之一，就是运用马克思主义的基本观点和基本方法，对中共领导中国革命的经验进行总结和升华，将中国经验上升为理论，实现中国经验的马克思主义化。刘少奇指出："我们的党有各方面的极端丰富的革命斗争的经验，但是一直到现在还没有很好把它总结起来。以马列主义的普遍原理为指导很好地总结我们

---

① 王稼祥：《中国共产党与中国民族解放的道路》，载《解放日报》1943 年 7 月 8 日。
② 张闻天：《中国共产党十七周年纪念》，载《解放》第 43、第 44 期合刊（1938 年 7 月 1 日），第 68 页。
③ 参见王稼祥《中国共产党与中国民族解放的道路》，载《解放日报》1943 年 7 月 8 日。
④ 参见社论《中国共产党与中国》，载《解放日报》1946 年 7 月 1 日。

党在各方面的斗争经验，还是今天我们全党的最重要的任务之一。"他呼吁："一切干部，一切党员，应该用心研究二十二年来中国党的历史经验。"① 他在纪念中共成立 27 周年干部大会上发表讲话时还说：中国共产党的成长过程，就是"使马克思主义中国化，用马克思主义解决中国问题，推动中国的历史前进"②。刘少奇号召全党研究中国实践经验，解决实践面临的问题，实际上提出了继续推进马克思主义中国化的任务。

总之，民主革命时期的中共建党纪念活动，对于中共的历史发展和中国革命胜利发挥了积极作用，形成了中共建党纪念的基本风格，为新中国成立后中共建党纪念活动的开展积累了宝贵经验。

（原载《中共党史研究》2011 年第 4 期）

---

① 中共中央文献编辑委员会：《刘少奇选集》（上卷），人民出版社 1981 年版，第 291、第 300 页。
② 中共中央文献研究室编：《刘少奇年谱（1898—1969）》（下卷），中央文献出版社 1996 年版，第 151 页。

论中共建党纪念的社会功能
——以新中国"七一"纪念活动为中心的考察

新中国成立后,中共通过举行庆祝大会座谈会、出版纪念特刊著作、发表纪念文章社论、举办展览会文艺晚会等形式,开展了丰富多彩的建党纪念活动。中共建党纪念在总结党的历史、推进党的建设、实施政治动员、协调党际关系与国家关系、促进马克思主义中国化等方面发挥了积极作用,其社会功能得到了充分释放和显现。

一、借助建党纪念总结党的历史

客观总结和评价历史,善于从历史中汲取前进的智慧和力量,是一个政党成熟的表现。新中国成立后的建党纪念,注意回顾总结党的历史,并运用党的历史教育全党全民,凝聚党心民心。1951年5月,《中央关于纪念党的三十周年办法的规定》要求:"在党的支部中和劳动群众中进行关于党的历史的宣传",在党的报刊上,"陆续大量刊登对于党的斗争历史的各种回忆,对于革命烈士、模范党员和党的组织牺牲奋斗为人民谋自由幸福的回忆"。[①] 因此,让党内外感知中共历史,强化对于中共历史的集体记忆,是中共开展建党纪念的重要旨趣。

(一) 中共历史的回顾和总体把握

回顾中共历史,呈现中共历史的积淀,是建党纪念得以展开的基础。正是因为中共历史的积累有厚度,建党纪念才有价值和意义。同时,随着时间的推移,中共历史的丰富性、复杂性日益显现出来,只有对中共历史进行总体把握,勾勒中共历史发展的主线和脉络,才能使党内外正确认识和评价中共历史。由此,回顾和总体把握中共历史成为建党纪念的重要

[①] 参见中共中央宣传部办公厅、中央档案馆编研部编《中国共产党宣传工作文献选编》(第3卷),学习出版社1996年版,第236页。

内容。

新中国成立后,中共逢十周年纪念(1971年除外),一般都要召开纪念大会,由党的主要领导人出席并发表讲话。在此场景,对党的历史进行回顾和总体把握已成为一种惯例。比如,刘少奇在庆祝中共成立40周年大会上的讲话,回顾了中共成立以来的历史,并且指出:中共成立以来的四十年,是党领导全国人民进行英勇斗争和取得伟大胜利的四十年,是马克思列宁主义在中国广泛传播和取得伟大胜利的四十年。中共成立四十年来,同中国人民一起,做了两件大事:一是在中国进行人民民主革命,二是在中国进行社会主义革命和社会主义建设。①"两个四十年"与"两件大事",涵盖了中共历史的主要内容,揭示了中共历史的主线和主题。又如,胡耀邦在庆祝中共成立60周年大会上的讲话,在回顾和总结中共历史时,作出了这样的判断:"中国共产党的六十年,是为中国民族解放和人民幸福而前仆后继、英勇奋斗的六十年,是马克思列宁主义普遍原理同中国革命具体实际经过反复实践而愈益结合的六十年,是党内正确纠正错误、光明面战胜阴暗面的六十年。"②"三个六十年"的概括,因应"文化大革命"结束后对中共历史评价的分歧,包含对中共历史发展主流和曲折的把握,有助于党内外正确认识和评价中共历史。再如,江泽民在庆祝中共成立80周年大会上的讲话,在回顾中共80年的奋斗业绩后指出:"中国共产党的八十年,是把马克思列宁主义同中国实践相结合而不断追求真理、开拓创新的八十年,是为民族解放、国家富强和人民幸福而不断艰苦奋斗、发愤图强的八十年,是为完成肩负的历史使命而不断经受考验、发展壮大的八十年。"③ 这就从指导思想、奋斗目标、党自身发展三个层面,对中共历史进行了总体把握。可见,不同时期的建党纪念,都力图揭示中共历史发展的主线,通过中共历史主线的概括进而让党内外准确把握中共历史。

---

① 参见中共中央文献研究室编《刘少奇年谱(1898—1969)》(下卷),中央文献出版社1996年版,第527页。
② 中共中央文献研究室编:《三中全会以来重要文献选编》(下),人民出版社1982年版,第854页。
③ 中共中央文献编辑委员会编:《江泽民文选》(第3卷),人民出版社2006年版,第270页。

（二）中共历史经验的升华

中共建党纪念回顾和总体把握中共历史，是为了升华历史经验，汲取历史智慧，用历史经验、历史智慧来指导现实、启迪未来。胡耀邦在庆祝中共成立 60 周年大会上，作出了这样的结论："六十年来的历史经验，集中到一点，就是一定要有一条马克思主义的革命路线，要有一个能够确立和坚持这条路线的无产阶级政党。"① 这就从政治路线与思想路线、党的领导两个方面升华了中共历史经验，彰显了政治思路与思想路线、党的领导在社会主义现代化过程中的地位。胡锦涛在庆祝建党 85 周年大会上，通过总结中共历史，得出一个基本结论：我们党之所以能够成为领导中国革命、建设、改革事业的核心力量，"根本原因是我们党始终代表中国先进生产力的发展要求、代表中国先进文化的前进方向、代表中国最广大人民的根本利益，始终高度重视并不断保持和发展自己作为马克思主义政党的先进性"②。这是从"三个代表"重要思想和先进性建设的高度，对中共 80 年历史经验所进行的升华。由于升华历史经验的视角、重点不同，每个阶段对历史经验的概括存在差异。同时，因时代、认识的局限，每个阶段对历史经验的升华也带有时代特点。历史经验的升华，使党内外对中共历史有了更为清晰的认识和更为深刻的把握。

（三）中共历史意识的表达

毛泽东曾明确表示："我们必须尊重自己的历史，决不能割断历史"③，这是中共对待历史的基本态度。建党纪念对中共历史的回顾、经验的升华，表达了中共对历史的尊重，折射了中共的历史意识。同时，中共建党纪念有一个重要特点，就是重视表达对于中国革命、建设、改革作出重要贡献的历史人物的敬意和缅怀。如在中共成立 30 周年庆祝大会上，刘少奇提议大家起立，为在革命斗争中英勇牺牲的党与非党烈士静默 3 分

---

① 中共中央文献研究室编：《三中全会以来重要文献选编》（下），人民出版社 1982 年版，第 864 页。

② 中共中央文献研究室编：《十六大以来重要文献选编》（下），中央文献出版社 2008 年版，第 521 页。

③ 中共中央文献编辑委员会编：《毛泽东选集》（第 2 卷），人民出版社 1991 年版，第 708 页。

钟致哀；在庆祝中共成立 60 周年大会上，胡耀邦对党的杰出领导人、人民军队的杰出将领、党外亲密朋友、著名爱国人士等，表达了缅怀之意和敬仰之情；在庆祝中共成立 80 周年大会上，江泽民也表示深切怀念为中国的革命、建设和改革，为中国共产党的建立、巩固和发展作出重大贡献的老一辈无产阶级革命家，深切怀念为创立、捍卫和建设新中国而英勇牺牲的革命先烈，深切怀念近代以来为中华民族的独立和解放而奋斗的一切先驱。[①] 对于历史人物的推崇和缅怀，既表达了中共对历史的尊重，也有助于全党历史意识的熏陶与培育。

因此，中共建党纪念具有历史认识、历史教育功能，既能增进对于中共历史的总体把握、深化对于历史经验的认识，也有利于培育全党尊重历史的意识。

二、借助建党纪念推进党的建设

党的建设是一个政党永恒的主题，结合建党纪念适时提出党的建设任务，反思党内存在的问题，明确党的建设路径，是中共开展建党纪念的重要出发点。

（一）提出党的建设任务

不同历史时期，党所处的阶段不同，党的建设的任务、重点也不完全一样。新中国成立后，中共往往选择建党纪念之机，适时提出党的建设任务。1950 年 6 月 30 日，为了及时整理和巩固党的队伍，加强党与人民群众的联系，以适应新的执政环境，完成新的历史任务，中共中央发出关于整党的指示，决定在全党范围内进行一次大规模的整党运动，《人民日报》为此发表社论《整顿党的工作作风，改善党的组织状况》予以配合。改革开放之初，为了尽快消除"文化大革命"给党的建设带来的影响，以统一全党思想，凝聚全党共识，中共借助建党纪念推进党的建设的意图十分明确。胡耀邦在庆祝中共成立 60 周年大会上强调："我们要以高度的自觉，把我们党建设成为政治上更加成熟、思想上更加一致、组织上更

---

① 参见中共中央文献编辑委员会编《江泽民文选》（第 3 卷），人民出版社 2006 年版，第 269～270 页。

加巩固的,能够团结和领导全国各族人民进行社会主义现代化建设的坚强核心。"① 这就将党的建设任务、目标明确摆在全党面前。这一时期,《人民日报》发表的"七一"社论或特约评论员文章,不少就是围绕党的建设来立论的,如《认真实行民主集中制》(1978年)、《搞好党风是党领导人民实现四化的根本条件》(1979年)、《奋发图强,搞好党风》(1980年)、《坚决克服党内的不正之风》(1983年)、《坚持高标准整党》(1984年)等。

进入20世纪90年代,党的建设所面临的任务更加艰巨,《人民日报》所刊发的"七一"社论,其谋篇立论的着眼点仍是党的建设问题。同时,党的建设所面临的时代课题也是借助建党纪念而明确的。比如,中共建党83周年纪念前夕,中共中央政治局就加强党的执政能力建设问题进行集体学习,凸显执政能力建设的重要性,提出加强党的执政能力建设的任务。之后,十六届四中全会通过《中共中央关于加强党的执政能力建设的决定》。在庆祝中共成立85周年大会上,胡锦涛提出:"先进性是马克思主义政党的本质属性,是马克思主义政党的生命所系、力量所在","保持和发展党的先进性是马克思主义政党自身建设的根本任务和永恒课题"。② 由此,党的先进性建设备受重视。中共建党88周年纪念前夕,中共中央政治局就推进党内民主建设问题进行集体学习,引起全党对于党内民主建设的关注。因此,借助建党纪念适时提出党的建设任务,成为中共推进党的建设的惯常做法。

(二)反思党内存在的问题

推进党的建设,必须认识到党内存在的问题,才能有针对性地提出解决问题的方案。1950年7月,邓小平在中共中央西南局、西南军区召开的纪念中共成立29周年大会上,批评了党内入党动机不纯的党员、因胜利冲昏头脑产生蜕化思想的同志、暗藏在党内的阶级敌对分子、屡经教育不知改悔的贪污腐化分子。同时,针对官僚主义、命令主义和统一战线中

---

① 中共中央文献研究室编:《三中全会以来重要文献选编》(下),人民出版社1982年版,第864页。

② 参见中共中央文献研究室编《十六大以来重要文献选编》(下),中央文献出版社2008年版,第525页。

的关门主义等"带有普遍性的缺点",要求"掌握批评与自我批评的武器,发扬优点,改正缺点"。① 因此,邓小平对于当时党内存在的问题有清醒认识。新时期的建党纪念,同样重视反思党内存在的问题。如胡锦涛在庆祝中共成立85周年大会上,依据先进性的要求,剖析了党内存在的突出问题,包括一些党员先进性意识淡薄,理想信念不坚定,宗旨观念不牢固;一些领导干部和领导班子思想理论水平不高,解决复杂矛盾的本领不强,工作作风不实;一些地方党的基层组织建设还比较薄弱;一些领域的腐败现象还比较严重,特别是有些领导干部以权谋私、贪赃枉法、腐化堕落的案件仍时有发生。② 可见,中共建党纪念之机,也是反思党内存在的问题之时,对党内存在的问题能保持高度警觉。

（三）明确党的建设思路

中共开展建党纪念时,针对每个阶段党的建设面临的任务或存在的问题,提出了推进党的建设的思路和举措。比如,1951年7月1日,为纪念中共成立30周年,邓小平在《新华日报》发表《紧密地联系群众是我党的光荣传统》一文,强调"只要我们不脱离群众,和群众始终保持着紧密的联系,我们就会无往而不胜利"③。强调党群关系的重要性,实际上提出了通过密切党群关系推进党的建设的路径。又如,中共建党75周年纪念时,江泽民提出:"党领导的事业要取得胜利,不但必须有正确的理论和路线,还必须有一支能坚决贯彻执行党的理论和路线的高素质干部队伍"④,并界定了新的历史时期作为干部尤其是领导干部应具备的基本政治业务素质。这表明,干部队伍建设是党的建设的重要突破口。再如,1999年6月28日,在纪念中共成立78周年座谈会上,江泽民强调:"三讲"教育是"当前党的建设的重中之重";"讲学习、讲政治、讲正气,

---

① 参见中共中央文献研究室、中共重庆市委员会编《邓小平西南工作文集》,中央文献出版社、重庆出版社2006年版,第187、第189页。

② 参见中共中央文献研究室编《十六大以来重要文献选编》（下）,中央文献出版社2008年版,第531页。

③ 中共中央文献研究室、中共重庆市委员会编:《邓小平西南工作文集》,中央文献出版社、重庆出版社2006年版,第414页。

④ 中共中央文献研究室编:《论党的建设》,中央文献出版社2001年版,第217页。

三者是紧密相连和相互统一的,核心是讲政治"。① 实践证明,开展"三讲"教育是推进党的建设的重要途径。此外,在建党纪念过程中,中共善于通过表彰先进基层党组织、优秀共产党员、优秀党务工作者,发挥榜样的激励和示范作用,来推进党的建设。

可见,中共建党纪念具有推进党的建设的功能,既是推进党的建设的重要契机,也是推进党的建设的重要力量。

三、借助建党纪念实施政治动员

政治动员是任何一个政党为实现自己的政治目标而采取的政治鼓动行为。每年7月1日前后,建党纪念是媒体关注的焦点,借此表达政治主张,实施政治动员,容易引起全党的关注和共鸣。新中国成立后的建党纪念,针对各个时期的历史任务有效进行了政治动员,建党纪念成为政治动员的重要载体。

(一)动员全党献力国民经济的恢复

新中国成立初期,面对连年战争留下的满目疮痍,当务之急是迅速恢复和发展国民经济。在中共成立30周年庆祝大会上,刘少奇论述了党所面临的"国家经济建设和文化建设的艰苦而伟大的任务",号召全党"进行长期、复杂而艰苦的斗争","完成新民主主义的建设事业,使中国由农业国进到工业国"。② 1952年6月,《中央关于纪念党的三十一周年办法的通知》提出:"动员全党注意和学习经济工作,号召党员带头搞好工业农业及其他方面的增产节约运动,为即将开始的大规模经济建设做好准备工作。"③ 因此,新中国成立初期的建党纪念,包含动员全党献力恢复和发展国民经济的内容。此外,建党纪念在动员全党参与和支持抗美援朝以及新中国成立初期的社会运动、社会主义改造方面,也发挥了积极作用。

---

① 参见中共中央文献编辑委员会《江泽民文选》(第2卷),人民出版社2006年版,第360页。
② 参见中共中央文献研究室编《建国以来刘少奇文稿》(第3册),中央文献出版社2005年版,第520页。
③ 中共中央宣传部办公厅、中央档案馆编研部编:《中国共产党宣传工作文献选编》(第3卷),学习出版社1996年版,第371页。

（二）动员全党参与社会主义建设

社会主义建设需要调动全党的积极性和创造性，随着社会主义建设的全面展开和社会主义建设中出现的曲折，建党纪念成为激发全党参与社会主义建设热情、破解发展难题的有效载体。刘少奇在庆祝中共成立40周年大会上指出：当前，不论新党员，或者老党员，都有一项重要任务，就是要认真地系统地学习社会主义建设，在全党展开一个新的学习运动，帮助全党干部进一步认识和掌握我国社会主义建设的客观规律。① 通过学习掌握社会主义建设客观规律，目的是为了推进社会主义经济建设的实践。

（三）动员全党投身改革事业

改革需要集中全党的智慧和力量，新时期的中共建党纪念成为动员全党投身改革的契机。1987年7月1日，《人民日报》发表社论《把政治体制改革提到日程上来》，号召"全党同志，特别是担负领导工作的同志，要以极大的政治热情和严格的求实精神关心政治体制改革，研究政治体制改革，促进政治体制改革"②。江泽民在庆祝中共成立70周年大会上也发出了改革的动员令，指出："中国共产党人的历史责任，就是要坚定不移地投身改革的伟大事业，通过改革更好地巩固和发展我国的社会主义制度，为我国经济发展和社会全面进步开辟更加广阔的道路，提供更加强大的动力和保证。"③ 因此，中共建党纪念之时，动员全党投身改革的旨意十分明确。

可见，中共建党纪念有明显的现实取向，在申明各个时期党所面临的中心任务、动员全党投身各个时期的中心任务方面发挥了积极作用。不容否定的是，"文化大革命"时期的建党纪念活动，对于阶级斗争和党内路线斗争的开展，起了推波助澜的作用。

---

① 参见中共中央文献研究室编《刘少奇年谱（1898—1969）》（下卷），中央文献出版社1996年版，第527页。
② 社论：《把政治体制改革提到日程上来》，载《人民日报》1986年7月1日。
③ 中共中央文献编辑委员会：《江泽民文选》（第1卷），人民出版社2006年版，第163页。

四、借助建党纪念协调党际关系与国家关系

政党关系是否和谐,是一个国家政治稳定与社会和谐的关键,也是影响国际社会和平与发展的重要因素。新中国成立后,中共十分注重利用建党纪念协调党际关系与国家关系。

(一)协调中共与各民主党派的关系

中国共产党与各民主党派的关系,既是政治上领导与被领导的关系,也是亲密合作的友党关系。中共建党纪念,注意邀请各民主党派、无党派人士参加,通过纪念活动这一交往平台,密切中共与各民主党派、无党派人士的关系。在这方面,各民主党派、无党派人士表现主动,中共则采取欢迎和接纳的态度。1951年6月21日,各民主党派、无党派人士发出《为准备庆祝中国共产党建党三十周年纪念日的联合通知》,要求各自的地方组织和无党派人士,主动积极地准备和参加庆祝中国共产党建党三十周年纪念,在当地联合发动规模盛大的群众庆祝大会,献旗致敬,发表庆贺文电;及时布置各项迎接步骤,进行关于中国共产党革命历史的学习,并采用讲演、座谈、广播、写文章、出期刊专号、出报纸特刊等各种方法,向自己所联系的人民群众进行宣传教育。① 毛泽东认为,各民主党派、无党派人士的意思"是诚恳的,不便加以拒绝"。为此,中共中央发出《关于欢迎各民主党派地方组织参加中国共产党成立三十周年庆祝活动的指示》,指出:"各民主党派在最近的镇反与土地改革运动中,有些人表示不安,为了安定他们,在北京及各地接受他们对党的三十周年的庆祝是有好处的。望各地党委在各民主党派要求参加党的三十周年纪念的庆祝工作或筹备时,不要拒绝,而要表示欢迎,吸收他们参加庆祝会,让他们发表演说,在报纸上发表他们庆祝的文章。"② 因此,逢中共举行建党纪念活动时,各民主党派、无党派民主人士致电中共中央表示庆贺;中共

---

① 参见中共中央文献研究室、中央档案馆编《建国以来刘少奇文稿》(第3册),中央文献出版社2005年版,第497页。
② 中共中央文献研究室、中央档案馆编:《建国以来刘少奇文稿》(第3册),中央文献出版社2005年版,第496页。

邀请各民主党派负责人、无党派民主人士代表参加纪念庆典；中共主流媒体刊登各民主党派、无党派民主人士的纪念文章；中共主要领导人利用纪念大会或适当时机对于民主党派、无党派民主人士参与和支持建党纪念活动表示谢意。如此互动，增进了中共与民主党派、无党派民主人士之间的合作与友谊。比如，中共成立40周年之时，各民主党派、无党派民主人士、全国工商联向中共中央和毛泽东献词，表示"坚决执行党的政策，学习党的艰苦奋斗的革命传统和实事求是的科学精神，为解放台湾，为把我国建设成为具有现代工业、现代农业、现代科学文化的社会主义国家而奋斗"①。各民主党派、无党派民主人士、全国工商联对中共传统的认同与中共方针、政策的支持，有利于增进彼此之间的关系。胡耀邦在庆祝中共成立60周年大会上表示："向一切同我们党合作，给予人民革命和建设事业以宝贵支持的各民主党派、党外人士和各方面朋友们，表示最深切的感谢。"② 中共对各民主党派、无党派民主人士的致谢与尊重，也有助于协调彼此之间的关系。

（二）协调中共与世界各国政党的关系

逢中共周年纪念，特别是逢五、逢十纪念周年，一些国家的政党纷纷致电表示祝贺。如1951年中共建党30周年纪念时，苏联共产党、德国统一社会党、波兰统一工人党、罗马尼亚工人党、捷克斯洛伐克共产党、保加利亚共产党、越南劳动党、德国共产党、瑞典共产党、古巴社会主义人民党、朝鲜劳动党等致电中共中央表示祝贺；1961年中共成立40周年纪念时，苏联共产党、阿尔巴尼亚劳动党、匈牙利社会主义工人党、越南劳动党、德国统一社会党、朝鲜劳动党、蒙古人民革命党、捷克斯洛伐克共产党、阿根廷共产党、缅甸共产党、委内瑞拉共产党、印度尼西亚共产党、马来亚共产党、新西兰共产党、芬兰共产党、法国共产党、日本共产党等纷纷发来贺电。不仅如此，一些国家的政党还在其机关报纸或机关刊物上发表纪念文章，以配合中共的建党纪念。如1961年，越南劳动党中

---

① 中国国民党革命委员会何香凝等：《各民主党派、无党派民主人士和全国工商联　庆祝中国共产党成立四十周年的献词》，载《人民日报》1961年7月1日。
② 中共中央文献研究室编：《三中全会以来重要文献选编》（下），人民出版社1982年版，第876页。

央委员会主席胡志明撰写《中国革命与越南革命》一文，7月1日在越南《人民报》发表，《人民日报》于7月3日转载。1991年7月1日，朝鲜劳动党中央机关报《劳动新闻》发表社论，称中国共产党的创建是中国近代史发展的必然要求，社会主义是中国人民自己选择的正确道路，中国共产党一贯坚持独立自主、和平的外交政策，为建立国际新秩序开展了积极活动。中国共产党领导中国人民在社会主义建设中所取得的光辉成就和中国国力的增强，给世界革命人民以巨大的鼓舞。① 中共成立80周年纪念时，古巴共产党中央委员会举行庆祝大会，高度评价中共成立80年来取得的胜利，认为中国正逐渐成为社会主义强国，中华人民共和国日益强大，证明了社会主义的生命力。世界各国政党对于中共建党纪念的支持、配合，有助于增进中共与世界各国政党的关系。

（三）协调中国与世界各国的国家关系

逢中共建党纪念，世界各国纷纷举行纪念活动，除增进党际关系协调外，也促进了国家关系协调。1951年6月30日，苏联《文学报》以《光荣的三十年》为题发表社论，称"新中国现在是一个劳动人民参加决定国事的国家，是千百万农民获得了长久渴望着的土地的国家，是劳动者的子女能够受教育的国家，这样的国家是不可战胜的"；"党的领导和党的正确政策就是中国人民获得进一步成功的最重要的保证"。② 苏联《星火》杂志也以多页篇幅刊载纪念文章，并刊发社论《英勇斗争的三十年》。与此同时，波兰、匈牙利、罗马尼亚、保加利亚等国，大量出版中共领袖的著作。中共成立60周年纪念时，朝鲜举行中国电影周，罗马尼亚对外友协和罗中友协举行酒会。另外，中共借助建党纪念，往往要表达对友好国家的谢意，申明中国的外交方针与外交政策。如在中共成立30周年庆祝大会上，刘少奇对"苏联以及那些同情和援助中国革命的世界各国的无产阶级和劳动人民"③ 表达了谢意和敬意；江泽民在庆祝中共成立80周

---

① 参见《朝鲜〈劳动新闻〉发表社论　热烈祝贺中国共产党成立70周年》，载《人民日报》1991年7月3日。

② 参见《在中国共产党领导下新中国是不可战胜——苏联文学报的社论》，载《人民日报》1951年7月3日。

③ 中共中央文献研究室、中央档案馆编：《建国以来刘少奇文稿》（第3册），中央文献出版社2005年版，第519页。

年大会上，阐明了中国的外交方针与外交政策，表示"中国共产党和中国政府愿同全世界一切爱好和平、渴望发展、向往进步的国家和人民携起手来，争取实现一个长时期的国际和平环境，共同推进历史的车轮向着光明的目标前进"①。中国外交方针与外交政策的表达，也有利于中国与世界各国的国家关系协调。

因此，中共建党纪念具有协调功能，是新中国成立后党际关系、国家关系协调的有效载体，也是党际交往、国家交往的重要途径。

五、借助建党纪念推进马克思主义中国化

推进马克思主义中国化需要创设多方面的条件，借助多方面的力量。新中国成立后的建党纪念，为马克思主义中国化提供了条件，成为马克思主义中国化的重要推动力量。

（一）维护马克思主义的指导地位

马克思主义中国化是以对马克思主义的认同、运用为前提的，新中国成立后的历次建党纪念，都十分注意维护马克思主义的理论价值、指导地位。刘少奇在中共成立30周年庆祝大会上指出："马克思列宁主义是指导我们党和中国人民团结自己、战胜敌人的唯一正确的思想武器。"② 这就充分肯定了马克思主义对于中共、中国的理论价值与指导意义。胡耀邦在庆祝中共成立60周年大会上，一方面强调"马克思主义是无产阶级革命的科学的思想的结晶，是我们认识和改造客观世界最强大的精神武器"；另一方面反对将马克思主义视为"僵死教条"，要求"一切忠于马克思主义的革命者，有责任不使它同社会生活隔绝，停滞不前、僵化枯萎，而必须以新鲜的革命经验丰富它，使它保持旺盛的生命力"。③ 江泽民在庆祝中共成立80周年大会上也指出："马克思主义是我们认识和改

---

① 中共中央文献编辑委员会：《江泽民文选》（第3卷），人民出版社2006年版，第297页。
② 中共中央文献研究室、中央档案馆编：《建国以来刘少奇文稿》（第3册），中央文献出版社2005年版，第516页。
③ 参见中共中央文献研究室编《三中全会以来重要文献选编》（下），人民出版社1982年版，第867页。

造世界的强大思想武器,是指导中国革命、建设和改革的行动指南。"① 这就进一步申明了马克思主义的理论价值与指导地位,为马克思主义中国化创设了前提条件。

(二) 阐释马克思主义中国化理论成果的内涵实质

科学界定中国化马克思主义的内涵实质,是推进马克思主义中国化不可缺少的一项工作。胡耀邦在庆祝中共成立 60 周年大会上,依据《关于建国以来党的若干历史问题的决议》的精神,阐述了毛泽东思想的基本内容,对毛泽东思想的形成机制、历史价值作出了科学评价:"毛泽东思想是在中国革命历史过程中形成和发展的,是我们党集体智慧的结晶","作为被实践证明了的正确的理论原则和经验总结,作为马克思主义在中国的运用和发展,过去、现在和将来仍然是我们党的指导思想"。② 这种阐释,维护了毛泽东思想的权威,有助于当时统一对毛泽东思想的认识与评价。在庆祝中共成立 80 周年大会上,江泽民系统阐述了"三个代表"重要思想的科学内涵与基本内容;在中共成立 82 周年之际,胡锦涛进一步阐明了"三个代表"重要思想的精神实质、历史地位、实践要求。中共借助纪念活动对马克思主义中国化理论成果所进行的诠释,有助于全党科学把握中国化马克思主义的基本内涵、精神实质,也有利于推动中国化马克思主义走向实践、指导实践。

(三) 出版马克思主义中国化经典文献

马克思主义中国化过程中形成的经典文献,是学习、研究马克思主义中国化理论成果不可缺少的文本。中共往往选择建党纪念之机,出版这些重要文献,以彰显其价值与意义。比如,1951 年 7 月 1 日,《毛泽东选集》出版委员会发出通知,决定在《毛泽东选集》未出版之前,先选择毛泽东从 1926 年以来所写的几十篇最重要著作,除篇幅很长的须出单行本之外,其余在《人民日报》陆续发表。③ 当天,《人民日报》发表了毛

---

① 中共中央文献编辑委员会编:《江泽民文选》(第 3 卷),人民出版社 2006 年版,第 270 页。

② 参见中共中央文献编辑委员会编《三中全会以来重要文献选编》(下),人民出版社 1982 年版,第 857 页。

③ 参见《毛泽东选集出版委员会通知》,载《人民日报》1951 年 7 月 1 日。

泽东《中国社会各阶级的分析》一文。又如，1983年7月1日，《邓小平文选》（1975—1982年）向全国发行；1987年7月1日，中央决定重新发表邓小平《党和国家领导制度的改革》一文；1991年7月1日，《毛泽东选集》第一至四卷第二版在全国发行；1999年6月30日，《毛泽东文集》第六、七、八卷在全国面世。这些经典文献的出版，既有利于深化马克思主义中国化的理论研究，也有利于推动马克思主义中国化的现实进程。

当然，"文化大革命"期间的中共建党纪念，给马克思主义中国化也带来了一些曲折。如1966年7月1日《人民日报》发表的社论《毛泽东思想万岁》，认定毛泽东思想是"当代马克思列宁主义的顶峰，是最高最活的马克思列宁主义"，这种评价就背离了实事求是的科学精神，不利于马克思主义在中国的丰富和发展。

中共建党纪念的社会功能，除上述五个方面之外，在推动文化艺术事业的繁荣发展、中共历史研究走向深入、渗透思想政治教育等方面，显现了其独特的作用。

（原载《教学与研究》2011年第5期）

试论国庆纪念的社会功能
——以新中国国庆纪念为中心的考察

中华人民共和国成立后，每逢国庆，中国共产党和中国政府通过举行庆祝大会与集会、组织阅兵与群众游行、发表纪念文章与社论、出版纪念特刊或专刊、举办展览会等形式，开展了系列纪念活动。通过国庆纪念，既塑造了国家形象、实施了政治动员，又诠释了中国经验、促进了国际关系的协调。本文拟就新中国国庆纪念的社会功能作一初略探讨。

一、借助国庆纪念塑造国家形象

国家形象是国家实态的反映，由政治形象、经济形象、军事形象、文化形象、社会形象等多种要素构成。展示新中国成立以来政治、经济、军事、文化发展与社会建设的成就，塑造国家形象，增进国家认同，既是国庆纪念的重点内容，也是国庆纪念的主要功能。

（一）政治形象的塑造

新中国成立后，国家统一，民族团结，党派关系协调，民主政治得到发展，历年国庆纪念对于新中国政治形象的塑造发挥了积极作用。

中国是一个多民族的国家，民族关系协调与否，直接关系国家形象。历年国庆纪念注意邀请少数民族代表来京参加庆典，并给予高规格接待，将民族团结的形象展现在世人面前。1950年国庆纪念时，政务院设宴招待各民族代表，周恩来在致词中指出："各兄弟民族的代表和文工团这次到北京来参加庆祝国庆节，显示着中国各兄弟民族空前的大团结和中国各民族人民对于自己国家的热爱。"[①] 少数民族代表获邀来京参加国庆纪念活动，彰显了民族之间的平等与团结。1953年国庆纪念时，西藏派出了

---

① 中共中央文献研究室、中央档案馆编：《建国以来周恩来文稿》（第3册），中央文献出版社2008年版，第337页。

观礼团、参观团，毛泽东在接见其代表时表示："我们要和各民族讲团结，不论大的民族小的民族都要团结。"① 如此，国庆纪念成为宣传党的民族政策、增进民族团结的重要契机。新中国成立初期，逢国庆纪念，达赖、班禅都要发布向毛泽东致敬电，此举并非单纯推崇毛泽东个人，而是国家统一、民族团结的表达。也正因为如此，达赖、班禅曾受邀来京参加国庆庆典。1959年9月4日，毛泽东就邀请班禅来京参加国庆一事作出批示："现离国庆只有二十几天了，宜劝班禅于九月十五日以前回拉萨，准备于九月二十日左右飞兰州，下旬来京参加国庆。"② 毛泽东之所以高度关注此事，正是因为班禅来京参加国庆纪念能表征国家统一、民族团结，对于国家形象的建构具有非同一般的意义。1979年国庆纪念时，邓小平和华国锋、叶剑英、李先念一起接见少数民族参观团成员，其意也在凸显民族团结的国家形象。

政党关系是国家政治形象的重要方面，历年国庆纪念着力展现中国共产党与各民主党派之间团结合作的新型政党关系。1950年国庆纪念时，全国各民主党派及无党派民主人士写信向毛泽东致敬，此举释放的是政党关系和谐的信号。1950—1959年，每逢国庆纪念，各民主党派负责人都要撰写文章，畅谈国家的发展与进步、自己的感受与体会。如1953年国庆纪念时，中国国民党革命委员会主席李济深、中国民主同盟主席张澜、中国民主建国会总会主任委员黄炎培、中国民主促进会主席马叙伦、中国农工民主党主席章伯钧、中国致公党主席陈其尤、中华全国工商业联合会筹备委员会主任委员陈叔通、九三学社主席许德珩，均撰文表示庆祝，对新中国成立四年来的成就给予高度评价。此举所表达的也是新型政党关系的协调与和谐。

民主政治的发展，是国家政治形象构成的重要因素，历年国庆纪念注意彰显民主政治的发展与进步。1952年，各地人民代表会议能正常召开，并已代行人民代表大会职权，各种人民团体得到进一步发展，人民民主统

---

① 中共中央文献研究室编：《建国以来毛泽东文稿》（第4册），中央文献出版社1990年版，第368页。
② 中共中央文献研究室编：《建国以来毛泽东文稿》（第8册），中央文献出版社1993年版，第502页。

一战线得以扩大和巩固,这些政治上的进步被列入了当年国庆宣传要点。① 此后,随着第一届全国人大的召开和《中华人民共和国宪法》的颁布,民主政治建设的步伐加快。周恩来在《伟大的十年》一文中总结了民主政治发展的成就:"压在人民头上的贪污腐化的恶政府消灭了,代之而起的是人民世世代代所梦想的真正为人民服务的廉洁勤劳的政府。人民无权的状况已经永远结束;极其广大的人民,不仅在法律上而且在事实上,享受着管理国家公共事务的最广阔的民主。"② 事实上,人民代表大会制度保证了人民管理国家事务、社会事务的权力和民主权利。人民当家作主,这是民主政治发展的最好注脚,对于国家政治形象的塑造具有决定性意义。

(二) 经济形象的塑造

新中国成立后,中国经济逐步得到恢复与发展,至21世纪初,已进入全面建设小康社会阶段。每逢国庆纪念,经济建设成就是各种媒体报道的焦点,也是各类展览重点展示的内容。1952年国庆纪念时,中央从中国经济的半殖民地半封建性质已根本改变、农业与工业生产已恢复并超过战前最高水平、交通有很大发展、国内贸易网已经建立且贸易量不断增大、国家财政收支已完全达到平衡且物价稳定、人民生活已得到初步改善等方面,总结了新中国成立初期的经济恢复与经济发展成就。③ 1957年国庆纪念时,重点总结了"一五"计划的完成情况,《人民日报》发表的社论《欢呼国庆八周年》指出:"由于解放以后八年来国民经济的迅速发展,特别是第一个五年计划的顺利实现,我们国家的面貌已经发生了巨大的变化。由于许多重要的工业企业和工业基地的建设,由于各种基本的工业部门的迅速发展,由于技术力量的壮大,我们已经奠定了国家工业化的初步基础。"④ 这种评价既符合当时中国经济发展的实际,也有利于改变

---

① 参见中共中央文献研究室、中央档案馆编《建国以来刘少奇文稿》(第4册),中央文献出版社2005年版,第498页。

② 中共中央文献研究室编:《建国以来重要文献选编》(第12册),中央文献出版社1996年版,第597页。

③ 中共中央宣传部办公厅、中央档案馆编研部编:《中国共产党宣传工作文献选编》(第3册),学习出版社1996年版,第422~第424页。

④ 社论:《欢呼国庆八周年》,载《人民日报》1957年10月1日。

"一穷二白"的中国经济形象。1959年国庆纪念时，工业、农业、交通运输业、商业、对外贸易等各行业、各部门，都总结了新中国成立十年的发展成就，为中国经济形象的塑造提供了坚实的支撑。叶剑英在国庆30周年大会上，充分肯定了新中国成立以来的经济建设成就，即"在旧中国遗留下来的'一穷二白'的基础上，建立了独立的比较完整的工业体系和国民经济体系"①。邓小平在国庆35周年庆典上则断定："我国的经济获得了空前的蓬勃发展。"② 可见，展示不同发展阶段新中国经济建设的成就是国庆纪念的重要内容，国家的经济形象也由此塑造而成。

（三）军事形象的塑造

国庆阅兵是展示新中国军事建设成就的窗口，引起了国际社会的广泛关注。从1949年开国大典至1959年建国十周年庆典，在天安门广场先后举行了11次大规模国庆阅兵，充分展示了中国的军事威慑力量。1955年，中国人民解放军开始实行军衔制度，据杨尚昆记载，当年国庆阅兵时，"各元帅、大将、上将们，都穿着簇新的礼服，佩戴勋章，受检部队也穿着新的衣服，十分的好看。从此我国的军队就正式实行军衔制度了，这是一个新的成就"③。这从一个侧面反映了国庆阅兵的社会效果。1960年9月，中共中央、国务院本着厉行节约、勤俭建国的方针，决定改革国庆典礼制度，实行"五年一小庆、十年一大庆，逢大庆举行阅兵"。之后，由于"文化大革命"的发生及其他方面的原因，连续24年没有举行国庆阅兵。1981年，根据邓小平的提议，中共中央、中央军委决定恢复阅兵，并于1984年举行了改革开放后第一次大型国庆阅兵。10月5日，邓小平签署中央军委嘉奖令，表彰受检阅的陆海空三军、武警部队和民兵。嘉奖令指出："这次阅兵，深刻反映了党的十一届三中全会以来我军在革命化、现代化、正规化建设上所取得的巨大成就，充分展示了我军武器装备已经提高到一个新水平，生动表现了人民军队优良的军政素质和一

---

① 中共中央文献研究室编：《三中全会以来重要文献选编》（上），人民出版社1982年版，第212页。

② 中共中央文献编辑委员会编：《邓小平文选》（第3卷），人民出版社1993年版，第69页。

③ 中共中央文献研究室编：《杨尚昆日记》（上），中央文献出版社2001年版，第214页。

往无前的英雄气概。"① 1999年国庆50周年大阅兵，被称为中国军队的"世纪大阅兵"，受阅兵种涵盖了陆海空三军、第二炮兵、武警部队等，受阅方队包括42个地面方队、10个空中方队，受阅兵种、方队数量创造了新中国历次国庆阅兵之最。总的来说，国庆阅兵展示了中国军队现代化、正规化建设的成就，显示了中国军队的武器装备、精神面貌、训练素质和中国军队武装力量体系的完整性，塑造了中国的军事形象。

（四）文化形象的塑造

文化形象是国家形象的组成部分，国庆纪念活动既要总结文化建设成就展示国家的文化形象，又要通过系列文化活动营造国庆氛围，而文化活动开展的过程也是国家文化形象塑造的过程。1952年国庆纪念时，中央从改革教育事业、发展新闻出版事业、电影逐渐普及、铲除美国在中国的文化侵略势力等方面，总结了新中国成立初期的文化发展成就。② 周恩来在《伟大的十年》一文中，悉数了新中国教育、科学研究、出版事业、电影戏剧和其他艺术事业的发展。经历"文化大革命"之后，中国文化发展虽遭遇了重大挫折，但将新中国成立后30年作为一个整体来看，仍然得到了发展。因此，叶剑英在国庆30周年大会上自信地表示："我们对旧中国遗留下来的文化教育事业进行了必要的改造，发展了为人民服务的科学、教育、文化、新闻、出版、卫生、体育等事业。"③ 从总体上肯定新中国文化发展的成就，这是塑造文化形象的基础。

同时，围绕国庆纪念开展的系列文化活动也促进了国家文化形象的塑造。一般来说，文艺表演是国庆纪念不可缺少的内容，有关部门为此精心准备，打造了一批优秀的文化产品，展示了国家的文化创造力和丰富的文化内涵。《中央宣传部关于庆祝建国十周年的通知》明确规定："文化部门除积极准备一批优秀节目和作品，在国庆节前后演出或展出外，还应当

---

① 中共中央文献研究室编：《邓小平年谱（1975—1997）》（下），中央文献出版社2004年版，第1001页。
② 中共中央宣传部办公厅、中央档案馆编研部编：《中国共产党宣传工作文献选编》（第3册），学习出版社1996年版，第424、第425页。
③ 中共中央文献研究室编：《三中全会以来重要文献选编》（上），人民出版社1982年版，第213页。

适当地组织各种群众文化娱乐活动,让群众热烈地、欢欣鼓舞地度过国庆节。"① 据此,国庆十周年纪念时,文化部举办了"国产新片展览月",《回民支队》《林则徐》《林家铺子》《五朵金花》等17部新故事片参加展览。这一年是中国电影的丰收年,无论电影内容,还是艺术形式,都达到了一定高度。周恩来亲自领导国庆献礼片的创作,展览后在北京饭店设宴招待各大剧组。② 1964年国庆纪念时,推出了大型音乐舞蹈史诗《东方红》,周恩来、刘少奇、董必武、朱德、邓小平陪同外国贵宾观看。丰富多彩的文艺表演既使国人受到了文化的熏陶、艺术的感染,也使国家的文化发展水平得以充分展现。

（五）社会形象的塑造

旧中国遗留的种种社会问题,经过新中国成立初期的有效治理,基本得到解决。历年国庆纪念注意将稳定、详和的社会形象,展示在世人面前。周恩来在《伟大的十年》一文中指出:"盗匪、流氓、会道门以及娼妓、乞丐、赌场和毒品,一概清除了,社会秩序极为安定。"③ 这是当时社会现实的真实写照。为协调各种社会关系,1959年8月24日,毛泽东向刘少奇建议,分期分批为右派分子摘帽和赦免一批罪犯。毛泽东提出:"在国庆十周年时机,根据确有改变的情况,给第一批改好了的右派分子,摘掉45000人左右的帽子,即10%,对于教育右派分子、一般资产阶级、知识分子、民主党派成员,将大有作用,他们会感到确有前途。"毛泽东同时还提议,国庆十周年纪念之时,"是否可以赦免一批(不是'大赦',而是古时所谓'曲赦',即局部的赦免)确实改恶从善的战犯及一般正在服刑的刑事罪犯"④。根据毛泽东的提议,9月16日,中共中央、国务院作出决定:"凡是已经改恶从善,并且在言论和行动上表现出确实

---

① 中共中央宣传部办公厅、中央档案馆编研馆编:《中国共产党宣传工作文献选编》(第4册),学习出版社1996年版,第162页。
② 参见崔斌箴《国庆献礼片〈回民支队〉拍摄前后》,载《百年潮》2009年第3期,第72页。
③ 中共中央文献研究室编:《建国以来重要文献选编》(第12册),中央文献出版社1996年版,第598页。
④ 中共中央文献研究室编:《建国以来重要文献选编》(第12册),中央文献出版社1996年版,第528～第529页。

是改好了的右派分子,对于这些人,今后不再当作资产阶级右派分子看待,即摘掉他们的右派的帽子。"① 至同年年底,中央国家机关、民主党派中央机关共142人摘掉右派分子的帽子,黄琪翔、费孝通、叶恭绰、林汉达、潘光旦、浦熙修等名列其中②,各地也相继摘掉了一批右派分子的帽子。关于赦免罪犯问题,9月17日,全国人大常委会作出决定:"对于经过一定期间的劳动改造、确实改恶从善的蒋介石集团和伪满洲国的战争罪犯、反革命罪犯和普通刑事罪犯,实行特赦。"③ 从9月下旬开始至12月上旬,特赦了首批确实改恶从善的反革命罪犯和普通刑事罪犯12082名。得到特赦释放的罪犯,各地有关机关根据其本人愿望和技能条件,为他们安排了生活出路;获得释放的罪犯回乡参加生产时,有关部门还发放路费。为右派分子摘帽和赦免战犯,有利于化解社会矛盾、协调社会关系,因而有助于国家社会形象的塑造。

可见,新中国成立后的国庆纪念,促进了国家政治、经济、文化、军事、社会形象的塑造,国庆纪念成为塑造国家形象的重要载体。

二、借助国庆纪念实施政治动员

政治动员是一定阶级或政党,通过运用政权或政党的力量,激发社会成员的积极性和创造性,以实现特定政治目标的行为。国庆纪念既是实施政治动员的有效形式,也是表达政治主张的极佳机会。通过新中国发展程度的评估、发展目标的定位、发展路径的选择,国庆纪念在政治动员过程中的效能得到了充分展现。

1952年8月,《中央关于第三届国庆节纪念办法的规定》提出:"要使这次国庆节的宣传成为教育全国人民了解国家现状和动员他们迎接即将

---

① 中共中央文献研究室编:《建国以来重要文献选编》(第12册),中央文献出版社1996年版,第570~第571页。

② 参见《中央国家机关和民主党派中央机关摘掉一批确已改好的右派分子的帽子》,载《人民日报》1959年12月5日。

③ 中共中央文献研究室编:《建国以来重要文献选编》(第12册),中央文献出版社1996年版,第577页。

开始的大规模经济建设的一次广泛而深入的思想教育。"① 国庆35周年庆典后,邓小平在会见参加国庆纪念活动的杨振宁、李政道、丁肇中等外籍华人科学家时感叹:"好多年没有举行庆祝仪式了。举行庆祝仪式有点作用,就是教育人民,是一种鼓舞的作用。"② 这说明,中共领导集体对于国庆纪念的政治动员效能有清醒认识,并有利用国庆纪念实施政治动员的自觉。综观新中国成立后的国庆纪念,其政治动员的内容主要有以下几点。

（一）新中国发展程度的估价

准确把握新中国的发展阶段与发展水平,让国人既知悉发展所取得的成就,又认清发展中遇到的障碍和问题,对于提振国民士气、消除发展障碍具有积极意义。历年国庆纪念,对于新中国发展程度、发展水平有客观、准确的估价。1957年9月30日晚,周恩来在国庆招待会上发表讲话时指出:"新中国已经巩固地屹立在世界上,没有任何力量可以阻止新中国一天天地壮大起来,没有任何力量可以阻止新中国在国际事务中发挥应有的作用。"③ 这种对于新中国发展程度的定位,具有扬眉吐气、鼓舞人心之效。至国庆50周年纪念时,全国人民的生活总体上达到小康水平,贫困的中国已变成小康的中国。基于这一发展状况,江泽民断定:"经过五十年特别是改革开放二十年来艰苦卓绝的奋斗,昔日积贫积弱的中国发生了翻天覆地的历史巨变。勤劳、勇敢、智慧的中国人民在党的领导下,在古老的华夏大地上创造了举世惊叹的人间奇迹。"④ 这种发展境界、发展成就,对于国民无疑是一种激励。

对于新中国发展中面临的困难,历年国庆纪念也进行了实事求是的分析,其目的在于动员民众迎难而上,共克时艰。1957年国庆纪念时,中

---

① 中共中央宣传部办公厅、中央档案馆编研部编:《中国共产党宣传工作文献选编》(第3册),学习出版社1996年版,第404页。
② 中共中央文献研究室编:《邓小平年谱（1975—1997）》下,中央文献出版社2004年版,第996页。
③ 中共中央文献编辑委员会编:《周恩来年谱（1949—1976）》(中卷),中央文献出版社1997年版,第82页。
④ 中共中央文献编辑委员会编:《江泽民文选》(第2卷),人民出版社2006年版,第418~419页。

央要求"把我们国家目前的困难向人民讲清楚,并且不要掩盖我们工作中的错误和缺点"。让民众了解国家的困难,是为了教育人民"继续发扬艰苦奋斗和勤俭建国的精神,把个人利益和国家利益(亦即目前利益与长远利益)很好地结合起来,团结一致,克服一切困难"①。可见,讲困难是为了动员民众克服困难,不要为困难所吓倒。1961年国庆纪念时,中央要求各地方、各部门的党员负责同志,向干部和群众作一次关于目前形势和任务的报告,讲明党的方针政策、克服当前困难的办法和社会主义的前途,号召全党和全体人民"同心同德,团结一致,照顾大局,克服困难,增强信心,鼓足干劲,为建设社会主义而奋斗"②。这种遭遇困难时对形势所作的分析、对民众发出的呼声,有助于凝聚民力、共渡难关,具有政治动员的效果。

(二)新中国发展目标的定位

勾划发展目标,描绘发展前景,能激励国民斗志,振奋国民精神,因而历年国庆纪念注意对新中国发展的阶段目标和长远目标进行设计和安排。1954年国庆纪念时,周恩来在首都各界举行的庆祝大会上提出:把中国建设"成为一个没有剥削和贫困的社会主义国家,是摆在我们面前的伟大的任务"③。这一目标的提出,有助于凝聚力量推进社会主义改造与国家工业化。1956年国庆纪念时,中央要求通过报纸、刊物、广播、讲演宣传全国人民现时的任务:"团结国内外一切可能团结的力量,充分利用一切对我们有利的条件,调动一切积极的因素,把我国建设成为一个强大的社会主义国家。"④ 这一目标的提出既反映了民众的愿望和要求,实际上也对民众提出了要求,有政治动员的意蕴。1963年9月30日,周恩来在国庆招待会上发表讲话时提出:"中国人民一定能够克服前进道路

---

① 中共中央宣传部办公厅、中央档案馆编研部编:《中国共产党宣传工作文献选编》(第4册),学习出版社1996年版,第54页。
② 中共中央宣传部办公厅、中央档案馆编研部编:《中国共产党宣传工作文献选编》(第4册),学习出版社1996年版,第234页。
③ 中共中央文献研究室编:《周恩来年谱(1949—1976)》(上卷),中央文献出版社1997年版,第415页。
④ 中共中央宣传办公厅、中央档案馆编研部编:《中国共产党宣传工作文献选编》(第3册),学习出版社1996年版,第1181页。

上的困难，在一定的历史时期，把我国建设成为一个农业现代化、工业现代化、国防现代化和科学技术现代化的伟大的社会主义强国。"①《人民日报》为国庆14周年刊发的社论《奋发图强，勤俭建国》，又重申了"四个现代化"的奋斗目标。"四个现代化"的提法尽管有其局限性，但它是20世纪60—80年代国人认同的奋斗目标，激励了新中国无数创业者为之奋斗。江泽民在国庆50周年大会上指出，"从本世纪中叶到下世纪中叶，中国人民经过一百年的艰苦创业，将基本实现社会主义现代化。中华民族将以更加强劲的英姿屹立于世界民族之林"②。这虽然是对邓小平设定的奋斗目标的重申，但仍具有政治动员的效果。

（三）新中国发展路径的选择

发展路径指向发展目标，能使国人看到发展希望、发展前景。历年国庆纪念在设定发展目标的同时，也指明了发展路径。1984年国庆，邓小平在天安门城楼发表讲话时指出："当前的主要任务，是要对妨碍我们前进的现行经济体制，进行有系统的改革。同时，要对全国现有的企业，进行有计划的技术改造。要大大加强科学技术研究工作，大大加强各级教育工作，以及全体职工和干部的教育工作。全党和全社会都要真正尊重知识，真正发挥知识分子的作用。这样，我们就一定会逐步实现现代化。"③在邓小平的视域中，经济体制改革、企业技术改造、加强科学技术研究、发挥知识分子作用等，都是实现现代化的具体路径，或者说实现现代化的必要条件。江泽民在国庆50周年大会上承诺："我们将继续坚持党的基本理论、基本路线、基本纲领，依靠全国各族人民的力量，在新的世纪里不断谱写建设有中国特色社会主义的新篇章。"④ 这里实际上说明了建设中国特色社会主义的基本路径。发展路径的明晰能使民众认清自己肩负的

---

① 中共中央文献研究室编：《周恩来年谱（1949—1976）》（中卷），中央文献出版社1997年版，第582页。
② 中共中央文献编辑委员会编：《江泽民文选》（第2卷），人民出版社2006年版，第419页。
③ 中共中央文献编辑委员会编：《邓小平文选》（第3卷），人民出版社1993年版，第70页。
④ 中共中央文献编辑委员会编：《江泽民文选》（第2卷），人民出版社2006年版，第419页。

责任和使命，同样具有政治动员的效果。

此外，国庆纪念对于动员民众参加抗美援朝、土地改革、"三反""五反"、社会主义改造、增产节约等运动发挥了积极作用。历年国庆发布的口号，如"艰苦奋斗，勤俭建国""增加生产，厉行节约""争取超额完成第一个五年计划""为把我国建设成为一个伟大的社会主义强国而奋斗"等，也得到了民众的认同。

国庆纪念所建构的特定时空、特定符号和特定仪式，极富情感影响力，置身于这一特殊场景，能调动参与者的情绪，影响参与者的政治情感与政治态度，甚至给参与者以强烈的心灵震撼。同时，国庆纪念借助庆祝大会、阅兵、群众游行、标语口号、社论文章、陈列展览等形式，可向国民传递政治动员的信息，明示政治动员的目标，民众参与国庆纪念的过程，也是理解、接受、认同政治主张的过程，民众政治认知在参与中发展和提升。正因为如此，国庆纪念在提升民族自尊自信、凝聚民众力量推动新中国建设和发展方面有其独特的优势。

三、借助国庆纪念诠释中国经验

历年国庆纪念活动，在回顾新中国发展历程的基础上，对社会主义建设的经验进行了总结。1959年国庆纪念时，中央宣传部曾明确要求中央各大报纸和各省（市、自治区）委的党报，在国庆节前后陆续发表介绍十年来各方面成就和主要经验的文章。[①] 综观历年国庆纪念对社会主义建设经验的诠释和总结，概括起来有如下几个方面。

（一）马克思主义基本原理与中国具体实际相结合

马克思主义基本原理的提出和论证，主要是以西方发达资本主义国家的情况为基础的，要发挥马克思主义基本原理对于中国社会主义建设的指导作用，就必须与中国国情和中国实际结合起来。国庆十周年纪念时，刘少奇通过总结中国革命和建设的经验指出："根据中国的具体情况灵活地

---

① 参见中共中央宣传部办公厅、中央档案馆编研部编《中国共产党宣传工作文献选编》（第4册），学习出版社1996年版，第161页。

运用马克思列宁主义的一般原理,来解决中国革命和建设中的各种问题。"① 在国庆40周年大会上,江泽民强调:"我们要更加坚定不移地把马克思主义普遍真理同我国具体实际结合起来,走自己的路,建设有中国特色的社会主义。"② 马克思主义基本原理与中国的具体实际相结合,既是中国革命的经验,也是社会主义建设的经验与马克思主义中国化的经验,这是国庆纪念诠释的中国经验之一。

(二) 只有社会主义才能救中国、发展中国

社会主义制度以其自身的合理性、科学性,为中国经济社会发展提供了制度保障与制度支撑。周恩来在《伟大的十年》一文中指出:"人民中国的飞跃发展,根本上是由于中国社会经历了最彻底的民主革命和社会主义革命,中国已经成为以生产资料公有制为基础的社会主义社会。"③ 这是对社会主义社会形态的肯定。在国庆40周年大会上,江泽民在总结新中国成立40年的基本经验时强调:"社会主义制度的确立、巩固和发展,体现了中国现代社会运动的客观规律,是中国历史上最伟大、最深刻的变革";"社会主义制度是在自身基础上不断发展和完善的制度"。④ 这是对社会主义制度形态的认同。在国庆50周年大会上,江泽民进一步指出:"实践已经充分证明,只有社会主义才能救中国,只有社会主义才能发展中国。实践也充分证明,建设有中国特色社会主义,是实现中国经济繁荣和社会全面进步的康庄大道。"⑤ 这是对社会主义价值形态的推崇。从社会形态、制度形态、价值形态层面确立社会主义的地位,并以中国特色社会主义作为理想目标与价值追求,是国庆纪念诠释的中国经验之二。

---

　　① 中共中央文献研究室编:《建国以来重要文献选编》(第12册),中央文献出版社1996年版,第569页。
　　② 中共中央文献编辑委员会编:《江泽民文选》(第1卷),人民出版社2006年版,第69页。
　　③ 中共中央文献研究室编:《建国以来重要文献选编》(第12册),中央文献出版社1996年版,第599页。
　　④ 中共中央文献编辑委员会编:《江泽民文选》(第1卷),人民出版社2006年版,第67、第68页。
　　⑤ 中共中央文献编辑委员会编:《江泽民文选》(第2卷),人民出版社2006年版,第419页。

（三）社会主义建设必须调动人民群众的积极性和创造性

社会主义建设是人民群众的事业，需要发挥人民群众的智慧、才能和力量。对此，历年国庆纪念进行了诠释和说明。国庆十周年纪念时，邓小平在《中国人民大团结和世界人民大团结》一文中指出：中国共产党坚信"人民群众是历史的创造者"，"人民的幸福生活，只有靠人民群众自己的双手来创造"。基于这一认识，中国共产党的基本工作方法就是"领导和群众相结合，一切工作走群众路线，放手发动群众……把群众的智慧和意见集中起来，依靠群众的力量来贯彻执行党的方针政策"。① 周恩来在国庆十周年纪念时也指出：中国社会主义革命和社会主义建设发展如此迅速、如此顺利的原因之一，就是"善于按照中国的条件，贯彻群众路线的工作方法，把党的领导和……千百万人民的积极性创造性结合起来"②。事实上，中国社会主义建设与改革开放的推进，都离不开人民群众积极性和创造性的发挥，这是国庆纪念诠释的中国经验之三。

（四）社会主义建设必须坚持独立自主、自力更生的方针

社会主义建设不排拒外援，但首先必须依靠自己的力量。国庆14周年纪念时，《人民日报》发表的社论《奋发图强，勤俭建国》指出：社会主义建设之所以能取得成就，是因为"遵循了以自力更生为主的建设社会主义的原则"③。江泽民在国庆40周年大会上也强调："发扬爱国主义精神，坚持独立自主、自力更生的方针，是中国革命也是中国社会主义建设取得胜利的一条根本经验。"④ 社会主义建设必须坚持独立自主、自力更生的方针，这是国庆纪念诠释的中国经验之四。

---

① 邓小平：《中国人民大团结和世界人民大团结》，载《新华半月刊》1959年第19期，第25页。

② 中共中央文献研究室编：《建国以来重要文献选编》（第12册），中央文献出版社1996年版，第600页。

③ 中共中央文献研究室编：《建国以来重要文献选编》（第17册），中央文献出版社1997年版，第140页。

④ 中共中央文献编辑委员会编：《江泽民文选》（第1卷），人民出版社2006年版，第68页。

（五）中国共产党的领导是社会主义建设的根本保证

中国共产党是社会主义建设事业的领导核心，党的执政能力、执政水平如何，对于社会主义建设事业的成败具有决定性意义。1954年国庆纪念时，周恩来在阐述新中国成立五年来取得成就的原因时指出："中国共产党是我们国家的领导核心"，"在过去五年中的每一个重要的关键及时地提出了全国人民的政治任务和组织任务。绝大多数党员在党的号召下，在国家事业的各个战线上忠诚地从事斗争和工作，成为群众中的先锋和模范"。① 江泽民在国庆40周年大会上强调：中国共产党"是中国工人阶级的先锋队，是中国各族人民利益的忠实代表，在国家独立和发展的过程中担负着极其重要的使命"②。党的领导是社会主义中国的最大政治优势，社会主义建设必须坚持党的领导，这是国庆纪念诠释的中国经验之五。

可见，历年国庆纪念对社会主义建设经验进行了较为全面的总结，涉及了社会主义建设的基本问题。同时，历年国庆纪念没有回避新中国发展过程中遭遇的曲折，对于社会主义建设过程中积累的教训进行了深刻反思。如叶剑英在国庆30周年纪念大会上，对社会主义建设的失误和挫折进行了分析，特别是揭示了"文化大革命"留给后人的深刻教训。

四、借助国庆纪念协调国际关系

新中国成立后，中国共产党和中国政府注意利用国庆纪念协调国际关系，国庆纪念成为协调国际关系的有利时机与重要载体。

（一）通过国庆纪念申明外交方针以协调国际关系

国庆纪念往往能引起国际社会的广泛关注，借此机会申明中国的外交方针与外交政策，有利于国际关系的协调。《中共中央关于1954年国庆节外宾接待工作的指示》强调，要借各国外宾来我国参加观礼和访问的机会，"宣传我国的国际和平政策，宣传我国与兄弟国家间的亲密团结和友

---

① 参见《周总理在庆祝大会上的讲话》，载《人民日报》1954年10月1日。
② 中共中央文献编辑委员会编：《江泽民文选》（第1卷），人民出版社2006年版，第69页。

谊，阐明我国根据和平共处五项原则与各国改进关系、增进与各国人民友谊的愿望"①。可见，中国共产党和中国政府借助国庆纪念活动表明我国外交方针、外交政策的意识是十分明确的。基于这一理念，历年国庆纪念都要阐明或重申新中国的外交方针与外交政策。1958 年，周恩来在国庆招待会上发表讲话时，表明了处理中美关系的立场："中国历来主张通过和平谈判，解决中美两国之间在台湾地区的争端，而互不诉诸威胁或武力。我们正是本着这种精神，主张恢复中美大使级会谈，并且对于会谈寄予希望。"② 周恩来要求美国从台湾、澎湖和台湾海峡撤走它的一切武装力量，以消除台湾海峡地区的紧张局势和战争危险。《人民日报》为国庆 14 周年刊发的社论《奋发图强，勤俭建国》，针对当时的国际形势，重申中国维护和加强社会主义阵营的团结，继续履行国际主义义务，积极支持亚洲、非洲、拉丁美洲各国人民的民族解放斗争，进一步加强同全世界人民的团结。③ 在国庆 35 周年庆典上，邓小平较为完整地表述了中国的外交方针、外交政策。他说："我们坚决主张维护世界和平，缓和国际紧张局势，裁减军备，首先是裁减超级大国的核军备和其他军备，反对一切侵略和霸权主义。我国将长期实行对外开放，愿意在和平共处五项原则的基础上，同世界一切国家建立、发展外交关系和经济文化关系。我们主张用谈判方式解决国际争端，如同我国和英国通过谈判解决香港问题一样。"④ 江泽民在国庆 50 周年大会上也表示："我们将继续坚持独立自主的和平外交政策，在和平共处五项原则的基础上发展同所有国家的友好合作关系。中国人民始终同广大发展中国家和世界各国人民站在一起，为反对霸权主义和推进世界多极化，推动建立公正合理的国际政治经济新秩序，促进世界和平与发展的崇高事业而不懈努力。"⑤ 可见，国庆纪念之时，也

---

① 中共中央宣传部办公厅、中央档案馆编研部编：《中国共产党宣传工作文献选编》（第 3 册），学习出版社 1996 年版，第 838 页。

② 中共中央文献研究室编：《周恩来年谱（1949—1976）》（中卷），中央文献出版社 1997 年版，第 176 页。

③ 参见中共中央文献研究室编《建国以来重要文献选编》（第 17 册），中央文献出版社 1996 年版，第 144、第 145 页。

④ 中共中央文献编辑委员会编：《邓小平文选》（第 3 卷），人民出版社，1993 年，第 70 页。

⑤ 中共中央文献编辑委员会编：《江泽民文选》（第 2 卷），人民出版社 2006 年版，第 420 页。

是中国共产党和中国政府表明外交方针、外交政策之机，这些外交方针与政策的阐发与重申，既有利于中国国际形象的建构，也有利于国际关系的协调。

（二）通过邀请外宾参加国庆纪念以协调国际关系

邀请兄弟国家党政代表团、兄弟党代表团、友好国家政府代表团、国际性组织的代表、各国朋友参加国庆观礼和访问，已成为一种惯例，有不少外国政要曾出席国庆典礼并发表讲话。比如，1954年国庆节，邀请了50个国家的1500余位代表（包括政府性和民间性代表团）来我国参加观礼和访问，这是"配合我国外交政策所采取的一个重要步骤"①。外宾来到中国之后，受到中国领导人的接见。比如，1962年国庆，毛泽东在天安门城楼上接见了外宾；1989年10月1日晚，邓小平在天安门城楼会见了柬埔寨国王诺罗敦·西哈努克亲王和夫人以及朝鲜、民主德国、巴基斯坦、捷克斯洛伐克、苏联、古巴、肯尼亚、布隆迪、厄瓜多尔、蒙古、美国、日本、英国、荷兰等国客人。②外宾来到中国之后，中国政府要举行招待酒会。如1954年9月29日，周恩来举行盛大酒会，招待应邀来参加国庆活动的各国来宾，毛泽东参加了这次酒会并致词祝贺。新中国成立初期还规定，在有外国专家的地方，由当地政府（人民委员会）举行招待会或庆祝晚会。外宾来到中国之后，往往会安排到各地参观访问，以让外宾进一步认识中国、了解中国。1951年9日20日，《中央关于国庆节宣传要点的指示》提出："这次北京举行的国庆典礼，将有苏联，各人民民主国家友人，及东南亚若干国家的和平运动人士参加，国庆节后他们将前往杭州、上海、南京及天津四地参观。各地报纸应注意适当宣传他们的活动，借以加强人民群众的国际主义认识。"③高格调款待外国来宾，使其感受中国政府的热忱与中国政府对他们的尊重，对于国际关系的协调是一副润滑剂。

---

① 中共中央宣传部办公厅、中央档案馆编研部编：《中国共产党宣传工作文献选编》（第3册），学习出版社1996年版，第837页。

② 参见中共中央文献研究室编《邓小平年谱（1975—1997）》（下），中央文献出版社，2004年，第1291页。

③ 中共中央宣传部办公厅、中央档案馆编研部编：《中国共产党宣传工作文献选编》（第3册），学习出版社1996年版，第293页。

（三）通过国庆纪念表达谢意以协调国际关系

新中国成立初期，每逢国庆纪念，苏联、朝鲜、越南、波兰、罗马尼亚、匈牙利、民主德国等各人民民主国家及兄弟党纷纷致电表示祝贺。同时，新中国成立初期的经济建设和发展，也得到了苏联等国的援助。因此，中国政府往往借助国庆纪念表达对于兄弟国家、兄弟党及各国人民的谢意。1955 年 10 月 2 日，毛泽东在答谢苏联军事顾问团祝贺我国国庆的复信中说："中国人民革命的胜利和社会主义建设的成就，是和苏联共产党、苏联政府及所有在我国工作的苏联顾问、专家热情、无私的帮助分不开的。对此，中国人民将永志不忘。"[1] 周恩来也多次借国庆纪念，感谢苏联及其他社会主义国家、世界人民给予中国的援助和支持。他在国庆十周年招待会上指出："在革命和建设的过程中，我们得到了所有社会主义国家特别是苏联的巨大的支持和援助，得到了世界人民的广泛的同情和支持。我们的一切成就是同他们的援助和支持分不开的。我代表中国人民向他们表示衷心的感谢。"[2] 江泽民在国庆 50 周年大会上，也"向关心和支持中国发展的外国友人和世界人民，表示诚挚的感谢"[3]。中国领导人的这种诚恳致谢，也是促进国际关系协调的因素之一。

应当说，国庆纪念的社会功能是多方面的，新中国国庆纪念在塑造国家形象、实施政治动员、诠释历史经验、协调国际关系方面发挥了独特的作用。如何合理利用国庆纪念以进一步促进国家形象的塑造、政治动员的实施、历史经验的诠释与国际关系的协调，仍是今后国庆纪念不容忽视的问题。

（原载《马克思主义研究》2009 年第 10 期）

---

[1] 中共中央文献研究室编：《建国以来毛泽东文稿》（第 5 册），中央文献出版社 1991 年版，第 406 页。
[2] 《在庆祝建国十周年宴会上周恩来总理的讲话》，载《人民日报》1959 年 10 月 1 日。
[3] 中共中央文献编辑委员会编：《江泽民文选》（第 2 卷），人民出版社 2006 年版，第 418 页。

中共纪念活动与党史文化的建构

纪念既是一种文化，寓文化于活动之中，又兼具传承文化、生成文化、传播文化的功能。中国共产党自 1921 年成立至今，举行了系列纪念活动，其中既有对国际共运重要人物、重大事件、主要节日的纪念，也有对近代中国及中共历史上重要人物、重大事件、主要节日的纪念。中共举行纪念活动的过程，也是党史文化建构的过程。其中，纪念日是党史文化的时间谱系，纪念仪式是党史文化的行为方式，纪念空间是党史文化的记忆载体，纪念符号是党史文化的意义体系，纪念价值是党史文化的精神坐标。近年来，学术界对中共纪念活动已进行了初步研究，既有宏观的总体把握，也有微观的具体考察，但尚未从党史文化的视角来研究。如从党史文化的视角来研究纪念活动，既能拓展纪念活动研究的空间，升华纪念活动研究的意义，又能具化党史文化的内涵，彰显党史文化的魅力。

一、纪念日：党史文化的时间谱系

纪念日是人类历史长河中的显性文化现象，是人类维护、传承自身文化传统的重大创造，成为连接历史、现实、未来的方式和媒介。举行纪念活动，首先需要选择与确立纪念日。中共纪念日的选择与确立，大致有以下四种方式。

（一）选择历史人物的诞辰、逝世日为纪念日

对于马克思、恩格斯、列宁等经典作家的纪念，无论是新民主主义革命时期，还是新中国成立后，诞辰、逝世日均有纪念。如 1933 年 2 月，为纪念马克思逝世 50 周年，中共中央作出《关于纪念马克思逝世五十周年的决议》；1934 年 4 月，中共中央宣传部为纪念马克思诞辰 116 周年而拟定《"五五"节报告大纲》；1955 年 3 月，中共中央发出《关于列宁诞辰 85 周年纪念办法的通知》；1983 年 3 月，中共中央举行马克思逝世 100 周年纪念大会。可见，对于经典作家纪念日期的选择，并无严格规定。对

于孙中山、鲁迅等近代中国重要人物的纪念,新民主主义革命时期多纪念其逝世,新中国成立后多纪念其诞辰。孙中山逝世后,因其遗嘱对于中国革命具有直接借鉴意义,新民主主义革命时期多选择其逝世日举行纪念。如1938年3月12日,延安各界举行纪念孙中山逝世13周年及追悼抗敌阵亡将士大会,毛泽东发表讲话;1944年3月12日,延安各界举行纪念孙中山逝世19周年大会,周恩来在会上发表演说。新中国成立后,对孙中山的纪念多选择其诞辰日进行。如逢孙中山诞辰90周年,在北京举行纪念大会,周恩来致词,毛泽东发表《纪念孙中山先生》一文;逢孙中山诞辰120周年,首都各界举行纪念大会,彭真在纪念大会上发表讲话;逢孙中山诞辰130周年、140周年,中共中央举行纪念大会,江泽民、胡锦涛分别在纪念大会上发表讲话。对毛泽东、周恩来、刘少奇、朱德、陈云、邓小平等中共领导人的纪念活动,多选择其诞辰日举行。

（二）选择重大事件的发生日为纪念日

中共对于十月革命、巴黎公社的纪念,对于辛亥革命、五四运动、红军长征、抗美援朝的纪念,均选择这些重大事件的发生日作为纪念日。对于抗日战争的纪念,新民主主义革命时期,为激起国民参与、支持抗战的热情,多选择卢沟桥事变的发生日为纪念日。如1939—1943年的"七七"纪念日,中共中央发表纪念抗战宣言,提出对于时局的主张;1944—1945年的"七七"纪念日,中共中央发表纪念抗战口号,表达抗战建国的方略。1951年8月,中共中央批准东北局宣传部以"九三"为抗战纪念日的提议,规定"九月三日为全国统一的战胜日本纪念日,除东北应改在此日庆祝解放外,全国军民及报纸均应于此日纪念八年抗日战争的胜利"①。此后,有关抗日战争的纪念均选择9月3日进行。如1985年9月3日、1995年9月3日、2005年9月3日,抗日战争和世界反法西斯战争胜利40周年、50周年、60周年纪念大会在北京举行,彭真、江泽民、胡锦涛分别发表讲话。

---

① 中共中央宣传部办公厅、中央档案馆编研部编:《中国共产党宣传工作文献选编》（第3卷）,学习出版社1996年版,第263页。

(三) 选择具有象征意义的日期为纪念日

1921年7月23日，中共一大在上海开幕。由于缺乏可靠的文字记载，随着历史的推移，关于中共一大开幕的日期变得模糊起来。1935年年底至1936年年初，米夫和中共驻共产国际执行委员会代表团在筹备中共成立15周年纪念活动时，初定纪念活动于8月1日举行。后为避免中共成立15周年纪念活动与国际反帝战争日（8月1日）的活动重合，决定将纪念活动推迟到8月7日举行。1938年5月，毛泽东在延安抗日战争研究会上发表讲演"论持久战"。他在讲演开头便说："七月一日，是中国共产党建立的十七周年纪念日，这个日子，又正当抗战的一周年"，研究持久战是"送给这两个伟大纪念日的礼物"。① 因有毛泽东的提议，1938年6月24日，中共中央发出《关于中共十七周年纪念宣传纲要》，对党的性质、党的历史、党的抗日主张进行了提炼和概括，以统一纪念宣传的基调与口径，但并未明确将7月1日定为中共建党纪念日。② 1941年6月，中共中央发出《关于中国共产党诞生二十周年抗战四周年纪念指示》提出："今年'七一'是中共产生的二十周年，'七七'是中国抗日战争的四周年，各抗日根据地应分别召集会议，采取各种办法，举行纪念，并在各种刊物出特刊或特辑。"③ 这是以中共中央指示的方式明确规定7月1日为中共建党纪念日。自此，全党范围的建党纪念活动拉开帷幕，"七一"纪念成为中共重要而又固定的纪念日。④ 应当说，中共选择7月1日作为建党纪念日具有象征意义。与此类似的，还有建军纪念日、新中国国庆日的选择。1933年6月30日，中央革命军事委员会决定每年8月1日为中国工农红军纪念日。从此，南昌起义纪念日成为人民军队创建的纪念日。1949年12月3日，中央人民政府委员会第四次会议接受全国政协的建议，通过《关于中华人民共和国国庆日的决议》，决定每年10

---

① 毛泽东：《论持久战》，载《解放》第43、44期合刊（1938年7月1日），第3页。
② 参见中共中央宣传部办公厅、中央档案馆编研部编《中国共产党宣传工作文献选编》（第2卷），学习出版社1996年版，第22～23页。
③ 中共中央宣传部办公厅、中央档案馆编研部编：《中国共产党宣传工作文献选编》（第2卷），学习出版社1996年版，第261页。
④ 参见陈金龙《论民主革命时期的中共建党纪念活动》，载《中共党史研究》2011年第4期，第21～24页。

月1日为中华人民共和国国庆日。

（四）依据"国际惯例"确定纪念日

"三八"妇女节、"五一"劳动节，都是国际性的纪念节日，为动员广大妇女、工人和社会各界参与中国革命、建设、改革，中共依据国际统一规定，逢"三八""五一"都会举行相应的纪念活动。如1933年2月，中共中央作出《关于"三八妇女节"工作的决定》；1941年2月，中共中央发出《为三八节工作给各级党委的指示》，对"三八"纪念活动作出全面部署。围绕"五一"劳动节纪念，中共一般要发表宣言、口号，举行集会、游行，刊发文章、社论，以表达对劳动者的尊重和敬意。

纪念日一经确立，便具有权威性、循环性，由此生成了系列纪念活动，形成了中共的纪念传统，构成党史文化的时间谱系。

1. 纪念日的确立表明中共对待历史的基本态度

毛泽东曾明确表示："我们必须尊重自己的历史，决不能割断历史。"① 中共举行各种形式的纪念活动，其意义正在于表达对历史的尊重、追忆和缅怀。事实正是如此，在中共成立30周年庆祝大会上，刘少奇提议大家起立，为在革命斗争中英勇牺牲的党与非党烈士静默3分钟致哀。在庆祝中共成立60周年大会上，胡耀邦对党的杰出领导人、人民军队的杰出将领、党外亲密朋友、著名爱国人士等，表达了缅怀之意、敬仰之情。在庆祝中共成立80周年大会上，江泽民表示深切怀念为中国的革命、建设和改革，为中国共产党的建立、巩固和发展作出重大贡献的老一辈无产阶级革命家，深切怀念为创立、捍卫和建设新中国而英勇牺牲的革命先烈，深切怀念近代以来为中华民族的独立和解放而奋斗的一切先驱。② 在庆祝中国共产党成立90周年大会上，胡锦涛也表达了对于老一辈无产阶级革命家、革命先烈、所有先驱的"深切怀念"。③ 表达对历史的尊重、追忆和缅怀，是中共举行纪念活动的重要出发点。

---

① 中共中央文献编辑委员会编：《毛泽东选集》（第2卷），人民出版社1991年版，第708页。
② 中共中央文献编辑委员会编：《江泽民文选》（第3卷），人民出版社2006年版，第269～270页。
③ 胡锦涛：《在庆祝中国共产党成立90周年大会上的讲话》，载《人民日报》2011年7月2日。

2. 纪念日的循环建构了民族、国家、政党的共同记忆

纪念活动"通过描绘和展现过去的事件来使人记忆过去。它们重演过去，以具象的外观，常常包括重新体验和模拟当时的情景或境遇，重演过去之回归"①。纪念活动通过特定的方式，可将人们带入历史的时空，置身历史的场景，去感受历史、触摸历史，因而成为保留民族、国家、政党历史记忆的重要途径。"同一代人共有同样的过去，这不仅使他们紧密地联系在一起，还强化了他们当下的价值取向。"② 这正是纪念活动的价值所在。每一纪念日代表的是一段历史，周期性循环之后，纪念日进入民众的时间体系，融入民众的日常生活，也就容易在民众心中留下深刻记忆。1940年3月24日，中共中央书记处作出《关于在职干部教育的指示》，确定每年5月5日马克思诞生日为学习节。如此，纪念对象进入干部的日常生活，也就强化了对马克思的记忆。

3. 纪念日的循环建构了关于纪念对象的历史知识

中共举行纪念活动的过程，也是历史知识建构的过程。如毛泽东为纪念中共成立28周年而发表的《论人民民主专政》一文，对中共成立以来的历史经验进行了系统总结；胡乔木为纪念中共成立30周年撰写的《中国共产党三十年》，概述了中共30年的历史；胡锦涛在庆祝中国共产党成立90周年大会上的讲话，将中共90年的历史概括为完成和推进了"三件大事"。这些关于中共历史的经验总结与中共历史的脉络梳理，实际上建构了中共历史的知识体系，形成了中共历史的基本叙述。

纪念日的选择与确立，彰显了中共对待历史的态度，成为中共保存历史记忆、建构历史知识的独特方式，既塑造了中共的文化形象，也成为党史文化的时间谱系。

二、纪念仪式：党史文化的行为方式

仪式以特定的精神信仰为基础，表现为一套象征性与表演性、例行化

---

① （美）保罗·康纳顿著：《社会如何记忆》，纳日碧力戈译，上海人民出版社2000年版，第90页。

② （英）约翰·哈萨德编：《时间社会学》，朱红文、李捷译，北京师范大学出版社2009年版，第190页。

与固定化的行为方式,构成人类文化的重要方面。中共纪念活动有其独特的仪式安排,无论非常态的追思仪式,还是常态化的庆典仪式,都有总体设计和具体谋划,构成纪念仪式的基本规定,成为党史文化的行为方式。

中共举行纪念活动之前,都要进行周密部署与安排,以统一纪念的主题与基调,明确纪念的方式与方法。如1933年2月,为纪念马克思逝世50周年,中共中央作出决议规定:各级党部于马克思逝世日在各地组织群众的纪念大会,预先指定同志向各纪念大会作内容充实而又通俗易解的报告;党团组织成立各种公开的学术团体,如社会科学研究会、马克思主义研究会等;发动左翼作家在各大城市(特别是上海)组织马克思逝世50周年纪念大会,报告"马克思的学说";各地党的刊物出版纪念马克思及讨论党内教育问题专号;中央宣委编译《马克思主义和列宁主义之理论基础》等小册子,并于马克思逝世日前散布出去。① 这些关于马克思逝世50周年纪念活动的总体安排,实际上具有仪式意义。

新中国成立后,关于纪念活动的总体设计更为周详。如1950年9月,《中央关于国庆纪念办法的规定》申明:(一)北京及各大行政区中心城市举行阅兵式和群众游行示威。各省会及其他重要城市举行群众游行示威,各地驻军参加。(二)在庆祝仪式会场上只挂毛主席像,但游行群众则应抬孙中山、毛泽东、刘少奇、朱德、周恩来五人的像。(三)庆祝口号不必在报上公布,但规定了基本口号。(四)各报纸首页应登孙中山、毛泽东二人像片,并应出专刊纪念,总结一年成绩,加强胜利信心。在纪念论文中应着重指出中国人民与世界人民力量的强大,号召声援朝鲜人民,并警告美国不要向中国人民挑战。② 这些规定,涉及国庆纪念的方式、仪式、口号、媒体宣传,是关于国庆纪念的总体筹划。自此,新中国成立后前十年国庆纪念活动的方式,大体按此规定进行。

中共关于纪念活动的仪式,既有宏观总体的规定,也有微观具体的安排。如1951年6月27日,《中央关于纪念党的成立大会上奏乐唱歌的规定》强调:在党的成立纪念大会上,如果奏乐时,应先奏国歌,后奏国

---

① 参见中共中央文献研究室、中央档案馆编《建党以来重要文献选编》(第10册),中央文献出版社2011年版,第126～127页。
② 中共中央宣传部办公厅、中央档案馆编研部编:《中国共产党宣传工作文献选编》(第3卷),学习出版社1996年版,第116～117页。

际歌。并可在临散会时,唱国际歌。① 1951年6月29日,《中央关于纪念"七一"时报纸登载领袖照片的规定》指出:一般报纸除刊毛刘周朱四人照片外,可加刊马恩列斯照片,其位置可于一版右侧刊毛刘周朱(由上而下),左侧刊马恩列斯(由上而下);省以下小报没有马恩列斯照片者可不刊,如找不到适当的刘周朱照片者亦可只刊毛主席照片;纪念会场亦可用马恩列斯毛刘周朱八人照片,排为一列,可由左向右(自台下看),如此则毛斯两像居中。② 从上述关于奏乐唱歌、领袖照片刊用的规定可以看出,中共纪念活动的仪式安排明确、具体。

纪念仪式是关于纪念活动的制度安排,属于行为文化的范畴,蕴涵中国共产党的政治信仰、价值取向、文化追求,其设定与实施对于纪念活动的开展具有重要作用。

(一)纪念仪式使纪念活动走向规范化

仪式具有强化秩序的功能,围绕某一纪念对象而举行的纪念活动,往往由一系列活动组成,依仪式规定开展纪念,能使具体纪念活动之间相互衔接,使纪念活动走向规范、有序,增加纪念活动的庄重感、神圣感,强化纪念活动的整体效果。如1950—1959年在天安门广场举行的国庆阅兵典礼、群众游行,之所以能做到整齐有序、气势磅礴,就是仪式操演的结果。

纪念仪式增强政党与国家的凝聚力。有学者提出:"仪式与象征既可以表达权威,又可以创造和再造权威,它们与权力关系相互依存、互为因果。"③ 纪念仪式的设定与实施,彰显政党与国家的权威,体现政党与国家的凝聚力,也是政党与国家权威的柔性建构。新中国成立初期的国庆纪念,除北京举行庆典外,各地均举行集会与游行,中央关于国庆纪念办法在各地的实施,实际上是政党权威、国家意志的体现,纪念活动开展的过程,也成为塑造政党与国家形象、增强政党与国家凝聚力的过程。一位外宾在观看1955年天安门广场国庆纪念活动后这样称赞:"将来,中国会变

---

① 参见中共中央宣传部办公厅、中央档案馆编研部编《中国共产党宣传工作文献选编》(第3卷),学习出版社1996年版,第246页。
② 中共中央宣传部办公厅、中央档案馆编研部编:《中国共产党宣传工作文献选编》(第3卷),学习出版社1996年版,第247页。
③ 郭于华主编:《仪式与社会变迁》,社会科学文献出版社2000年版,第342页。

成世界上最强大的国家。"另一位外宾则评论说:"蒋介石如果看到这样的庆祝游行可能会哭。"① 这说明,纪念仪式对于塑造政党与国家形象、增强政党与国家凝聚力具有不容忽视的效果。之所以如此,是因为"仪式不仅从认知上影响人们对政治现实的定义,而且具有重大的情感影响力。人们从他们所参与的仪式中可以得到很大的满足"②。

(二)纪念仪式成为国家礼仪的组成部分

国家礼仪代表了国家文明程度,纪念仪式经过实施与完善,逐渐升华为国家礼仪,对内规范纪念活动,对外协调国际关系。比如,新中国成立初期,每逢国庆纪念,苏联、朝鲜、越南、波兰、罗马尼亚、匈牙利、民主德国等各人民民主国家及兄弟党纷纷致电表示祝贺;中国政府则借助国庆纪念表达对于兄弟国家、兄弟党及各国人民的谢意。同时,邀请兄弟国家党政代表团、兄弟党代表团、友好国家政府代表团、国际性组织的代表、各国朋友参加国庆观礼和访问,几已成为一种惯例。1954年国庆纪念时,邀请了50个国家的1500余位代表(包括政府性和民间性代表团)来我国参加观礼和访问。如此,国庆纪念仪式成为国家礼仪的组成部分。有学者认为,"各种宏大而隆重的仪式动员了成百上千的人们和数量巨大的财富,而这些并不是政治结果的手段;它们自身就是结果,它们就是国家的目标"③。可见,对于国家形象建构和国家发展而言,纪念仪式是不可缺少的。

可以说,纪念仪式是文化的凝聚,也是文化的表达,具有文化的属性与功能,是党史文化中颇具特色的内容。

三、纪念空间:党史文化的记忆载体

空间是人类生活的重要维度,它既代表物质性的空间场所,又蕴涵丰富的文化内容,是物质性和精神性交织的存在。法国著名思想家列斐伏尔

---

① 洪长泰著:《毛泽东时代的庆祝游行:中国五十年代的国家景观》,罗嗣亮、马海霞译,载《现代哲学》2009年第1期,第66页。
② 郭于华主编:《仪式与社会变迁》,社会科学文献出版社2000年版,第343页。
③ 郭于华主编:《仪式与社会变迁》,社会科学文献出版社2000年版,第342页。

指出:"空间从来就不是空洞的;它往往蕴涵着某种意义。"① 中共举行纪念活动的过程,也是纪念空间建构的过程。中共建构的纪念空间包括意图性纪念空间与非意图性纪念空间,前者如仪式空间、纪念馆、纪念碑、纪念陵园,后者如遗址遗迹。

中共举行纪念大会时,往往要建构仪式空间。比如,1942年7月,延安举行纪念"七七"并追悼抗日阵亡将士大会,现场作了这样的布置:旗帜"漫空飞舞",数百件"挽联、花圈分悬主席台两旁","国旗及总理遗像高悬主席台中央,旁边为林森主席、蒋委员长肖像,再旁边为毛泽东同志、朱总司令肖像"。左权等四烈士遗像"分列两旁","全场肃穆庄严"。② 这种空间布局,反映了当时国共合作背景下仪式空间的特点。1955年国庆的天安门广场,显得格外庄严,当时媒体进行了这样的报道:天安门上挂着中华人民共和国国徽、中国人民伟大领袖毛泽东的巨像。红墙两端高大的红色建筑物上,写着"全国人民大团结万岁""世界人民大团结万岁""马克思列宁主义万岁""世界和平万岁"等纪念国庆的标语。中国人民解放军各部队,穿着新制式的服装,佩带军衔肩章、领章,军容威严地排列在飘扬着的无数红旗下面来接受检阅。③ 这种仪式空间,借助图像、标语、服饰,彰显了纪念主题与纪念意义。

中共举行纪念活动的过程中,为彰显纪念对象的纪念价值,修建了诸多纪念馆。如纪念辛亥革命的武汉辛亥革命博物馆、广州辛亥革命纪念馆,反映中共历史的南湖革命纪念馆、井冈山革命博物馆、延安革命纪念馆、西柏坡革命纪念馆、辽沈战役纪念馆等,纪念抗日战争的中国人民抗日战争纪念馆、九一八历史博物馆等。为纪念中共领袖人物,或在其诞生地,或在其工作过的地方,修建了规模不一的纪念馆。如韶山毛泽东同志纪念馆、宁乡花明楼刘少奇同志纪念馆、淮安周恩来纪念馆、仪陇朱德同志故居纪念馆、广安邓小平纪念馆等。为纪念毛泽东逝世,在天安门广场修建了毛泽东纪念堂。纪念碑是纪念历史人物或事件常见的空间形式,如井冈山革命烈士纪念碑、淮海战役烈士纪念碑、平津战役胜利纪念碑、人

---

① 包亚明主编:《现代性与空间的生产》,上海教育出版社2003年版,第83页。
② 参见《延市万人空巷纪念"七七"》,载《解放日报》1942年7月8日。
③ 参见《庆祝中华人民共和国建国六周年 首都举行盛大的阅兵式和群众游行》,载《人民日报》1955年10月2日。

民英雄纪念碑、抗美援朝纪念碑等。为纪念近代中国、中共历史上的革命先贤，各地建立了诸多烈士陵园。如广州起义烈士陵园、井冈山革命烈士陵园、川陕革命根据地红军烈士陵园、延安四八烈士陵园、重庆歌乐山烈士陵园、沈阳抗美援朝烈士陵园等。

对于中共历史上的重要遗址遗迹，如会址、革命活动旧址、战场遗址、重要历史人物的故居等，中央明确要求"用适当方式保存，留作纪念"①。新中国成立后，一批中共历史上的重要遗址遗迹纳入了保护范围，成为纪念空间中最原始的部分。

中共建构的纪念空间集神圣空间、政治空间、教育空间于一体，既是文化建构的产物，又蕴涵文化的内涵。作为党史文化记忆载体的纪念空间，具有如下一些特点。

（一）纪念空间具有神圣性

通过建筑物、文献声像资料的合理组合，纪念空间庄严肃穆，能激起人们对纪念对象的尊敬和缅怀，对纪念对象产生敬畏感、认同感。对于1940年鲁迅逝世四周年的仪式空间，《新中华报》进行了这样的描述："一走进会场，巨大的鲁迅先生的遗像便占住了人们的视线，那严肃的，背负着苦难的容颜，使人不得不蓦的转换了心情，也像抗拒着沉重的压迫似的。人的心都沉静下来了！"②置身仪式空间，能给人强烈的感染和震撼。关于纪念空间的神圣性，美国学者本尼迪克特·安德森作出了这样的评价："没有什么比无名战士的纪念碑和墓园，更能鲜明地表现现代民族主义文化了。这些纪念物之所以被赋予公开的、仪式性的敬意，恰好是因为它们本来就是被刻意塑造的，或者是根本没人知道到底是哪些人长眠于其下。这样的事情，是史无前例的。"③应当说，无名战士的纪念碑具有神圣性和文化意义，其他纪念空间同样具有神圣性和文化内涵。

---

① 中共中央宣传部办公厅、中央档案馆编研部编：《中国共产党宣传工作文献选编》（第3册），学习出版社1996年版，第249页。
② 《鲁迅先生逝世四周年纪念大会志》，载《新中华报》1940年11月7日。
③ （美）本尼迪克特·安德森著：《想象的共同体——民族主义的起源与散布（增订版）》，吴叡人译，上海人民出版社2011年版，第9页。

（二）纪念空间具有政治性

列斐伏尔指出："空间一向是被各种历史的、自然的元素模塑铸造，但这个过程是一个政治过程。空间是政治的，意识形态的。它真正是一种充斥着各种意识形态的产物。"① 由于纪念空间具有政治性、意识形态性，也就决定了它具有文化意义。国家之间、政党之间争夺纪念空间，实际上是争夺政治资源、意识形态资源。中共建构各种纪念空间，既是进行思想政治教育的重要场所，也是彰显历史意识、塑造政党形象、赢得民众认同的重要空间。

（三）纪念空间具有记忆性

纪念空间具有塑造记忆的功能。本尼迪克特·安德森认为，近代国家是"想象的共同体"，这个共同体之所以能够建立，就是由于种种原因人们拥有共享的记忆，而提供这些记忆资源的载体之一就是纪念空间。② 纪念空间将纪念对象的历史浓缩在一起，使人在有限的空间、有限的时间内了解纪念对象的历史概貌，或见物、临境思人想事，唤起人的记忆。如人民英雄纪念碑下层须弥座束腰部四面，镶嵌着八幅巨大的汉白玉浮雕，分别以"虎门销烟""金田起义""武昌起义""五四运动""五卅运动""南昌起义""抗日游击战争""胜利渡长江"为主题，呈现了近代以来的中国历史。置身纪念碑下，能将参观者带入历史长河，回溯近代中国历史发展的基本脉络，成为共享、保存历史记忆的装置。

纪念空间的神圣性、政治性、浓缩性，使它超越了一般的物质属性，具有文化的内涵和特点。中共建构的纪念空间，说到底是文化空间，既是党史文化的记忆载体，也是党史文化的凝聚和储存。

四、纪念符号：党史文化的意义体系

人类是与象征密切联系的，象征则有赖于符号体系的建立。纪念符号是举行纪念活动不可缺少的元素，中共纪念符号的制颁与传播，既促进了

---

① 包亚明主编：《现代性与空间的生产》，上海教育出版社2003年版，第62页。
② 参见陈蕴茜《纪念空间与社会记忆》，载《学术月刊》2012年第7期，第135页。

纪念活动的开展，也积淀成为党史文化的意义体系。

标语口号是使用于公开场合，以说服公众为取向的简短、醒目的文字符号。在纪念大会的会场，一般悬挂标语。如1933年在江西瑞金举行的十月革命纪念大会，会场高悬标语："我们是马克斯主义列宁主义的行动者，我们是马克斯列宁事业的承继者！"① 又如，1938年在延安举行的"五一"纪念大会，会场主席台两侧高挂标语："全世界无产阶级及被压迫民族联合起来"和"开展边区抗战动员的突击运动"②。逢纪念日，为营造纪念氛围，在一些显著位置也会悬挂标语。新民主主义革命时期和新中国成立初期的纪念活动，逢重要纪念日，中共往往发布标语口号。如1939年，中共中央《为抗战两周年纪念对时局宣言》提出三大政治口号：坚持抗战，反对投降；坚持团结，反对分裂；坚持进步，反对倒退。1950年9月8日，《中央关于国庆纪念办法的规定》提出了一些基本口号，如"庆祝中华人民共和国国庆节""全国人民团结起来""解放台湾！解放西藏""反对美帝国主义侵略台湾""反对美帝国主义侵略朝鲜""全亚洲人民团结起来""全世界人民团结起来""中华人民共和国万岁""中央人民政府万岁""中国人民解放军万岁""中国共产党万岁""毛主席万岁"等。③

适应纪念活动的需要，中共制颁了各种图像符号。将纪念对象嵌入货币、邮票，或制作成像章、相片、画册，形成了系列图像符号。如在川陕革命根据地，1933年发行了印有马克思和列宁像的纸币。在壹圆纸币的正中印有马克思头像，下端"中华苏维埃共和国"8个字呈弧形排列；壹串纸币的正中是列宁头像，两边是票额数字，下端"川陕省苏维埃政府"字样呈弧形横排。1949年7月1日，中共成立28周年之际，发行了印有毛泽东头像的纪念邮票。新中国成立后，逢重要纪念活动，也制颁了不少图像符号。1961年建党40周年纪念之时，发行全套5枚纪念邮票，图案内容分别为中共一大会址（上海）、南昌"八一"大楼、中央大礼堂（瑞金）、延安宝塔山、北京天安门；1971年建党50周年纪念之际，又发行全套9枚纪念邮票，第一到第六枚的图案内容分别为中共一大会址（上

---

① 《在战争环境中纪念伟大的红"十月"》，载《红色中华》1933年11月11日。
② 《检阅抗战力量　延安市各界纪念"五一"劳动节》，载《新中华报》1938年5月5日。
③ 参见中共中央宣传部办公厅、中央档案馆编研部编《中国共产党宣传工作文献选编》（第3卷），学习出版社1996年版，第116～117页。

海)、广州农民运动讲习所、革命摇篮井冈山、遵义会议会址、革命圣地延安、首都天安门,第七至第九枚为"奋勇前进"的连票。

纪念符号具有独特的感召力和感染力,一经制颁,传播甚为广泛,影响至为深远,成为党史文化的意义体系。

(一) 纪念符号承载中共的政治主张

有学者认为,"在政治的世界里,符号不仅是必要的,而且是有用的。因为,符号具有将人们集合起来、朝共同目标前进的巨大潜力"①。正因为如此,在中共历史上,善于利用纪念活动发布标语口号,表达政治主张,实施政治动员。1948年4月30日,中共中央发布纪念"五一"节口号,提出了促成中国革命胜利的具体办法和方案,并正式向各民主党派、各人民团体及社会贤达发出"迅速召开政治协商会议,讨论并实现召集人民代表大会,成立民主联合政府"②的号召,由此揭开了筹建新中国的序幕。因此,纪念符号能影响民众的政治情感、政治态度,具有促成政治认同的功能。

(二) 纪念符号唤起民众参与热情

"符号在政治过程中的重要性,不在于被象征化的对象本身,而在于通过符号唤起的感情和诱发的行动。"③ 中共制颁的纪念符号,具有强烈的导向性和鼓动性,有助于唤起民众的觉醒与政治参与热情。美国进步记者海伦·福斯特在一次庆祝"五一"国际劳动节民众大会上,看到了这样的场面:每个士兵都精神饱满,每支步枪都插着红色的三角纸旗。纸旗在春风中飘荡,旗上写着标语:"拥护抗日民族统一战线!""打倒企图破坏民族统一战线的托派!""要求八小时工作制!""减轻人民的负担!""打倒日本帝国主义!""中国革命万岁!"……他们还唱了译成中文的《马赛曲》,唱歌时的神气也和法国革命时那些奋勇前进的马赛英雄的神气一模一样。和外国人一样,中国人似乎也觉得这是最激动人的一首歌。

---

① (日) 竹内郁郎编:《大众传播社会学》,张国良译,复旦大学出版社1989年版,第181页。
② 中共中央文献研究室、中央档案馆编:《建党以来重要文献选编》(第25册),中央文献出版社2011年版,第283~284页。
③ (日) 竹内郁郎编:《大众传播社会学》,张国良译,第179~180页。

老农和他们的妻子不会唱歌，但都张开嘴听着，并且不自觉地随乐曲摆动着身子。这是一种觉醒的气氛，它使梦游中的中国老农从古老的昏睡中惊醒过来了。我注意到，有几个学生竟激动得流出了眼泪！群众的心理到了如此程度，只要一个人站出来低声说一句"枪上肩！"整个大会的人们都会越野前进，并在午饭之前攻取半打城市。① 可见，纸旗、口号、歌曲等纪念符号，成为政治动员的有效工具。

（三）纪念符号镌刻历史记忆

民众是纪念符号的消费者、接受者，民众在消费纪念符号的同时，纪念符号以其生动的形象，镌刻在民众的记忆之中，成为民众的潜意识。"各种象征符号主要是用来发展和维系社会秩序，为了要使各种象征符号有效地运作，它们的社会功能必须要尽可能地停留在人们的潜意识中，人在不知不觉中运用这些符号。"② 中共制颁的纪念符号，同样达到了这样的效果。

中共纪念活动中建构的各种纪念符号，既有深刻的内涵，也有生动的形象和外观。纪念符号折射了中共的历史观、价值观，蕴涵中共的情感态度、审美取向，是党史文化的构成要素。

五、纪念价值：党史文化的精神坐标

中共举行纪念活动，在对纪念对象的历史地位作出客观评价的同时，往往揭示纪念对象的当代价值、现实意义，历史人物精神品格的揭示，历史事件精神内涵的提升，彰显了中国共产党的精神风貌，积淀成为党史文化的精神坐标。

在纪念重要历史人物时，对其精神品格的提炼是不可缺少的内容。在孙中山诞辰130周年纪念大会上，江泽民充分肯定了孙中山为民族独立、国家富强、民主自由、人民幸福作出的杰出贡献，强调学习、继承和发扬

---

① 转引自（美）尼姆·韦尔斯著《红色中国内幕》，马庆平、万高潮译，华文出版社1991年版，第33、第34页。

② （英）亚伯纳·柯恩著：《权力结构与符号象征》，宋光宇译，台湾金枫出版社1987年版，第12页。

孙中山的爱国思想、革命意志和进取精神。胡锦涛在孙中山诞辰140周年纪念大会上强调：孙中山先生追求真理的开拓进取精神和矢志不渝的爱国主义情怀，孙中山先生天下为公的博大胸怀和放眼世界的开放心态，孙中山先生生命不息、奋斗不止的坚强意志和鞠躬尽瘁、死而后已的高尚品德，是他留给我们的宝贵精神遗产。① 这些概括和评价，展示了孙中山的精神品格及其当代价值。

党和国家的杰出领导人，是中华民族的精英，他们的精神品格、道德情操是中国共产党人宝贵的精神财富。因此，在纪念党、国家和人民军队的杰出领导人时，都要彰显其精神品格。在毛泽东诞辰110周年座谈会上，胡锦涛指出："在为中国人民不懈奋斗的光辉一生中，毛泽东同志表现出了一个伟大革命领袖高瞻远瞩的政治远见、坚定不移的革命信念、炉火纯青的斗争艺术和杰出高超的领导才能。……毛泽东同志作为一个伟大的历史人物，属于中国，也属于世界。"② 这种对毛泽东精神品格的定位，既肯定了毛泽东的历史地位，也为党史文化的生成提供了资源。对于邓小平的精神品格，中国共产党人同样给予了高度评价。胡锦涛在邓小平诞辰100周年纪念大会上的讲话，将邓小平的崇高风范概括为五个方面：解放思想、实事求是，始终坚持一切从实际出发，以巨大的政治勇气和理论勇气，不断开拓马克思主义和中国特色社会主义事业发展的新境界；热爱人民、心系人民，始终对人民群众怀着无比深厚的感情，把为中国人民谋幸福作为毕生奋斗的目标；崇尚实干、英勇果敢，始终扎扎实实地推进各方面的工作，在关键时刻更是表现出非凡的胆略和勇气；目光远大、襟怀宽广，始终站在国际大局与国内大局相互联系的高度审视中国和世界的发展问题，思考和制定中国的发展战略；无私无畏、光明磊落，始终把为党和人民的事业顽强奋斗作为执著的人生追求，把自己的一切献给了党和人民。③ 这一概括，全面揭示了邓小平的精神品格，也为党史文化的建构积累了资源。在纪念周恩来的系列活动中，揭示周恩来的精神品格也是其中

---

① 参见胡锦涛《在孙中山先生诞辰140周年纪念大会上的讲话》，载《人民日报》2006年11月13日。
② 中共中央文献研究室编：《十六大以来重要文献选编》（上），中央文献出版社2005年版，第642页。
③ 参见中共中央文献研究室编《十六大以来重要文献选编》（中），中央文献出版社2006年版，第151～156页。

的重要内容。江泽民在周恩来诞辰100周年纪念大会上指出：周恩来的精神，就是"共产主义远大理想同脚踏实地的工作作风的结合""对上负责同对下负责的结合""高度的原则性同高度的灵活性的结合"。① 三个"结合"，涵盖了周恩来精神的主要方面，充分展示了周恩来精神的时代魅力。此外，对于朱德、刘少奇、陈云、瞿秋白、王稼祥、任弼时等人的精神品格，中国共产党人在举行纪念活动时，也进行了总结和提升。这些领袖人物为民族独立、人民解放和国家富强、人民幸福建立的不朽功勋，对于后人是一种激励；这些领袖人物的崇高品德、博大胸怀、卓越胆识和革命风格，是民族精神的凝聚和折射，对于后人而言是一种典范。通过其诞辰纪念活动的开展，通过其精神品格的提炼和总结，恰似在国人面前竖起了一座座精神丰碑，具有示范和教育意义。

历史事件之所以有纪念价值，主要在于其蕴涵值得后人继承、弘扬的精神气质，揭示历史事件的精神内涵，彰显历史事件精神内涵的当代价值，是中共纪念活动的重要内容。比如，究竟什么是五四精神，学术界有不同的看法。1999年5月，胡锦涛在五四运动80周年纪念大会上，对"五四"精神进行了界定。他说：五四运动"孕育了爱国、进步、民主、科学的伟大精神"。"五四精神的核心，是伟大的爱国主义"，"五四运动所体现的爱国主义精神，是中华民族百折不挠、自强不息的民族精神的生动写照"。② 显然，这里所说的"五四"精神，既包括五四爱国运动所体现的精神特征，也包括五四新文化运动所蕴涵的精神气质。"五四"精神基本内涵的概括，既有利于"五四"精神的传承，也为党史文化的建构增添了内容。红军长征是人类战争史上的奇迹，在世界范围内广为传颂；长征精神是党和人民军队优良传统和作风的高度凝结。1996年10月，在红军长征胜利60周年纪念大会上，江泽民从五个方面对长征精神进行了概括：即"把全国人民和中华民族的根本利益看得高于一切，坚定革命的理想和信念，坚信正义事业必然胜利的精神；就是为了救国救民，不怕任何艰难险阻，不惜付出一切牺牲的精神；就是坚持独立自主，实事求

---

① 参见江泽民《在周恩来同志诞辰一百周年纪念大会上的讲话》，载《人民日报》1998年2月24日。

② 参见中共中央文献研究室编《十五大以来重要文献选编》（中），人民出版社2001年版，第834页。

是，一切从实际出发的精神；就是顾全大局、严守纪律、紧密团结的精神；就是紧紧依靠人民群众，同人民群众生死相依、患难与共，艰苦奋斗的精神"①。这五个方面相互依存，涵盖了长征精神的核心内容，成为党史文化中的一朵奇葩。

总之，纪念活动是建构党史文化的重要途径，为党史文化的生成提供了丰富资源，通过纪念活动而形成的时间谱系、行为方式、记忆载体、意义体系、精神坐标，都是党史文化的有机组成部分。

(原载《中共党史研究》2012年第11期)

---

① 中共中央文献编辑委员会编：《江泽民文选》（第1卷），人民出版社2006年版，第590页。

第二部分 马克思主义中国化的基本理论

陈金龙自选集

论马克思主义中国化的若干问题
——基于20世纪50年代社会主义建设道路的探索

20世纪50年代，是中国共产党独立探索社会主义建设道路的重要时期，也是马克思主义中国化的重要阶段。总结这一时期马克思主义中国化的历史经验，解读其中所体现的马克思主义中国化的基本前提、基本方法和应当避免的不利倾向，可为当代马克思主义中国化的推进与继续，提供有益的启发和借鉴。

一、马克思主义中国化的基本前提

马克思主义中国化不是简单引用或介绍马克思主义的基本原理，而是马克思主义基本原理与不同历史时期中国具体实际的结合。从20世纪50年代探索社会主义建设道路的实践来看，马克思主义中国化必须具备如下一些前提条件。

（一）理论前提：正确认识和对待马克思主义

马克思主义中国化首先要从马克思主义基本原理出发，通过运用马克思主义的立场、观点、方法来解决中国实践中遇到的具体问题。在社会主义改造基本完成、开始全面建设社会主义的历史阶段，如何正确认识和对待马克思主义，是探索中国社会主义建设道路、推进马克思主义中国化首先必须解决的问题。在这方面，中共第一代领导集体作出了明确的回答。

学习马克思主义的基本原理，掌握马克思主义的立场、观点和方法。学习、掌握马克思主义是运用马克思主义的前提，如果不熟悉马克思主义的基本理论，不了解马克思主义的立场、观点和方法，就不可能自觉运用马克思主义来解决中国社会主义建设中的实际问题，马克思主义中国化也就无从谈起。1956年4月，毛泽东在《论十大关系》中提出，马克思列宁主义"我们一定要继续努力学习。我们要学的是属于普遍真理的东西，并且学习一定要与中国实际相结合"①。同年 8 月，他在同音乐工作者谈话时又指出："马列主义的基本原理应该接受，不接受是没有道理的，也不利。"② 可见，毛泽东十分重视对马克思主义基本原理的学习和掌握。为提高全党的马克思主义理论水平，刘少奇在八大政治报告中提出："必须认真地加强干部的首先是高级干部的系统的马克思列宁主义的学习，使他们善于用马克思列宁主义的立场、观点、方法去观察和解决实际生活中的问题，提高自己在复杂情况中判断方向、辨明是非的能力。"同时，必须加强对广大新党员的教育，"使他们逐步懂得马克思列宁主义的立场、观点和方法，获得关于马克思列宁主义的一般原理"③。20 世纪 50 年代中期中共第一代领导集体重新强调学习马克思主义的重要性，其意正在于为探索中国社会主义建设道路进行理论准备。

加强马克思主义的研究和宣传。为帮助全党学习、掌握马克思主义，中共第一代领导集体要求加强对马克思主义的研究和宣传。刘少奇在八大政治报告中提出：要集中必要的力量，从事马克思列宁主义基本理论以及同马克思列宁主义有密切关系的科学部门的研究。④ 1957 年 3 月，毛泽东在全国宣传工作会议上的讲话也强调："我们做宣传工作的同志有一个宣传马克思主义的任务。这个宣传是逐步的宣传，要宣传得好，使人愿意接受。不能强迫人接受马克思主义，只能说服人接受。"⑤ 研究马克思主义才能加深对马克思主义的认识，宣传马克思主义才能实现马克思主义的社会化，使更多的人了解和接受马克思主义，这是马克思主义中国化的重要条件。

创造性地运用马克思主义，发展马克思主义。马克思主义是一种从客观实际中抽引出来，又在客观实际中得到证明的科学。既然客观实际是不断变化发展的，那么，马克思主义就应当随着客观实际的变化而发展，而

---

① 中共中央文献研究室编：《毛泽东文集》（第 7 卷），人民出版社 1999 年版，第 42 页。
② 中共中央文献研究室编：《建国以来毛泽东文稿》（第 6 册），中央文献出版社 1992 年版，第 177 页。
③ 参见中共中央文献编辑委员会编《刘少奇选集》（下卷），人民出版社 1985 年版，第 268、269 页。
④ 参见中共中央文献编辑委员会编《刘少奇选集》（下卷），人民出版社 1985 年版，第 269 页。
⑤ 中共中央文献研究室编：《建国以来毛泽东文稿》（第 6 册），中央文献出版社 1992 年版，第 381 页。

不可能一成不变、停步不前。1957年2月，毛泽东在《如何处理人民内部的矛盾（讲话提纲）》中提出："马克思主义还要发展，如何发展？"他肯定了马克思主义是发展的科学，并就如何发展谈了自己的一些看法。①1957年11月，刘少奇在北京各界庆祝十月社会主义革命40周年大会上的讲话重申："马克思列宁主义关于无产阶级革命的普遍真理，是全人类的革命经验的总结，它也必须用新的经验来丰富和发展自己。"② 与此同时，周恩来在北京大学纪念十月革命40周年会上的报告也提出"要创造性地运用马列主义"③。只有创造性地运用马克思主义，而不是照搬马克思主义，才能发展马克思主义，这是马克思主义中国化的基本条件之一。

（二）思想前提：解放思想，独立思考

马克思主义中国化，要求解放思想、独立思考，有标新立异的精神，这是保证马克思主义自身在不断发展中充满生机和活力的重要条件。如果不解放思想，墨守陈规，保守而静止地对待马克思主义，马克思主义就会成为无源之水、无本之木，就会干涸、枯萎。20世纪50年代中期国际国内形势的变化为解放思想、独立思考提供了有利条件。

苏共二十大促进了中国共产党人的思想解放。1956年2月召开的苏共二十大，是战后国际共运史上的重大事件。这次会议破除了对斯大林的个人迷信，暴露了苏联社会主义模式存在的弊端，结束了国际共运"一个领导""一个中心"的局面，这些都有助于中国共产党人的思想解放。④八大期间，毛泽东在会见外国共产党代表团时指出：苏共二十大对斯大林的批评"是好的，它打破了神化主义，揭开了盖子，这是一种解放，是一场解放战争，大家都敢讲话了，使人能想问题了"⑤。周恩来在会见外国代表团时也说："过去斯大林的观点压倒一切，现在打倒偶像以后，也

---

① 参见中共中央文献研究室编《建国以来毛泽东文稿》（第6册），中央文献出版社1992年版，第313页。
② 刘少奇：《在北京各界庆祝十月社会主义革命四十周年大会上的讲话》，载《人民日报》1957年11月7日。
③ 中共中央文献研究室编：《周恩来年谱（1949—1976）》（中卷），中央文献出版社1997年版，第94页。
④ 参见陈金龙《苏共二十大与中共八大》，载《人文杂志》1997年第4期。
⑤ 中华人民共和国外交部、中共中央文献研究室编：《毛泽东外交文选》，中央文献出版社、世界知识出版社1994年版，第260页。

就是中国人说破除迷信以后，各国共产党的思想都动起来了，不沉闷了，打倒了个人崇拜，大家的思想都解放了。"可见，苏共二十大对于促进中国共产党的思想解放具有重要意义，为中国共产党独立自主探索社会主义建设道路、推进马克思主义中国化创造了条件，提供了可能。

"百花齐放、百家争鸣"方针的提出，促进了中国共产党人的思想解放。"百花齐放、百家争鸣"的方针，不仅对于艺术和科学的发展具有重要意义，对于马克思主义中国化同样具有积极效用。1957年2月，毛泽东在《关于正确处理人民内部矛盾的问题》中指出："在我们国家里，马克思主义已经被大多数人承认为指导思想，那么，能不能对它加以批评呢？当然可以批评。马克思主义是一种科学真理，它是不怕批评的。……实行百花齐放、百家争鸣的方针，并不会削弱马克思主义在思想界的领导地位，相反地正是会加强它的这种地位。"① 允许对马克思主义进行批评，这在当时是大胆的提法。事实上，马克思主义正是在批评中发展的，是在回应各种批评中走向完善、成熟的。当时有人提出，党校的"争鸣"只有限于对马克思列宁主义的理解不同之争，不能容许非马克思列宁主义的理论、思想来争鸣。毛泽东对此则认为："似乎不很对，何必怕争鸣？"②因此，"百花齐放、百家争鸣"方针的提出，在一定程度上破除了人们对马克思主义的迷信，为马克思主义中国化创造了条件。对此，邓小平说得十分清楚："百花齐放、百家争鸣"方针"对发展马克思列宁主义有很大的好处。如果我们不注意，不搞'百花齐放、百家争鸣'，思想要僵死起来，马克思主义要衰退，只有搞'百花齐放、百家争鸣'，各种意见表达出来，进行争辩，才能真正发展马克思主义，发展辩证唯物主义。"③

倡导独立思考。苏共二十大召开之后，中共第一代领导集体更加强调独立思考的重要性。1956年4月5日，周恩来在外交部驻外使节会上指出："对一切问题，要经过自己的思考，不要盲从，思想懒惰训练不出品

---

① 中共中央文献研究室编：《建国以来毛泽东文稿》（第6册），中央文献出版社1992年版，第346页。
② 中共中央文献研究室编：《建国以来毛泽东文稿》（第6册），中央文献出版社1992年版，第411页。
③ 中共中央文献编辑委员会编：《邓小平文选》（第1卷），人民出版社1994年版，第272页。

质优良、有坚强意志的共产党员。"① 在周恩来看来，苏联是当时最先进的社会主义国家，向苏联学习这一点是肯定的，但要独立思考，避免盲从，不要迷信。② 事实上，独立思考对于马克思主义中国化至关重要，就当时的环境而言，没有独立思考的精神，就难以摆脱苏联模式的束缚，也就难以实现马克思主义中国化。

（三）认识前提：研究中国国情，把握时代特征

马克思主义的基本原理具有普遍性，而马克思主义基本原理作用的对象有其特殊性，离开中国的具体情况和时代特征，马克思主义作用的发挥就等于无的放矢。因此，要实现马克思主义中国化，必须研究中国国情，把握时代特征。20 世纪 50 年代中期，中共第一代领导集体对国情进行了大规模的调查，对时代特点也作出了新的判断。

对中国国情的调查研究。1956 年，在中共八大召开之前，毛泽东、刘少奇、朱德、邓小平、陈云等中央领导同志对社会主义建设问题进行了一次比较全面、系统、深入的调查研究。1955 年 12 月 7 日至 1956 年 3 月 9 日，刘少奇先后约请中共中央和国务院 37 个部门的主要负责人汇报座谈，内容包括工业、农业、商业、交通、财政、金融、文化、体育、卫生和国民经济计划等各个方面。从 1956 年 2 月 14 日起，毛泽东也开始了他在新中国成立后规模最大、时间最长的一次对经济工作的系统调查。毛泽东听取汇报的部门，主要是国务院所属的部委，并且是按照重工业、轻工业、交通邮电、农林水利、财贸金融这个顺序进行的。这次调查研究，历时两个月才告一段落。在各部委进行汇报时，毛泽东又提出在今后几个月拟再分别听取各省、市、自治区党委关于经济工作的汇报。根据毛泽东的意见，3 月 30 日，中共中央向上海局和各省、市、自治区党委发出通知，要求各地就主要经济状况、第一个五年计划预计完成的情况和经验教训、第二个五年计划和第三个五年计划的主要意见、主要资源情况和主要发展方向等十个问题向中央汇报。毛泽东还接受李富春的建议，通知工交部门

---

① 中共中央文献研究室编：《周恩来年谱（1949—1976）》（上卷），中央文献出版社 1997 年版，第 563 页。
② 参见中共中央文献研究室编《周恩来经济文选》，中央文献出版社 1993 年版，第 257 页。

约200到300个重要工厂、建设工地分别向中共中央、国务院写一书面汇报。① 这次大规模的调查研究，对于摸清新中国成立以来在经济、政治、文化等各个方面所发生的新变化、出现的新情况和新问题，起了奠基作用，为探索中国社会主义建设道路、实现马克思主义中国化创造了有利条件。

对时代特征的把握。马克思主义中国化既要与中国的具体实际相结合，也要与时代特征、时代发展趋势相结合。中国社会主义建设是在一定国际环境下进行的，探索社会主义建设道路同样离不开对国际局势的把握和时代特征的判断。刘少奇在八大政治报告中指出："由于社会主义的、民族独立的、民主的、和平的势力，在第二次世界大战以后有了空前的发展，而帝国主义侵略集团的积极进行扩张、反对和平共处、准备新的世界战争的政策，愈来愈不得人心。在这种情况下，世界局势不能不趋向于和缓，世界的持久和平已经开始有了实现的可能。"② 这说明，中共第一代领导集体已认识到世界和平的发展趋势，认识到由于多种因素的作用战争可以避免。与此同时，刘少奇又指出："帝国主义者还会继续制造紧张局势，还要压迫一切他们可能压迫的人民，战争的危险仍然存在。在这个问题上，如果我们丧失警惕性，那就会犯错误。人类争取和平和进步的斗争必然还要经历许多迂回曲折的过程。"③ 这说明，中共第一代领导集体对于当时国际局势的判断是十分谨慎的，意识到战争仍有爆发的可能，人类和平的实现将是一个曲折的过程。

在这种形势下，不同社会制度的国家关系如何处理？周恩来于1956年5月便提出：社会制度不同的国家，"要和平共处，要用和平方法竞赛，比谁的制度优越，比谁的制度好、让人民来选择"④。因此，20世纪50年代中期，中共在对时代特征的把握上已形成两种社会制度和平共处、

---

① 参见闻言实《1956年中央领导同志的调查研究与〈论十大关系〉的发表》，载《党的文献》2006年第1期。
② 中共中央办公厅编：《中国共产党第八次全国代表大会文献》，人民出版社1957年版，第55页。
③ 中共中央办公厅编：《中国共产党第八次全国代表大会文献》，人民出版社1957年版，第59页。
④ 中共中央文献研究室编：《周恩来经济文选》，中央文献出版社1993年版，第255～256页。

和平竞赛的观点。在"和平共处、和平竞赛"的过程中，中国要胜过资本主义制度的国家，必须寻找适合自己的发展道路。

中国社会主义建设的特殊性。在研究中国国情、把握时代特征的基础上，中国共产党人深刻认识到中国社会主义发展道路、建设过程将会有自己的一些特点。在八大政治报告起草过程中，毛泽东曾经提出："不可能设想，社会主义制度在各国的具体发展过程和表现形式，只能有一个千篇一律的格式。我国是一个东方国家，又是一个大国。因此，我国不但在民主革命过程中有自己的许多特点，在社会主义改造和社会主义建设的过程中也带有自己的许多特点，而且在将来建成社会主义社会以后还会继续存在自己的许多特点。"① 认识到社会主义模式的多样性和中国社会主义建设的特殊性，这是马克思主义中国化的重要起点。

20世纪50年代中期对马克思主义的正确认识和态度、独立思考环境的营造以及对中国国情、时代特征的深刻认识，为探索社会主义建设道路、推进马克思主义中国化提供了基本前提，这也是20世纪50年代探索社会主义建设道路取得初步成果的重要原因。

二、马克思主义中国化的基本方法

马克思主义中国化是马克思主义在中国的具体化、本土化，也是马克思主义的当代化与中国经验的马克思主义化。从20世纪50年代探索社会主义建设道路的实践可以看出，马克思主义中国化的基本方法可概括为如下几个方面。

（一）把马克思主义与中国实际结合起来，实现马克思主义在中国的具体化

把马克思主义普遍原理与中国的具体实际结合起来，是马克思主义中国化的基本原则，也是马克思主义中国化的基本方法之一。新中国成立初期，在向干部进行唯物主义思想教育时，便强调"理论与实际联系的马克思主义的原则"，要求"应用马克思主义的立场、观点、方法去认识和

---

① 中共中央文献研究室编：《建国以来毛泽东文稿》（第6册），中央文献出版社1992年版，第143页。

解决自己工作中所遇到的问题"。① 中共中央马列学院在培训学员时，也非常重视理论联系实践。连苏共中央社会科学院格列则尔曼教授也认为："理论与实践联系是你们的经验的最宝贵的方面。这完全符合马克思列宁主义精神。同时这种方法能够以学员最容易了解的形式阐明理论原理，实际联系的结果，理论原理成为听讲者最容易领会的东西。"② 新中国成立初期的干部教育，使理论与实际相联系的原则成为全党的共识。

在探索社会主义建设道路的过程中，中共第一代领导集体更为强调马克思主义基本原理与中国具体实际相结合的重要性。1956年5月，周恩来在国务院干部会议上指出："把马克思列宁主义和中国革命实践结合起来，才能创造性地运用它，才能使马克思列宁主义在中国的实际中有发展。因为情况变了，环境变了，它就会有新的发展。马克思主义的普遍真理是共同的，基本的就是那么几条，具体化了就会有发展。"③ 在八大预备会议第一次会议上，毛泽东也说："马克思主义的普遍真理一定要同中国革命的具体实践相结合，如果不结合，那就不行。这就是说，理论与实践要统一。理论与实践的统一，是马克思主义的一个最基本的原则。"④

事实上，毛泽东关于重工业、轻工业、农业关系的论述，就是马克思主义关于工业与农业关系理论的具体化。马克思、恩格斯曾深刻地指出，现代社会是以工业和商业为基础的社会，"人们早就确信：任何一个国家，如果没有使用蒸汽发动机的机器工业，自己不能满足（哪怕是大部分）自身对工业品的需要，那么，它现在在各文明民族中就不可能占据应有的地位"⑤。在高度重视发展工业、实现工业化的前提下，马克思、恩格斯又强调农业的基础地位，重视发展农业和提高农业劳动生产率，认为农业生产是人类生存和"创造历史"的首要条件，超过劳动者个人需

---

① 参见中共中央文献研究室编《建国以来重要文献选编》（第6册），中央文献出版社1993年版，第70页。
② 《关于中共中央马克思列宁学院哲学教学经验——格列则尔曼同志寄来的一封信》，载《人民日报》1955年9月17日。
③ 中共中央文献研究室编：《周恩来经济文选》，中央文献出版社1993年版，第257页。
④ 中共中央文献研究室编：《毛泽东文集》（第7卷），人民出版社1999年版，第90页。
⑤ 中共中央编译局编译：《马克思恩格斯全集》（第38卷），人民出版社1972年版，第305页。

要的农业劳动生产率是一切社会的基础。① 这些基本思想为毛泽东所接受和运用，并在总结苏联经验的基础上，提出了处理重工业、轻工业、农业关系的基本思路，形成了中国工业化道路理论。此外，20世纪50年代关于党的工作重心转移的决策，是马克思主义发展生产力理论的具体化；关于扩大人民民主、健全社会主义法制的政治战略，是马克思主义民主法制理论的具体化；关于发展科学技术和利用科学知识的观点，是马克思主义科学技术观的具体化；关于执政党建设的理论，也是马克思主义建党理论的具体化。

（二）把马克思主义与时代特点结合起来，实现马克思主义的当代化

时代是一个客观实在范畴，从某种意义上来说，它和人类社会的发展一样，是一个自然历史过程，不以人的主观意志为转移。任何思想和理论要想做到长盛不衰，必须与时代发展的历史进程相一致。偏离时代发展的轨迹，背离时代发展的要求，理论就将失去活力，甚至失去存在的理由。将马克思主义与时代特征结合起来，实现马克思主义的当代化，是马克思主义中国化的重要途径。

《论十大关系》对社会主义建设道路的探索，与对当时国际局势的判断密切相关。既然新的世界大战短时期内打不起来、战争的危险又依然存在，那么，毛泽东提出，应该充分利用沿海工业的设备能力和技术力量，发展沿海工业，特别是轻工业，对沿海工业采取消极态度是不对的；但是，新的工业大部分应当摆在内地，使工业布局逐步平衡，并且利于备战。这种处理沿海与内地关系的策略，反映了当时时代发展的特点。此外，毛泽东关于经济建设与国防建设关系的论述，与对时代特点的判断有关；八大关于社会主要矛盾的论断及工作重心转移的决策，反映了当时国内阶级关系变动、形势发展的要求，也与对国际形势趋向缓和的判断有关。毛泽东关于正确处理人民内部矛盾的理论，既运用了马克思主义的基本观点，又反映了时代特征；而其关于社会主义社会基本矛盾的论断，使马克思主义关于社会基本矛盾的理论得到了时代性发展。

---

① 参见何增科《马克思、恩格斯关于农业和农民问题基本观点述要》，载《马克思主义与现实》2005年第5期。

这个时期关于计划经济与市场关系的探讨，也体现了马克思主义与时代特征的结合。1957年4月，刘少奇在谈到自由市场问题时指出："社会主义经济的特点是有计划性，是计划经济，但是实际社会经济活动包括各行各业、各个方面，有几千种、几万种、几十万种，国家计划不可能计划那么几千、几万、几十万种……结果就把社会经济生活搞得简单了，呆板了。""如何使我们的社会主义经济同时具有这样几个特点：既有计划性，又有多样性，又有灵活性，这就要利用自由市场。一方面自由市场可以补充当前我们社会主义经济的不足，另一方面它可以帮助我们在经济上搞多样性和灵活性。"① 这种关于计划与市场关系的观点，是对苏联模式的突破，反映了当时社会主义和资本主义"和平共处、和平竞赛"的时代特点和时代发展要求。

（三）把马克思主义与中国传统文化结合起来，实现马克思主义的民族化

马克思主义作为一种源于西方的理论，是在西方社会特有的历史条件和文化背景下产生的，由此决定了它所表达的思想内容、所蕴涵的思维方式、行为方式和价值体系与中华民族几千年积淀的文化传统有较大的差异。马克思主义中国化从文化层面上分析，实际上就是一个马克思主义如何与中国传统文化结合的问题，是一个外来的"异质"文化如何在中国传统文化的土壤生根、开花、结果的问题。20世纪50年代在探索社会主义建设道路的过程中，中共第一代领导集体也注意利用传统的思想资料和民族语言，来说明社会主义建设中的诸多问题，这也是马克思主义中国化的重要途径。

1956年8月，毛泽东在同音乐工作者谈话时强调："马列主义的基本原理在实践中的表现形式，各国应有所不同"，主张"创造出中国自己的、有独特的民族风格的东西"。② 他十分看重中国化马克思主义的民族风格、民族气派。这一时期他对中国社会主义建设诸问题的论述，就借用

---

① 中共中央文献研究室编：《刘少奇年谱（1898—1969）》（下卷），中共中央文献出版社1996年版，第399页。

② 参见中共中央文献研究室编《毛泽东文集》（第7卷），人民出版社1999年版，第78、83页。

了传统的思想资料或通俗形象的语言。毛泽东在《论十大关系》中总结苏联对农民的政策时指出："你要母鸡多生蛋,又不给它米吃,又要马儿跑得快,又要马儿不吃草。世界上哪有这样的道理!"① 这就用民族化的语言,形象说明了国家与农民的关系,强调两者必须兼顾,不能只顾一头。

（四）以中国的实践经验为基础,实现中国经验的马克思主义化

马克思主义是一个开放的思想体系,中国经验的马克思主义化,是丰富马克思主义的重要途径。1956 年 6 月 27 日、7 月 2 日,刘少奇两次约中共中央高级党校校长杨献珍、副校长侯维煜谈党校的教学工作。在谈到如何讲授"政治经济学社会主义部分"时说：社会主义部分的一些问题,我们有新的经验,要强调总结我们自己的经验,用我们自己的经验解决我们自己的问题,不能照抄人家的。② 他在八大报告中又强调：党的干部特别是高级干部必须"学会用马克思列宁主义的理论去研究和整理自己的工作经验,在经验中找出具体事物发展的规律性"③。因此,20 世纪 50 年代中共第一代领导集体在探索社会主义建设道路的过程中,十分重视革命和建设经验的总结。

《论十大关系》是总结经验的结果。1956 年 6 月,周恩来在国务院关于体制问题会议上的讲话就说：毛泽东提出的"十大关系是我国进行社会主义革命以来,特别是进行经济建设以来工作经验的总结"④。其实,《论十大关系》除总结了社会主义革命、社会主义建设的经验外,还总结了新民主主义革命的经验。同样,《关于正确处理人民内部的矛盾》提出的关于社会主义社会基本矛盾、两类矛盾的理论,对于知识分子问题、少

---

① 参见中共中央文献研究室编：《毛泽东文集》（第 7 卷）,人民出版社 1999 年版,第 30 页。

② 参见中共中央文献研究室编《刘少奇年谱（1898—1969）》（下卷）,中共中央文献出版社 1996 年版,第 371 页。

③ 中共中央文献编辑委员会编：《刘少奇选集》（下卷）,人民出版社 1985 年版,第 268 页。

④ 参见中共中央文献研究室编《周恩来经济文选》,中央文献出版社 1993 年版,第 265 页。

数民族问题的论述,对于统筹兼顾、适当安排、百花齐放、百家争鸣、长期共存、互相监督等方针的阐释,也总结了新民主主义革命、社会主义革命和社会主义建设的经验。

毛泽东一方面注重从理论上对中国经验进行总结,实现中国经验的马克思主义化;另一方面又不夸大中国经验对于其他国家的借鉴意义。1956年4月,毛泽东在同拉丁美洲一些国家党的代表谈话时指出:"有一点要跟大家说清楚,就是中国的经验只能提供作为参考,照抄则不可。各国应根据自己国家的特点决定方针、政策,把马克思主义同本国特点结合起来。中国的经验,有好的也有不好的,有成功的也有失败的。即使是好的经验,也不一定同别的国家的具体情况相适合。"① 这里实际上以科学客观的态度,对中国化马克思主义的世界意义作出了中肯的评价。

马克思主义中国化是一个复杂的过程,把马克思主义基本原理与中国实际、时代特征、传统文化结合起来,实现中国经验的马克思主义化,是马克思主义中国化的基本途径。

三、马克思主义中国化应当避免的不利倾向

20世纪50年代探索中国社会主义建设道路的过程,出现了一些曲折和失误,其中,有"左"和右的干扰,也有其他一些不利偏向。回溯这个时期的历史,总结这个时期的经验,我们不难看出,马克思主义中国化应当避免的不利倾向主要有如下几个方面。

(一)教条主义的束缚

教条主义是民主革命时期干扰马克思主义中国化的重要因素之一。20世纪50年代在探索社会主义建设道路的过程中,为吸取历史的教训,避免教条主义的影响,对教条主义进行了批判,但又不自觉地受到了教条主义的影响。毛泽东说:"用形而上学的观点来看待马克思主义,把它看成

---

① 参见中共中央文献研究室编《毛泽东文集》(第7卷),人民出版社1999年版,第64页。

僵死的东西，这是教条主义。"① 在他看来："如果每句话，包括马克思的话，都要照搬，那就不得了。我们的理论，是马克思列宁主义的普遍真理同中国革命的具体实践相结合。党内一些人有一个时期搞过教条主义，那时我们批评了这个东西。但是现在也还是有。学术界也好，经济界也好，都还有教条主义。"② 这里，既表明了对教条主义的态度，又分析了教条主义的表征，对于探索社会主义建设道路的中国共产党人来说，无疑具有警醒意义。

但是，20世纪50年代探索社会主义道路的过程中，仍不自觉地受到了教条主义的影响。例如，这一时期的探索对苏联模式突破的力度、广度不够，苏联模式的一些基本特征还是保留下来了，毛泽东后来坦承，"原则和苏联相同"，只是"方法有所不同"。这说明，这一时期的探索仍受到苏联模式的束缚。又如，在社会主义商品经济的认识上，之所以存在较大局限，实际上也是受到教条主义的影响，囿于马克思主义经典作家的观点，囿于苏联的经验，不敢大胆承认社会主义生产资料的商品属性。因此，教条主义在一定程度上影响了20世纪50年代对社会主义建设道路的探索，导致这一时期的探索有突破但突破不够，有创新但创新有限。

（二）经验主义的干扰

经验主义是一种过分崇拜狭隘经验而排拒理论指导的偏差，是主观主义的表现形式之一。这种偏差在民主革命时期发生过，并对马克思主义中国化和中国革命造成了一定的负面影响。20世纪50年代探索社会主义建设道路的过程中，对经验主义同样进行了批判。邓小平说："经验主义，就是只看到一些具体实践，只看到一国一地一时的经验，没有看到马克思列宁主义的原则。"他申明："反对主观主义有两个方面，即反对教条主义和反对经验主义"，教条主义、经验主义"两者我们都反对"。③

但是，经验主义的偏差对社会主义建设道路的探索仍产生了一些影响。比如，对于社会主义建设的长期性、艰巨性认识不足，习惯于用大规

---

① 中共中央文献研究室编：《建国以来毛泽东文稿》（第6册），中央文献出版社1992年版，第394页。
② 中共中央文献研究室编：《毛泽东文集》（第7卷），人民出版社1999年版，第42页。
③ 参见中共中央文献编辑委员会编《邓小平文选》（第1卷），人民出版社1994年版，第259、260页。

模群众运动的方式来从事社会主义建设，这实际上是对民主革命时期经验的沿用；对主要矛盾判断的修改，在一定程度上也是由于沿用民主革命时期经验造成的。由于历史的惯性和社会主义建设经验的缺乏，战争年代的经验自觉或不自觉地被用来设想、看待和处理经济建设中的复杂问题，这是导致社会主义建设道路探索出现曲折的原因之一。

（三）对中国国情认识的浪漫主义

如前所述，20世纪50年代中期，中共第一代领导集体对中国国情进行了较为系统的调查研究，为马克思主义中国化奠定了良好的基础，但随后在如何看待国情的问题上，毛泽东产生了浪漫主义的倾向。1958年4月，毛泽东在介绍河南省封丘县应举农业社时说："六亿人口是一个决定的因素，人多议论多，热气高，干劲大"，"中国六亿人口的显著特点是一穷二白。这些看起来是坏事，其实是好事。穷则思变，要干，要革命。一张白纸，没有负担，好写最新最美的文字，好画最新最美的画图。"① 毛泽东只看到了人多力量大的一面，没有认识到人多所带来的消费、就业等方面的压力；他只看到了"穷则思变"的激励效应，没有充分认识到"一穷二白"给我国经济发展所带来的种种困难。正因为如此，毛泽东曾经乐观地认为："十年可以赶上英国，再有十年可以赶上美国，说'二十五年或者更多一点时间赶上英美'是留了五年到七年的余地的。"② 这种脱离中国国情的认识和判断，导致了马克思主义中国化过程中的曲折。

（四）对知识分子作用的贬低

在马克思主义中国化过程中，无论是马克思主义的传播和研究，还是实践经验的总结和升华，都离不开知识分子的作用，知识分子是推动马克思主义中国化的主体力量之一。新中国成立初期，对于知识分子在革命、建设中的地位和作用，中共第一代领导集体给予了充分肯定。但反右扩大化之后，出现了否定知识分子的倾向，不仅对于知识分子阶级属性的判断

---

① 中共中央文献研究室编：《建国以来毛泽东文稿》（第7册），中央文献出版社1992年版，第177～178页。

② 中共中央文献研究室编：《建国以来毛泽东文稿》（第7册），中央文献出版社1992年版，第179页。

出现失误，对知识分子地位、作用的评价也走向极端。1958年3月，毛泽东在成都会议上说："对于资产阶级教授们的学问，应以狗屁视之，等于乌有，鄙视，藐视，蔑视。"① 同年5月，他在谈到破除迷信时还说："从古以来，发明家都是年轻人，卑贱者，被压迫者，文化缺少者"；"名家是最无学问的，落后的，很少创的"。② 知识分子地位和作用的贬低，对于马克思主义中国化无疑将带来消极影响，由此导致20世纪50年代后期在经济建设过程中出现了种种违背规律、科学甚至常识的现象。

推进马克思主义中国化仍是当代中国共产党人面临的历史使命。透过20世纪50年代探索中国社会主义建设道路的实践，我们可以看到，马克思主义中国化既要具备一定的前提条件和运用恰当的方法，也要消除种种不利倾向、不利因素对马克思主义中国化的干扰。如此，马克思主义中国化才能步入科学的轨道。

（原载《马克思主义研究》2006年第12期）

---

① 中共中央文献研究室编：《建国以来毛泽东文稿》（第7册），中央文献出版社1992年版，第118页。

② 参见中共中央文献研究室编《建国以来毛泽东文稿》（第7册），中央文献出版社1992年版，第194页。

马克思主义中国化的主体探析

究竟谁是马克思主义中国化的主体？这是马克思主义中国化研究必须回答的问题。有学者提出，中国共产党党内从事理论研究的知识分子和积极拥护中国共产党路线和政策的党外知识分子，构成了马克思主义中国化的主体。[①] 也有学者认为，马克思主义中国化的主体包括人民群众、无产阶级、中国共产党、思想家、理论家和领袖。[②] 可见，对于马克思主义中国化主体的认识，学术界仍存在较大分歧。纵观马克思主义中国化的历史进程，我们不难发现，领袖群体、知识分子、人民群众各自发挥了独特的作用，领袖群体、知识分子、人民群众共同构成马克思主义中国化的主体。

一、主体之一：领袖群体

马克思主义中国化既是一个学术问题，更是一个政治问题，自然离不开中国共产党领袖群体作用的发挥。在马克思主义中国化过程中，领袖群体的主体作用可概括为如下几个方面。

（一）领袖群体是马克思主义中国化任务的提出者与马克思主义中国化主题的确立者

马克思主义中国化，是中国历史演进、中国社会发展的客观要求。领袖群体凭借其非凡的历史洞察力与现实感召力，能准确把握历史演进、社会发展的趋势与规律，从而适时提出马克思主义中国化的任务。1938年10月，毛泽东在六届六中全会上倡导马克思主义中国化，实际上是向中国共产党人提出了一项新任务，而非仅仅提出了一个新概念。"马克思主义的中国化，使之在其每一表现中带着中国的特性，即是说，按照中国的

[①] 参见俞吾金《对马克思主义中国化主体的反思》，载《探索与争鸣》2009年第1期。
[②] 参见徐松林《论马克思主义中国化的主体》，载《求实》2006年第8期。

特点去应用它，成为全党亟待了解并亟需解决的问题。"① 显然，毛泽东此言意在向全党提出马克思主义中国化的任务，马克思主义中国化概念的诠释非其旨趣。1982年9月，邓小平在中共十二大开幕词中申明："把马克思主义的普遍真理同我国的具体实际结合起来，走自己的道路，建设有中国特色的社会主义。"② 邓小平此论，侧重点也在提出马克思主义中国化的任务，建构中国特色社会主义理论体系的目标因此而逐渐明晰。

在马克思主义中国化过程中，领袖群体不仅提出了马克思主义中国化的任务，而且根据不同时期的历史使命、实践要求确立了马克思主义中国化的主题。"为什么要革命，如何赢得中国革命胜利""什么是社会主义，如何建设社会主义""建设什么样的党，怎样建设党""实现什么样的发展，怎样发展"等马克思主义中国化的主题，都是领袖群体提出的、确立的。这些理论主题，涵盖了现代化的前提、现代化的道路、现代化的保证等方面，如果集中到一点，就是如何实现中国的现代化。因此，总览马克思主义中国化的历史进程，其理论主题亦可用现代化来概括。理论主题的确立，解决了马克思主义中国化的方向问题，是顺利推进马克思主义中国化的关键所在。

（二）领袖群体是中国国情与时代特征的把握者

中国国情是马克思主义中国化展开的历史前提和现实基础，脱离中国国情就无法实现马克思主义普遍原理与中国具体实际的结合。在构成国情的诸多要素中，社会性质、社会发展阶段是基本国情，对于马克思主义中国化具有决定性意义。而要准确判断社会性质与社会发展阶段，却不是一件容易的事情，既要熟悉中国的历史与现实，又要了解人类社会发展的总趋势与多样性。20世纪30年代，中国知识界对近代中国社会性质进行了广泛讨论，提出了种种不同主张。中国共产党领袖群体在此基础上，经过审慎思考和判断，确认近代中国的社会性质是半殖民地半封建社会，这就解决了新民主主义革命理论、新民主主义社会理论建构的基础性问题。20世纪80年代，中国共产党领袖群体在总结反思新中国曲折发展经验的基

---

① 毛泽东：《论新阶段》，载《解放》第57期（1938年11月25日），第37页。
② 中共中央文献编辑委员会编：《邓小平文选》（第3卷），人民出版社1993年版，第3页。

础上，根据中国社会发展的实际状况和水平，确认我国仍处于并将长期处于社会主义初级阶段。社会主义初级阶段论的确立，为中国特色社会主义理论体系的建构奠定了基石。

马克思主义中国化的过程，既是马克思主义普遍原理与中国具体实际相结合的过程，也是马克思主义普遍原理与时代特征相结合的过程。时代特征是马克思主义中国化展开的国际背景，制约马克思主义中国化的主题、内容、进程，影响中国化马克思主义的理论风格与世界意义。在马克思主义中国化过程中，必须准确分析时代特征，适时回答时代提出的课题。毛泽东对于当时所处的时代及其特征有着清醒认识，明确提出"现在的世界，是处在革命和战争的新时代"[①]。在这一时代背景下，马克思主义中国化自然围绕革命问题而展开，因而新民主主义革命理论成为毛泽东思想的主体内容。十一届三中全会以后，邓小平根据世界各种战略力量实力对比的消长与变化，根据世界经济、科学技术的发展态势以及由此产生的一系列新矛盾、新问题，对时代特征作出了新的判断，认定和平与发展已成为时代主题。在这一时代背景下，马克思主义中国化自然围绕发展问题而展开，中国特色社会主义理论体系实质上是一种关于中国社会发展的理论。因此，领袖群体对时代、时代主题、时代特征的准确把握，使马克思主义中国化适应了时代特征与时代发展要求，赋予了中国化马克思主义鲜明的时代气息和时代特色。

（三）领袖群体是中国化马克思主义理论体系的建构者

在马克思主义中国化过程中，领袖群体在吸收全党、全社会理论智慧与实践经验的基础上，形成了一系列中国化马克思主义的文献，建构了较为完整的中国化马克思主义理论体系。比如，毛泽东通过自己的理论创造，通过吸收全党的理论智慧、升华群众的实践经验，建构了中国革命的系统理论，并初步奠定了社会主义建设理论的基础。邓小平、江泽民、胡锦涛等领袖群体，则在继承前人的基础上，通过理论创新、实践创新，建构了邓小平理论、"三个代表"重要思想、科学发展观等具体理论，进而整合形成了中国特色社会主义理论体系。当然，政治领袖所建构的理论体

[①] 中共中央文献编辑委员会编：《毛泽东选集》（第2卷），人民出版社1991年版，第680页。

系是自为的体系，需要后人去概括、去整理，也需要不断丰富和发展，但就总体而言，其理论体系的完备性、科学性，则是不容置疑的。中国化马克思主义理论体系的建构，既集中展示了马克思主义中国化的理论成果，又为中国革命与建设实践提供了理论指南。

（四）领袖群体是中国化马克思主义理论体系的诠释者

领袖群体在形成理论文本、建构理论体系的过程中，为使理论为大众所接受、所认同，又对理论进行解释、作出说明。比如，在正确处理人民内部矛盾理论大众化的过程中，毛泽东、刘少奇、周恩来在不同场合对这一理论进行了诠释。1957年2月最高国务会议之后，毛泽东乘专列离开北京赴杭州，沿途在天津、济南、南京、上海就正确处理人民内部矛盾问题发表演讲、开座谈会，进一步诠释他的主张。刘少奇则沿京广线一路南下河北、河南、湖北、湖南、广东五省，与领导干部、工人代表、学生代表、民主人士座谈，就如何认识和处理人民内部矛盾广泛听取各方面意见，并就正确处理人民内部矛盾理论进行解释和说明。周恩来对于正确处理人民内部矛盾理论也从不同角度进行了论述，在北京、浙江、上海的相关会议上，阐明了这一理论的基本内容，并试探了苏联对于这一理论的态度和反映。① 因此，在正确处理人民内部矛盾理论大众化的过程中，领袖群体发挥了传播者、诠释者的作用。又如，在中国特色社会主义理论体系大众化的过程中，邓小平在会议、会谈、视察等不同场合，用简洁、明快的语言对中国特色社会主义理论进行了诠释和概括，使广大干部群众明确了这一理论的基本框架、基本内容、理论价值、实践意义，开启了大众的心扉。由于领袖群体是中国化马克思主义的创立者、建构者，其诠释自然最接近理论的真实，最符合理论的本意；由于领袖群体的权威和人格魅力，其诠释也具有足够的解释力、号召力、感染力，因而能收到最佳的传播效果。

（五）领袖群体是马克思主义中国化偏差的纠正者

在马克思主义中国化过程中，由于对马克思主义的误解误读、对中国

---

① 参见陈金龙《试论正确处理人民内部矛盾理论的社会传播路径》，载《中共党史研究》2009年第5期。

国情认识不清、对时代特征把握不准、对传统文化的消极影响反思不力，加上经验不足、思维方式固化等方面的原因，使马克思主义中国化过程出现了一些偏差和失误。领袖群体的政治地位、驾驭能力和理论敏锐，使其具有批判精神、斗争勇气，善于发现和纠正马克思主义中国化过程中的偏差和失误，使马克思主义中国化沿着正确的轨道前行。众所周知，在马克思主义中国化过程中，毛泽东、刘少奇、周恩来等领袖群体批判了教条主义、经验主义，排除了自由主义、保守主义、无政府主义、民粹主义、民主社会主义等思潮的干扰；邓小平批判了"左"右倾错误思潮，支持真理标准大讨论，遏制了历史虚无主义、资产阶级自由化思潮的影响。这些偏差的纠正，消除了马克思主义中国化的阻力，拨正了马克思主义中国化的航船。领袖群体的理论批判精神，成为推动马克思主义中国化的重要力量。

马克思主义中国化任务的提出与主题的确立、中国国情与时代特征的把握、中国化马克思主义理论体系的建构与诠释、马克思主义中国化偏差的纠正等，都是事关马克思主义中国化的重大问题，可以说，领袖群体是马克思主义中国化的主导者。

二、主体之二：知识分子

知识分子是受过专门训练，具有较高文化水平，以创造、积累、传播、应用知识为职业，具有强烈社会责任感的群体。知识分子的文化素养、职业特征、使命意识，使其成为马克思主义中国化的主体之一。

（一）知识分子是马克思主义的传播者

马克思主义的引进和传播，是马克思主义中国化的前提，而担负马克思主义引进和传播任务的首先是知识分子。"五四"前后，留日、留欧、留苏三大学生群体，把各自接触、理解、接受的马克思主义介绍到国内，是引进和传播马克思主义的主体。抗日战争时期，一批投奔延安的知识青年边干边学，在革命实践中逐步成长起来，成为传播马克思主义的重要力量。就马克思主义的传播而言，知识分子所选择的路径主要有：其一，翻译出版马克思主义著作的单行本、专题文集，将外文文本转换成中文文本，将欧洲的思维习惯、表达方式转换成中国的思维习惯、表达方式。如

1921—1927年，翻译出版了《共产党宣言》《雇佣劳动与资本》《哥达纲领批判》《工资、价格和利润》的全译本与《家庭、私有制和国家的起源》的节译本。1927—1937年，仅上海一地，翻译出版马克思、恩格斯著作和书信的单行本、专题文集等就达50多种，其中包括《资本论》（第一卷）、《反杜林论》《哲学的贫困》《政治经济学批判》《费尔巴哈和德国古典哲学的终结》等。① 这些著作的翻译出版，为学习、研究马克思主义奠定了文本基础。其二，通过著书行文传播马克思主义。"五四"前后，知识分子纷纷发表文章，既阐释马克思主义的基本原理与方法，又对各种非马克思主义、反马克思主义思潮进行回应与批判，为马克思主义立足中国赢得了文化空间。20世纪30年代，知识分子发起了马克思主义大众化、通俗化运动，使马克思主义走向大众、贴近大众、服务大众。如艾思奇的《大众哲学》结合大众所关心的问题宣传马克思主义哲学，成为马克思主义哲学大众化的成功范例。其三，通过各种讲坛传播马克思主义。依据萨义德的说法，"知识分子显然是要在最能被听到的地方发表自己的意见，而且要能影响正在进行的实际过程"②。讲坛的声音最能被人听到，因而知识分子在马克思主义中国化过程中，通过大学讲坛、党校讲坛、集会讲坛等，介绍和阐释马克思主义，扩大了马克思主义的影响。就马克思主义的引进和传播而言，主要是由知识分子来承担的。

（二）知识分子是中国国情的探究者

如前所述，领袖群体对国情的准确判断，是以知识分子的探究为基础的。毛泽东在认定近代中国社会性质之前，中国知识界围绕近代中国社会性质问题展开了一场论战。其中，"新思潮派"知识分子通过《新思潮》《读书杂志》等刊物，表明了对于中国社会性质的看法。如1930年4月出版的《新思潮》第5期，集中讨论了中国经济的性质，发表了潘东周的《中国经济的性质》、吴黎平的《中国土地问题》、向省吾的《帝国主义与中国经济》和《中国的商业资本》、王学文的《中国资本主义在中国

---

① 中共中央编译局马恩室编：《马克思恩格斯著作在中国的传播》，人民出版社1983年版，第3、第4页。

② （美）爱德华·W.萨义德著：《知识分子论》，单德兴译，生活·读书·新知三联书店2002年版，第85页。

经济中的地位其发展及其前途》、李一氓的《中国劳动问题》等文章。他们从帝国主义和中国经济的关系、民族资本在中国经济中的地位、农村土地关系等方面，分析了中国经济的性质，指出"中国是半殖民地的国家，帝国主义在中国经济中握有最高的统治权"，"在全国经济生活的比重上，半封建关系仍然占着比较的优势"，① 从而认定近代中国是半殖民地半封建社会。与此同时，"新思潮派"还对"新生命派""动力派"的观点进行了反驳，进一步论证了近代中国半殖民地半封建的社会性质。在此基础上，毛泽东在《中国革命和中国共产党》《新民主主义论》等文中，对中国社会性质进行了系统分析，确认近代中国是半殖民地半封建社会，不仅揭示了半殖民地半封建社会的形成过程，而且概括了半殖民地半封建社会的基本特点。因此，知识界关于近代中国社会性质的讨论，为毛泽东认识中国国情、认清中国社会性质作了基础性的铺垫。又如，《关于建国以来党的若干历史问题的决议》提出"我们的社会主义制度还是处于初级的阶段"② 这一论断之前，知识界展开了一场关于社会主义发展阶段问题的讨论，引用了毛泽东过去的内部讲话，提出了不发达的社会主义和发达的社会主义的阶段划分，"这场讨论，如同理论界对其他一些理论和历史问题的讨论一样，总的来说，同党中央总结历史、起草决议的进程处于良性互动之中"，"是中央在历史决议中作出'我们的社会主义制度还是处于初级的阶段'的论断的背景之一"。③ 此后，知识界对于社会主义初级阶段的性质、特征进行了广泛讨论与具体论证，为中共十三大第一次比较系统地提出和比较详细地论述社会主义初级阶段的理论、路线、战略和各项基本政策提供了重要支撑。应当说，知识分子对中国国情的探究是富有成效的，促进了马克思主义与中国国情的结合。

（三）知识分子是中国化马克思主义文本构建的参与者

中国化马克思主义文本建构，既凝结了领袖群体的心血，也蕴涵了知识分子的智慧。在中国化马克思主义文本建构过程中，知识分子直接或间

---

① 参见高军编《中国社会性质问题论战（资料选辑）》（上），人民出版社1984年版，第203、第209页。
② 参见中共中央文献研究室编《三中全会以来重要文献选编》（下），人民出版社1982年版，第838页。
③ 参见龚育之《党史札记末编》，中共党史出版社2008年版，第123、第124页。

接参与了这一工作。其一,知识分子总结、升华的实践经验,为中国化马克思主义文本构建提供了素材。人民群众的实践经验、实践智慧往往是原始的、分散的、朴素的,知识分子凭借其理论素养、洞察能力,通过缜密思考、科学论证,从理论上对人民群众的实践经验进行总结和概括,使经验性认识上升到理论层面,从而为中国化马克思主义文本构建准备了素材。其二,知识分子所进行的理论创造,为中国化马克思主义文本构建提供启发和参考。比如,艾思奇的《哲学与生活》一书,是继《大众哲学》之后,以答读者问的形式编写的宣传马克思主义哲学的著作,1937年4月由上海读书生活出版社出版。1937年9月,毛泽东读此书时,摘录了其中3000字,并在给艾思奇的信中说:"你的《哲学与生活》是你的著作中更深刻的书,我读了得益很多"。① 艾思奇到延安后,毛泽东曾将"辩证法唯物论(讲授提纲)"的油印本送给他,希望他提出修改意见。艾思奇也提了意见,毛泽东大多采纳了。这说明,知识分子的理论创造对于中国化马克思主义文本构建产生了积极影响。改革开放以来,知识界倡导使用的一些概念,如"社会主义市场经济""政治文明""以人为本",也融入了中国化马克思主义文本之中。如此,知识分子的理论创新,也就成为马克思主义中国化的有机组成部分。其三,知识分子参与中国化马克思主义文本的起草工作。比如,延安时期,范文澜等参与了《中国革命和中国共产党》第一章"中国社会"的起草工作;十一届三中全会后,胡乔木、龚育之等参与了《关于建国以来党的若干历史问题的决议》的起草工作;"十二大"以来,党的历次代表大会的报告、中共中央的重要决议或决定,都有知识分子参与起草工作。因此,就中国化马克思主义文本构建而言,知识分子的贡献不可忽略。

(四)知识分子是中国化马克思主义的传播者与运用者

中国化马克思主义一经形成,就面临向社会传播的任务,在这方面,知识分子既有独特优势,也有责任担当。比如,新中国成立初期,毛泽东的《实践论》《矛盾论》发表后,李达先后撰写了《〈实践论〉解说》《〈矛盾论〉解说》,采取逐段解说的方法,不仅忠实于原著,详细地解说了《实践论》《矛盾论》的内容,而且有所补充和发挥。1951年3月27

---

① 中共中央文献研究室编:《毛泽东书信选集》,中央文献出版社2003年版,第102页。

日，毛泽东致信李达表示："这个《解说》极好，对于用通俗的言语宣传唯物论有很大的作用"，"关于辩证唯物论的通俗宣传，过去做得太少，而这是广大工作干部和青年学生的迫切需要，希望你多多写些文章"。①新中国成立初期，《毛泽东选集》出版后，知识界编写了大量介绍毛泽东单篇著作、某一学说的通俗读物，毛泽东思想的普及、传播，与知识分子的解说、诠释密不可分。在中国特色社会主义理论体系传播过程中，知识分子通过编写学习读本、编辑专题文献、展开学术探讨和争鸣、进教材进课堂等途径，使其有效传播到全社会，赢得了全党、全社会的认同，甚至引起了海外的广泛关注。同时，中国化马克思主义一经形成，就会成为知识分子的理论储备、知识基础，在其从事的教育、研究、管理、艺术等工作中，就会自觉运用中国化马克思主义的立场、观点、方法来分析问题、解决问题，从而显现中国化马克思主义在指导社会变革、社会实践方面的作用。

可见，知识分子承担了马克思主义引进、传播的任务，参与了中国国情的探索与中国化马克思主义文本建构，是中国化马克思主义的传播者与运用者，是马克思主义中国化不可缺少的主体。

三、主体之三：人民群众

人民群众是历史的主体，也是马克思主义中国化的主体。在马克思主义中国化过程中，人民群众的主体作用表现在如下几个方面。

（一）人民群众的理论诉求是马克思主义中国化的动力

理论供给取决于理论诉求，马克思主义中国化的内在动力源于人民群众的理论诉求。马克思主义之所以能在中国传播、之所以要中国化，说到底，是由人民群众的理论诉求决定的。可以说，没有人民群众变革社会的实践对马克思主义的诉求，就不会有马克思主义中国化。而人民群众对于马克思主义的诉求，源于主体活动能力提高的期望与要求。作为历史的创造者，人民群众要创造物质财富和精神财富，推动社会变革，必须不断提

---

① 参见中共中央文献研究室编《毛泽东书信选集》，中央文献出版社2003年版，第375页。

升认识世界、改造世界的能力，而马克思主义对于促进人的自由、全面发展，对于促进人的认识能力、实践能力的提升具有重要意义。同时，依据马克思主义的观点，"理论一经掌握群众，也会变成物质力量。理论只要说服人，就能掌握群众；而理论只要彻底，就能说服人。所谓彻底，就是抓住事物的根本"①。马克思主义只有为群众所掌握、所认同，才能成为实践指南，转化为物质力量，其价值和魅力才能显现出来。因此，马克思主义为人民群众所掌握，既是人民群众的实践需要，也是马克思主义自身发展的要求。

（二）人民群众的理论取向是马克思主义中国化的坐标

人民群众的知识素养、接受能力、思维方式、审美习惯，使其对于马克思主义理论有独特的取向，即要求马克思主义通俗化、具体化、生活化、本土化，这一理论取向也就成为马克思主义中国化的坐标。毛泽东在论及马克思主义中国化时指出："洋八股必须废止，空洞抽象的调头必须少唱，教条主义必须休息，而代之以新鲜活泼的、为中国老百姓所喜闻乐见的中国作风和中国气派。"② 在这里，"老百姓所喜闻乐见"成了中国作风、中国气派的标志，成了马克思主义中国化的准绳。正因为如此，毛泽东要求领导干部"向人民群众学习语言"。在他看来，"人民的语汇是很丰富的，生动活泼的，表现实际生活的"③。事实上，人民群众喜闻乐见的形式和生动活泼的语言，是创造中国作风、中国气派必不可少的元素，有助于推动马克思主义中国化、大众化。毛泽东思想在形成和发展过程中，就融入了大量人民群众喜闻乐见的语言、形式与贴近人民群众实际生活的内容。在中国特色社会主义理论体系形成过程中，邓小平也注意适应人民群众的理论取向与理论诉求，善于利用人民群众之中流传甚广的语言，来表达中国特色社会主义理论的基本观点。如用"摸着石头过河"来表达渐进式的改革路径，用"不管白猫黑猫，捉到老鼠就是好猫"来

---

① 中共中央编译局编译：《马克思恩格斯选集》（第1卷），人民出版社1995年版，第9页。
② 中共中央文献编辑委员会编：《毛泽东选集》（第2卷），人民出版社1991年版，第534页。
③ 中共中央文献编辑委员会编：《毛泽东选集》（第3卷），人民出版社1991年版，第837页。

表达"不争论""发展才是硬道理"的改革策略。如此,中国特色社会主义理论就易于为人民群众所掌握、所接受。

(三) 人民群众的实践智慧是马克思主义中国化的原料

人民群众的实践活动创造和积累了丰富的经验与智慧,是马克思主义中国化的原料来源。毛泽东认为:"任何英雄豪杰,他的思想、意见、计划、办法,只能是客观世界的反映,其原料或者半成品只能来自人民群众的实践中,或者自己的科学试验中,他的头脑只能作为一个加工工厂而起制成完成品的作用,否则是一点用处也没有的。"① 这也就清楚地说明了人民群众的实践智慧在马克思主义中国化过程中的作用。邓小平坦承:"近十年来的成功也是集体搞成的。我个人做了一点事,但不能说都是我发明的。其实很多事是别人发明的,群众发明的,我只不过把它们概括起来,提出了方针政策。"② 邓小平十分重视人民群众的首创精神,尊重人民群众的实践经验,其中最为典型的是家庭联产承包责任制的推行。这一制度本是安徽凤阳农民的一种生产经营方式的创新,是根据社会主义改造完成以后的实践经验创造出来的,凝聚了农民的智慧。但此类生产经营方式与传统社会主义生产经营模式相冲突,不为当时社会所接受。面对这在当时本应视为"异类"的新事物,以邓小平为核心的第二代领导集体没有将它当作"异物"扼杀,而是积极、谨慎地扶持、引导,进而发展成为中国农村的一场历史性变革。1992年,邓小平发表南方谈话时还提道:"农村搞家庭联产承包,这个发明权是农民的。农村改革中的好多东西,都是基层创造出来,我们把它拿来加工提高作为全国的指导。"③ 这说明,邓小平尊重人民群众的实践智慧,尊重人民群众的主体作用,并以人民群众的实践智慧作为自己理论创新的原料来源。中国化马克思主义的原理和方法之中,实际上蕴涵了人民群众的实践智慧。

---

① 中共中央文献研究室编:《建国以来毛泽东文稿》(第7册),中央文献出版社1992年版,第60~61页。
② 中共中央文献编辑委员会编:《邓小平文选》(第3卷),人民出版社1993年版,第272页。
③ 中共中央文献编辑委员会编:《邓小平文选》(第3卷),人民出版社1993年版,第382页。

（四）人民群众的社会实践是检验中国化马克思主义的尺度

中国化马克思主义的科学性、合理性如何？是否符合中国的具体实际？能否满足人民群众的理论诉求？能否发挥指导实践的作用？这些问题的解答，只有回到人民群众的实践之中，由实践去检验、去评判，人民群众的实践结果是评价中国化马克思主义的重要尺度。实践的结果既可以促进中国化马克思主义的完善，也可以修正中国化马克思主义的偏差，实践的检验、评价功能也是推动马克思主义中国化的重要力量。

总之，马克思主义中国化是由人在"化"，因人而"化"，其主体是多元的，不是单一的。领袖群体是马克思主义中国化的主导者，知识分子是马克思主义中国化的推动者，人民群众在马克思主义中国化过程中处于基础性地位，三者共同作用推动了马克思主义中国化。

（原载《马克思主义研究》2010年第5期）

时代特征与马克思主义中国化

马克思主义中国化的过程，既是马克思主义普遍原理与中国具体实际相结合的过程，也是马克思主义普遍原理与时代特征相结合的过程，中国化马克思主义的具体理论形态，都是马克思主义普遍原理与中国具体实际、时代特征相结合的产物。那么，时代是如何划分的、时代特征又是如何形成的？马克思主义中国化过程中为什么要与时代特征相结合？时代特征对于马克思主义中国化的规定性表现何在？马克思主义中国化怎样才能适应时代特征、反映时代发展要求？本文拟就此作一初略探讨。

一、时代划分与时代特征的形成

对所处时代的科学判断和所处时代特征的准确把握，是理解纷繁多变的世界及其未来发展趋势的关键，也是一个国家、一个政党制定基本路线与基本政策、选择发展战略的前提。那么，时代如何划分？时代特征是怎样形成与变化的？这是在揭示时代特征与马克思主义中国化关系之前首先必须回答的问题。

（一）时代的定义及划分

所谓时代，是"具有特定的空间规定性和一定性质的社会历史发展过程"[1]，或者说是世界性的社会发展阶段。

时代的划分，要考虑如下几个方面的要素：①以国际为视野。我们通常所说的时代，是从国际视角来考察的，是超越民族和国家的人类社会发展过程和全球性发展趋势，而不是个别民族和国家的演变过程和发展态势。也就是说，时代存在于世界历史的范围之内，并非直接存在于各个民族和国家的历史发展过程之中。时代的划分，在空间上着眼于世界范围，是对全球发展进程和发展趋势的战略概括。②以生产方式和社会结构为依

---

[1] 叶险明：《"知识经济"批判》，人民出版社2007年版，第153页。

据。划分时代必须首先明确时代性质，确定时代性质是划分时代的逻辑起点。所谓时代性质是指时代中占统治地位的生产方式及其与之相适应的社会关系、力量或因素对时代的规定性。① 马克思、恩格斯划分时代的客观依据，正是生产方式和社会结构。恩格斯指出："每一历史时代主要的经济生产方式和交换方式以及必然由此产生的社会结构，是该时代政治的和精神的历史所赖以确立的基础，并且只有从这一基础出发，这一历史才能得到说明"。② 生产力是生产方式的物质内容，生产关系是生产方式的社会形式，社会结构是社会诸要素稳定的关系及构成方式，其内容就是人与人之间的社会关系。由于生产力最终决定社会发展阶段的性质和社会发展的趋势，划分时代首先必须考察生产力发展的状况。但生产力只是决定时代的主要因素，还不是决定时代的全部内容。对时代的判断除了考察生产力水平之外，还应进一步考察由生产力决定的生产关系，由生产关系决定的一切社会关系，以及由一切社会关系所决定的社会发展趋势，分析政治、经济、文化、社会等构成时代面貌的全部要素。从生产方式和社会结构出发，才能准确判断时代性质，从而科学划分时代。③以未来为取向。对时代的判断既要立足于历史、现实，更要着眼于未来，是从现实出发而对未来发展趋势的预测和发展方向的把握。马克思以社会形态及其演变发展阶段性为主体的科学时代观（"五形态"论），就充分考虑了人类社会的未来愿景，指明了人类社会的发展趋势。以未来为取向，才能昭示时代发展的脉络，凸显时代划分的意义和价值。

（二）时代特征的形成

每一时代都具有自己的特征，这些特征构成了特定时代的历史规定性。所谓时代特征，是指某一社会发展阶段或某一社会发展层面合乎规律的发展状况，既是时代性质的折射，也是时代基本矛盾的集中体现与高度概括。每一时代会呈现多种特征，人们可从不同层面来把握。时代特征的形成是多种因素综合作用的结果，具体有如下几个方面：①社会发展规律的客观性。社会的发展是一个自然历史过程，不以人的主观意志为转移，

---

① 参见叶险明《"知识经济"批判》，人民出版社2007年版，第157页。
② 中共中央编译局编译：《马克思恩格斯选集》（第1卷），人民出版社1995年版，第257页。

人类只能主动地认识、掌握和顺应社会发展规律，而不能主观地改变、违背和对抗社会发展规律。社会发展规律既表现于作为整体的世界历史及其演变发展过程中，又表现于各个民族和国家及其演变发展过程中。时代特征是社会发展规律在世界范围内的动态表现，社会发展规律的客观性决定了时代特征的客观性。任何思想理论要想做到长盛不衰，必须反映时代特征，随时代特征的变化而发展，如偏离时代特征的要求，滞后于时代特征的变化，理论就将失去活力，甚至失去存在的理由。②时代性质的规定性。时代特征不同于时代性质，相对而言，时代特征是复杂的，其呈现具有多面性，时代性质则稳定、单一，时代特征是由时代性质直接或间接决定的，是时代性质的折射和反映。比如，人类自 20 世纪初以来所处的历史时代是资本主义向社会主义过渡，但资本主义生产方式还占统治和支配地位的历史时代，这个时代的多种特征都是由这个时代的根本性质所直接或间接决定的。① 时代特征的形成与变化，实际上源于时代性质的确立与变动。③世界各种力量之间的较量与博弈。时代特征是由那个时代处于世界主导地位或支配地位的力量的本质所决定的，也是国家之间力量和权势基本分布状态的反映。一般来说，西方发达国家走在世界历史的前列，居于世界历史的主导地位，是作用时代特征的主要力量，它们的制度相对而言也易于适应时代特征。然而，由于世界各种力量之间的较量与博弈未曾停止，世界经济、政治、文化、科学技术及世界基本格局处在不断变动之中，时代特征也处在不断变化之中。"战争与革命""和平与发展"等时代特征的形成，就是世界各种力量较量与博弈的结果。时代特征的动态性，决定了一个国家、一个政党路线、方针、政策与时俱进的必要性，也决定了思想理论的发展性。

总之，时代、时代特征既有各自的内涵，又具有内在的统一性。离开时代就没有时代特征可言，时代特征是建立在时代基础之上的，是时代的表达；而离开时代特征，时代也就成为难以把握、不易捉摸的空乏之物，时代的作用也难以认识和发挥。因此，考察人类社会的演变过程及发展趋势，既要划分时代，也要分析时代特征。

---

① 参见叶险明《"知识经济"批判》，人民出版社 2007 年版，第 158 页。

二、与时代特征相结合是马克思主义发展的内在要求

任何理论都是时代的产物,任何理论的发展也是时代推动的结果,马克思主义的产生和发展自然也不例外。在马克思主义中国化的过程中,将马克思主义与时代特征结合起来,既是时代特征作用之下的一种必然选择,也是马克思主义发展的内在要求。

(一) 与时代特征相结合是马克思主义与时俱进的内在机制

任何理论的问世及演进,都有其深刻的时代背景,理论家对某一问题的关注与其说是出于个人的兴趣,还不如说是由于时代的需要。马克思、恩格斯在《德意志意识形态》中指出:"一切划时代的体系的真正的内容都是由于产生这些体系的那个时期的需要而形成起来的。"① 事实上,促使马克思主义诞生及促成马克思、恩格斯思想变革的深层原因,绝不仅仅是理论本身的力量,而是他们所处的时代特征及历史发展作用的结果。马克思主义是自由资本主义时代经济、政治、文化、科技的反映和折射,因而不可避免地带有这个时代的特点,带有这个时代的局限。比如,对当时资本主义发展水平估计过高,对资本主义延伸、扩展能力估计不足,对无产阶级革命的到来估计过快,没有预见到资本主义可以通过自我调整和改革来延长寿命;确信社会主义只有在西方发达国家同时进行革命的情况下才能取得成功,没有预见到各地区、各民族国家政治经济文化发展的不平衡性,会导致世界无产阶级革命道路和进程的多样性、曲折性和复杂性;在社会有机体结构中,突出强调经济因素和政治功能,对于文化的作用明显估计不足,更没有预见到现代科技进步会成为生产力发展的首要因素。② 这些局限,与其说是理论本身的局限,还不如说是时代和历史发展的局限。

随着自由资本主义时代发展为垄断资本主义时代,马克思主义的新生

---

① 中共中央编译局编译:《马克思恩格斯全集》(第3卷),人民出版社1960年版,第544页。
② 参见聂锦芳《清理与超越——重读马克思文本的意旨、基础与方法》,北京大学出版社2005年版,第227、8页。

形态——列宁主义得以形成和提出。1915年，列宁明确指出："从前的'和平的'资本主义时代被当今帝国主义时代所代替"，其"基础就是自由竞争已让位于资本家的垄断同盟，整个地球已被瓜分完毕"。① 1917年，他又进一步申明："帝国主义战争造成惨祸、灾难、破产和粗野——这一切就使目前所达到的资本主义发展阶段成为无产阶级社会主义革命的时代。"② 正是由于时代、时代特征的变化，使马克思主义原来一些反映特定时代、针对特定情况的具体原理、观点，变得有些不合时宜，因而必须改变它、修正它和发展它，只有这样，才能保持马克思主义的生机和活力。正因为如此，才有列宁主义的诞生和问世。可以说，马克思主义与时俱进的理论品质一定程度上是由时代发展和时代特征决定的，时代特征的变化，既对马克思主义的发展提出了新的要求，也为马克思主义的发展提供了新的动力。与时代特征相结合是马克思主义永葆生机和活力的源泉所在，也是马克思主义适应性成长的关键所在。

（二）与时代特征相结合才能体现马克思主义的当代性

时代特征是一种评价坐标和评价尺度，在时代特征的观照下，对马克思主义进行检视和评断，才能突显马克思主义的当代价值和时代魅力，才能发现马克思主义所蕴涵的由于人们实践与认识的局限而被遮蔽了的内容。比如，早在19世纪40年代，马克思、恩格斯就对当时不断发展的世界贸易和不断开拓的世界市场进行了总结，认为随着生产力、交换和分工的发展，各民族的历史将在愈来愈大的程度上成为世界的历史。但马克思、恩格斯的这一思想，长期以来为人们所忽视。正是由于当今时代全球化特征的显现，马克思、恩格斯关于全球化的思想和关于全球社会出现的预言，才受到人们的关注和认同。因此，只有在时代特征的观照之下，马克思主义的当代性才能突显出来。同时，时代特征是就世界发展的阶段性特点来说的，与时代特征相结合，能使马克思主义获得一种普适性的价值和魅力，从而更加彰显马克思主义的当代性，有助于实现马克思主义的当代化。

---

① 参见中共中央编译局编译《列宁全集》（第26卷），人民出版社1988年版，第242页。
② 参见中共中央编译局编译《列宁全集》（第29卷），人民出版社1985年版，第474页。

（三）与时代特征相结合是马克思主义由理论形态转变为实践形态的通道

马克思主义是一种实践的理论，马克思主义的使命以及存在的意义在于指导现实、指导实践。马克思在《关于费尔巴哈的提纲》中指出："哲学家只是用不同的方式解释世界，问题在于改变世界。"① 马克思主义要超越"解释世界"的功用，发挥"改变世界"的作用，体现其改造世界的情怀、理想和境界，必须结合时代特征，获得时代意义。背离时代特征的理论，既难以得到时代的认同，也难以转化为实践的指南。马克思主义之所以要与时代特征相结合，从根本上说是由其实践品格决定的，是马克思主义由理论形态转变为实践形态的需要。因为，任何实践都是一定时代条件之下的实践，任何实践都受到时代特征的制约。马克思主义的实践品格要求不断关注时代的发展，时刻保持对时代特征及其发展趋向的敏感和热忱，以使实践与时代发展的节奏相契合，与时代发展的特征相适应。

因此，马克思主义的发展性、当代性、实践性，都要求在马克思主义中国化的过程中，将马克思主义的普遍原理与时代特征结合起来。适应时代特征，顺应时代潮流，这是马克思主义发展的内在要求。

三、时代特征对于马克思主义中国化的客观制约性

马克思主义中国化既受制于中国的具体实际，也受制于时代特征。时代特征对于马克思主义中国化的客观制约性具体表现在如下几个方面。

（一）时代特征制约马克思主义中国化的主题

时代特征是时代性质、时代基本矛盾的折射和反映，决定了一定历史时期世界发展的走向和趋势，因而也就规定了一定历史时期中国社会发展面临的主要任务，制约了马克思主义中国化的主题。从马克思主义中国化的历史进程来看，马克思主义中国化主题的确立及转换，与时代特征的制约密不可分。1940年，毛泽东在《新民主主义论》中提出："现在的世

---

① 中共中央编译局编译：《马克思恩格斯选集》（第1卷），人民出版社1995年版，第61页。

界，是处在革命和战争的新时代，是资本主义决然死灭和社会主义决然兴盛的时代。"① 在这样的时代特征背景下，马克思主义中国化自然围绕革命问题而展开，因而新民主主义革命理论成为毛泽东思想的主体内容。新中国成立后，尽管当时战争的危险依然存在，但毛泽东和第一代领导集体其他成员敏锐地洞察到了世界和平的曙光和发展的趋势，并在理论和实践上作出了一定的回应，新民主主义社会理论和社会主义建设理论实际上反映了第二次世界大战结束后的时代特征。十一届三中全会以后，邓小平根据世界各种战略力量实力对比的消长与变化，根据世界经济、科学技术的发展态势以及由此产生的一系列新矛盾、新问题，对时代特征作出了新的判断。邓小平指出："现在世界上真正大的问题，带全球性的战略问题，一个是和平问题，一个是经济问题或者说发展问题。和平问题是东西问题，发展问题是南北问题。概括起来，就是东西南北四个字。南北问题是核心问题。"② 在和平与发展的时代特征背景下，马克思主义中国化自然是围绕发展问题而展开的，邓小平理论实质上是一种关于中国社会发展的理论。时代特征的嬗变和转换，决定了马克思主义中国化主题由革命到发展的嬗变和转换。

（二）时代特征制约马克思主义中国化的内容

马克思主义中国化的过程，也是对马克思主义进行选择的过程，时代特征成为选择马克思主义的重要依据和参照。如在以战争与革命为特征的时代，马克思主义中国化面临的主要任务是马克思主义关于革命理论的本土化。在马克思主义中国化的过程中，中国共产党人之所以首先传播、接受的是马克思主义的唯物史观，首先认同的是马克思主义的阶级斗争理论、暴力革命理论、无产阶级专政理论，说到底是由时代特征决定的。1926年3月，毛泽东在就纪念巴黎公社的重要意义发表讲演时强调："马克思说：'人类的历史，是一部阶级斗争史。'这是事实，不能否认的。人类由原始社会进化为家长社会、封建社会以至于今日之国家，无不是统

---

① 中共中央文献编辑委员会编：《毛泽东选集》（第2卷），人民出版社1991年版，第680页。

② 中共中央文献编辑委员会编：《邓小平文选》（第3卷），人民出版社1993年版，第105页。

治阶级与被统治阶级之阶级斗争的演进……我们向来读中国史，不注意阶级斗争的事实，其实四千多年的中国史，何尝不是一部阶级斗争史呢？"①毛泽东对马克思主义的这一解读和对中国历史的这一诠释，显然是时代特征作用的结果。在以和平与发展为特征的时代，马克思主义中国化面临的主要任务是马克思主义关于建设理论的中国化。邓小平理论之所以继承马克思主义重视生产力发展的理论，发展晚年马克思提出的社会主义本质二重性的新思想和东方国家"跨越卡夫丁峡谷"的新道路，邓小平理论之所以发展列宁的社会主义本质观、社会主义重心观、商品经济观、资本主义观、全盘改革观、可控改革观，提出中国特色社会主义建设的一系列思想，实际上是由时代特征决定的。②"三个代表"重要思想的形成，科学发展观的提出，也是时代特征作用的结果。因此，时代特征的发展变化，制约了马克思主义中国化内容的发展变化。

（三）时代特征制约马克思主义中国化的进程

时代特征是变动的而不是凝固的，时代特征变化的过程及变化的速度，制约了马克思主义中国化的进程。20世纪上半叶，由于革命力量的成长、制止战争力量的增强需要一个过程，使时代特征的嬗变相对缓慢，导致马克思主义中国化的进程相对平缓，毛泽东思想从萌芽、形成到成熟，经历了一个较长的过程。20世纪70年代以后，由于时代特征嬗变的节奏加快，使马克思主义中国化的进程也有所加快，邓小平理论尽管"始于毛，成于邓"，但其形成和发展的节奏较之毛泽东思想，还是明显要快一些。进入20世纪90年代，尽管时代性质没有发生根本性的变化，但时代特征出现了许多新情况、新特点，如科技进步日新月异，经济全球化进程加快发展，世界格局多极化的趋势不可逆转，以经济力、科技力、军事力、凝聚力为主要内容的综合国力的竞争日趋激烈，"三个代表"重要思想正是针对时代特征的这些变化和国内形势的发展而提出来的。"三个代表"重要思想的形成，是马克思主义中国化进程加速的表征。因此，马克思主义中国化进程的长短、快慢，实际上受到时代特征的制约。

---

① 中共中央文献研究室编：《毛泽东文集》（第1卷），人民出版社1993年版，第34～35页。

② 参见王东《邓小平理论与跨世纪中国》，北京出版社1999年版，第142～143页。

（四）时代特征影响中国化马克思主义的理论风格

理论风格与理论主旨、思想家的个性相关，也不可避免地会打上时代的烙印，时代特征不同，理论风格也将呈现明显的差异。在以战争与革命为特征的时代，马克思主义中国化的任务主要是为革命的合法性提供理论论证和理论支撑，因而毛泽东思想的革命性、论战性、批判性较为明显。新民主主义革命时期，毛泽东的不少文章就是为了澄清有碍中国革命的言论而写的。如《中国社会各阶级的分析》是为了批判党内在农民问题上存在的错误倾向而写的，《湖南农民运动考察报告》是为了答复党内外对于农民运动的责难而写的，《星星之火，可以燎原》是为了批评林彪及党内一些同志对时局估量的悲观思想而写的，《抗日游击战争的战略问题》是为了批判党内外轻视游击战争的战略作用而写的，《论持久战》是为了批判"亡国论""速胜论"的错误观点而写的。正因为如此，毛泽东思想的批判、论战色彩较为浓厚。不仅如此，新民主主义革命时期，在推进马克思主义中国化的过程中，中国共产党人对帝国主义、封建主义、官僚资本主义进行了系统的批判，在批判中明确了中国革命的任务和对象；对中国社会各阶级存在的弱点进行了深刻的批判，在批判中明确了中国革命的动力、同盟者。

在以和平与发展为特征的时代，马克思主义中国化的主要任务是探讨什么是社会主义、如何建设社会主义的问题，因而邓小平理论的建设性、发展性、宽容性较为突出。邓小平理论是围绕中国特色社会主义建设而展开的，无论是对社会主义本质的界定，还是对社会主义初级阶段根本任务的认识，无论是对改革开放的倡导，还是对发展阶段的设计，无论是对发展道路的抉择，还是对发展模式的构建，都是为了建设中国特色社会主义。建设性、发展性的理论，无疑是邓小平理论的主体构成部分。此外，对于社会主义与资本主义关系的处理，对于多种经济成分存在合理性的承认，对于祖国统一模式的设计，邓小平理论则表现出了宽容的姿态。

当然，毛泽东思想也包含了诸多建设性、发展性、宽容性的内容；邓小平理论也有针砭时弊的品格，对中国社会乃至西方社会存在的诸多问题进行了毫不留情的批判。但由于时代特征的不同，二者理论风格的主脉还存在明显的差异。

（五）时代特征影响中国化马克思主义的世界意义

适应时代特征的中国化马克思主义，才有可能既是中国的，也是世界的。应该肯定，世界各国都有自己的历史特点，都有自己的发展模式和发展道路，但也必须承认全世界同一类型的国家存在某种具有共性的问题。适合于特定国家的理论和政策不可生搬硬套，更不得强加于人，但经过实践检验证明是正确的且适应时代特征的理论和政策，则对同一类型的国家往往具有借鉴意义。谈到改革问题时，邓小平就说："这场改革不仅影响中国，而且会影响世界"；"我们的改革不仅在中国，而且在国际范围内也是一种试验，我们相信会成功。如果成功了，可以对世界上的社会主义事业和不发达国家的发展提供某些经验"。① 邓小平之所以肯定中国改革的世界意义，就是由于中国的改革反映了当今时代特征，因而对于越南、朝鲜等国的改革和发展，具有一定的借鉴意义。实践证明，只有反映时代特征，适应时代发展要求，中国化马克思主义才能获得一定的世界意义，与时代特征脱节的中国化的马克思主义，是难以获得世界其他国家和民族认同的。

可见，时代特征对于马克思主义中国化的主题、内容、进程和中国化马克思主义的理论风格、世界意义，都有一种客观制约性。但在较长时间内，理论上对此认识不足。如十一届六中全会通过的《关于建国以来党的若干历史问题的决议》，在说明毛泽东思想的内涵与形成时，只是强调毛泽东思想是"马克思列宁主义普遍原理和中国革命具体实践相结合的产物"②，时代特征对于马克思主义中国化的重要性则未能论及。中共十三大报告在论述中国特色社会主义理论时，依然只是强调："有中国特色的社会主义，是马克思主义基本原理同中国现代化建设相结合的产物，是扎根于当代中国的科学社会主义"，未能将中国特色社会主义理论的形成与时代特征结合起来考察，但在论述科学社会主义从学说到实践、从一国实践到多国实践的发展时，开始注意到了时代的作用，提出这是"科学

---

① 中共中央文献编辑委员会编：《邓小平文选》（第3卷），人民出版社1993年版，第118、135页。

② 中共中央文献研究室编：《三中全会以来重要文献选编》下，人民出版社1982年版，第825页。

社会主义理论同各国实践和时代发展的结合"①。中共十四大报告在评述中国特色社会主义理论时则明确指出:"它是马克思列宁主义基本原理与当代中国实际和时代特征相结合的产物。"② 中共十五大报告在确立邓小平理论指导地位的同时,重申邓小平理论是"马克思主义同当代中国实践和时代特征结合起来"③ 的产物。这样,中国化马克思主义是马克思主义基本原理与中国实际和时代特征相结合的产物,在全党已形成共识。

当然,在考察时代特征对于马克思主义中国化的客观制约性时,我们还应当看到,时代特征毕竟只是马克思主义中国化的外部环境,且在时代特征相对稳定的情况下,推动马克思主义中国化的主要动力是中国的具体实际,我们不能因为强调时代特征对于马克思主义中国化的制约作用而忽略中国的具体实际对于马克思主义中国化的内在规定性。

四、马克思主义中国化过程中与时代特征相结合的路径依赖

既然时代特征对于马克思主义中国化具有客观制约性,那么,在马克思主义中国化的过程中,怎样才能做到与时代特征相结合?

(一)准确把握时代特征,正确认识时代特征与中国实际的关系

把握时代特征是实现马克思主义与时代特征相结合的前提。在马克思主义中国化的过程中,既要准确判断世界历史发展所处的大时代,又要科学分析时代的不同发展阶段所具有的特征。列宁曾就认识时代特征与制定策略的关系作过这样的论述:"即首先考虑到各个'时代'的不同的基本特征(而不是个别国家的个别历史事件),我们才能够正确地制定自己的策略;只有了解了某一时代的基本特征,才能在这一基础上去考虑这个国

---

① 中共中央文献研究室编:《十三大以来重要文献选编》上,人民出版社1991年版,第55页。
② 中共中央文献编辑委员会编:《江泽民文选》(第1卷),人民出版社2006年版,第221页。
③ 中共中央文献编辑委员会编:《江泽民文选》(第2卷),人民出版社2006年版,第9页。

家或那个国家的更具体的特点。"① 对时代特征认识不清，不仅无法判断世界发展趋势，而且很难了解民族和国家的具体情况，当然也就谈不上制定正确的策略。因此，在马克思主义中国化的过程中，首先要以宽广的眼界观察世界，认清世界历史发展所处的大时代，准确把握时代性质和每一发展阶段的时代特征。时代特征是马克思主义中国化的坐标，揭示了时代特征，也就明确了马克思主义中国化面临的主要任务，确立了马克思主义中国化的主题和内容。从历史经验来看，时代特征判断的失误，是导致马克思主义中国化出现曲折的重要原因。

在把握时代特征的基础上，应进一步分析时代特征在中国的表现和特点，把握中国国情和发展趋势。由于中国是世界的一部分，时代特征不可避免地会在中国实际中呈现出来，且随着全球化程度的加深，时代特征对于中国实际的制约和影响作用会越来越明显。但时代特征毕竟是国际视野下人类社会合乎规律的发展状况与发展趋势，与中国实际可能出现非同步性。因此，考察中国实际必须置于时代特征背景之下，脱离时代特征无法真正把握中国实际；时代特征又不完全等同于中国实际，对时代特征的把握不能取代对中国实际的分析。时代特征制约了马克思主义中国化的宏观背景和外部环境，中国实际是马克思主义中国化立足的具体国情和内在要素。在马克思主义中国化的过程中，既要关注时代特征，也要重视中国实际，如此才能实现马克思主义与中国实际、时代特征的结合。将时代特征、中国实际与马克思主义有机结合起来，才能有效推进马克思主义中国化，使中国化马克思主义既符合中国实际，又具有时代特点。

（二）结合时代特征对马克思主义进行当代解读，实现马克思主义的当代化

在马克思主义中国化的过程中，要准确把握马克思主义的基本原理，掌握马克思主义的精神实质，必须采取历史主义的态度，把马克思主义放到其创始人所处的那个时代去分析，结合那个时代的特点来说明。同时，站在当今时代的高度，结合建设和发展中国特色社会主义的实践，对马克思主义进行当代解读，揭示其契合当今时代特征的内容，明确当代用以中国化的马克思主义的本源，是马克思主义中国化的题中应有之义，也是实

---

① 中共中央编译局编译：《列宁全集》（第26卷），人民出版社1988年版，第143页。

现马克思主义当代化的必由之路。只有如此，才能展示马克思主义的当代意义和当代价值，诠释马克思主义的当代合法性。马克思、恩格斯的文本是凝固的、静态的，但由于时代和认识的局限，马克思、恩格斯思想中的部分内容有被遮蔽的可能，从时代特征出发，挖掘其与时代特征相吻合的内容，为马克思主义中国化提供理论源泉，是马克思主义中国化不可缺少的一项工作。尽管这种解读由于"过分突出那些与现实观点契合或相近"的部分和思想，可能"会肢解文本的完整性"[①]，但将马克思主义置于当今时代特征之下来解读、来审视，甚至重建马克思主义的当代形态，为马克思主义中国化提供理论根基，仍然是十分必要的。只有实现马克思主义的当代化，才能实现马克思主义中国化。需要注意的是，这种解读不能主观臆想，不能为我所用，而应当科学地从马克思主义的历史性研究、文本研究中延伸出其现实意义、当代价值。这是深化马克思主义研究的需要，也是马克思主义中国化的需要。

（三）科学回答和解决时代提出的课题，为马克思主义注入时代内容

每一时代都有其需要回答和解决的课题，马克思主义中国化的主题和任务实际上来源于时代提出的课题，来源于时代对于理论发展的诉求，对时代问题的回答和解决构成了马克思主义中国化的主线和脉络，由此使中国化马克思主义具有鲜明的时代特色。如前所述，毛泽东思想、邓小平理论所集中探讨和解决的问题，实际上来源于时代提出的课题，来源于时代对于理论的呼唤。由于时代特征不同，毛泽东思想、邓小平理论所回答和解决的问题也不完全一样，理论特色上亦存在明显的差异。历史进入21世纪，实现什么样的发展、如何发展成为时代提出的迫切需要回答和解决的问题，科学发展观的提出，既顺应了当今时代的发展潮流，也反映了当代中国的发展要求，是对时代问题的科学回答和合理解决。适时回答时代提出的课题，使马克思主义从时代吸收新元素、补充新养分，为马克思主义增添反映时代特征的新内容，将使马克思主义更加贴近时代、贴近现实，更加富有时代气息。需要强调的是，在回答和解决时代问题的过程

---

① 聂锦芳：《清理与超越——重读马克思文本的意旨、基础与方法》，北京大学出版社2005年版，第2页。

中，既要以时代特征为参照，紧密结合时代特征来分析，又要立足于中国国情，紧密结合中国实际来说明，落后、超越时代特征或脱离中国实际，都无助于时代问题的解答；既要运用马克思主义的立场、观点和方法来解答时代问题，又要敢于依据时代特征的变化突破马克思主义与时代特征相悖的个别观点或结论；既要解答中国经济社会发展中提出的重要问题，为中国经济社会发展指明出路，又要解答国际社会发展中面临的重大问题，为国际社会发展指明方向。科学回答时代提出的课题，是马克思主义与时代特征相结合的重要途径，也是马克思主义与时代特征相结合的着力点。

（四）实现马克思主义与时代特征相结合的主体条件

在马克思主义中国化过程中，无论是对时代特征的把握和对马克思主义的当代解读，还是回答和解决时代课题、为马克思主义注入时代内容，都离不开主体的努力。作为推进马克思主义与时代特征相结合的主体，必须掌握划分时代、判断时代特征的方法，具有关注时代与时代特征变化的敏感和自觉，只有善于捕捉时代与时代特征的变化，才能在理论上作出回应和升华。同时，推进马克思主义与时代特征的结合，离不开主体的责任意识与使命意识，只有认识到推进马克思主义与时代特征的结合是当代中国共产党人肩负的重任和使命，才能在马克思主义中国化的过程中自觉将马克思主义和时代特征结合起来，使马克思主义从时代获得新的生命力和解释力。再者，马克思主义与时代特征相结合是一项创造性的工程，需要突破原有的观点或结论，需要提出新的理论或主张，没有主体独立思考的品格，没有主体开拓创新的精神，同样是难以实现的。因此，主体的独立思考品格和开拓创新精神，对于实现马克思主义与时代特征的结合至关重要。

总之，时代特征与马克思主义中国化具有一种内在的关联。在推进马克思主义中国化的过程中，既要正确处理马克思主义普遍原理与中国实际相结合的关系，也要妥善处理马克思主义普遍原理与时代特征相结合的关系，将马克思主义普遍原理与中国实际、时代特征有机结合起来，才能有效推进马克思主义中国化。

（原载《马克思主义研究》2008 年第 9 期）

关于道路自信、理论自信、制度自信的思考

中共十八大报告提出全党要坚定中国特色社会主义"道路自信、理论自信、制度自信"①，这是中国共产党执政治国理念的创新，也是实现民族复兴的价值支撑和精神力量。"三个自信"的提出，是基于近代以来的历史选择、改革开放以来的实践证明和人民群众的认同支持，与国际社会对中国特色社会主义的高度关注、积极评价密切相关，也是应对全球化冲击的自我保护策略。中共十八届三中全会通过的《中共中央关于全面深化改革若干重大问题的决定》进一步强调："面对新形势新任务，全面建成小康社会，进而建成富强民主文明和谐的社会主义现代化国家、实现中华民族伟大复兴的中国梦，必须在新的历史起点上全面深化改革，不断增强中国特色社会主义道路自信、理论自信、制度自信。"② 如此，既彰显了"三个自信"对于实现民族复兴的重要意义，也说明了全面深化改革与提升"三个自信"的内在关系。中共十八大之后，学术界对于"三个自信"提出的依据、内涵、意义等问题研究较多，但对于"三个自信"的实质、特征、社会功能等问题研究较少，有待进一步厘清；对于提升"三个自信"具体路径的研究，也有待开阔视野。本文拟就此进行探讨，以深化对"三个自信"基本理论问题的认识。

一、道路自信、理论自信、制度自信的实质

"三个自信"的实质是什么，这是诠释"三个自信"首先必须回答的问题。概而言之，"三个自信"既是一种积极的心理状态、坚定的政治信

---

① 胡锦涛：《坚定不移沿着中国特色社会主义道路前进 为全面建成小康社会而奋斗——在中国共产党第十八次全国代表大会上的报告》，人民出版社 2012 年版，第 16 页。
② 《中共中央关于全面深化改革若干重大问题的决定》，载《人民日报》2013 年 11 月 16 日。

念，也是一种理性的改革智慧、发展战略。

（一）"三个自信"是一种积极的心理状态

自信属于心理学研究的范畴，就其基本内涵而言，是一种积极、健康的心理状态，相信自己的力量而一往无前，不为任何困难所惧，不为任何干扰所惑，把全部精力集中到所追求的目标上。中国特色社会主义发展到今天，既面临世界其他国家社会转型中出现的共性问题，又面临由基本国情和主要矛盾引发的特殊挑战，机遇与挑战并存、动力与压力同在。特别是要将世界最大的发展中国家转变为世界最大的发达国家，殊为不易，将经历一个较长时期的探索，也将遭遇不少难以逾越的困难和障碍。中共十八大报告坦承："发展中国特色社会主义是一项长期艰巨的历史任务，必须准备进行具有许多新的历史特点的伟大斗争。"① "三个自信"的提出表明，中国共产党人不惧挑战，没有被困难所吓倒，将以积极的态度、达观的精神面对困难，化解发展中出现的各种问题，朝着既定的目标、方向奋力前行。

（二）"三个自信"是一种坚定的政治信念

邓小平曾说："我坚信，世界上赞成马克思主义的人会多起来的，因为马克思主义是科学。它运用历史唯物主义揭示了人类社会发展的规律。"② 2008年世界金融—经济危机发生后，国际社会出现的"马克思的复兴"或"马克思主义的回归"现象，表明了邓小平预见的科学性。然而，最近一个时期，国内真正信仰马克思主义主义的人少了，将共产主义作为理想追求的人少了，有人甚至认为共产主义太遥远，没有必要拿到世俗生活中来讨论。针对这一现实，中共十八大报告指出："对马克思主义的信仰，对社会主义和共产主义的信念，是共产党人的政治灵魂，是共产党人经受住任何考验的精神支柱。"③ 在少数人信仰迷茫、信念动摇的背

---

① 胡锦涛：《坚定不移沿着中国特色社会主义道路前进 为全面建成小康社会而奋斗——在中国共产党第十八次全国代表大会上的报告》，人民出版社2012年版，第13页。
② 中共中央文献编辑委员会编：《邓小平文选》（第3卷），人民出版社1993年版，第382页。
③ 胡锦涛：《坚定不移沿着中国特色社会主义道路前进 为全面建成小康社会而奋斗——在中国共产党第十八次全国代表大会上的报告》，人民出版社2012年版，第50页。

景下，中共十八大提出"三个自信"，既是一种政治宣言，也是一种政治承诺，意在表达中国共产党人对马克思主义、共产主义的坚定信仰和信念。因为，马克思主义是中国特色社会主义的理论指南，共产主义是中国特色社会主义的最终归宿，对中国特色社会主义的自信实际上包含对马克思主义的信仰、对共产主义的信念。

（三）"三个自信"是一种理性的改革智慧、发展战略

经历30多年的改革之后，中国再次走到了十字路口。路在何方？主张走"老路"者有之，留恋以往计划经济时代，对改革的现实和历史否定多、肯定少，将中国经济社会发展过程中不可避免出现的矛盾和问题归因于改革本身；主张走"邪路"者有之，以新自由主义作为中国改革的理论支撑，力图通过移植西方道路、理论与制度西化中国，将社会主义市场经济体制下"国"与"民"的关系简单对立起来；主张走"古路"者有之，要求"用儒学取代马列主义""立儒教为国教"，把中国传统文化上升到国家意识形态的地位，发出"儒化社会主义""儒化共产党""儒化中国"的呼声，具有强烈的"怀旧"心态。各种主张之间分歧大、争论多，杂音噪音不少，成为妨碍全面深化改革的绊脚石。在此背景下，中共十八大提出"三个自信"，意在表明中国的指导思想、发展道路、社会制度不会改变，中国的改革目标、改革方向、改革决心不会动摇，以回应各种思潮对改革道路的误判，消解改革道路选择的分歧，达成改革道路选择的共识，做到不折腾、不懈怠，合力推进中国特色社会主义事业的发展。

因此，"三个自信"不是一般的意识形态话语构建，而是关系中国发展方向、发展前景的战略选择，是立足当代中国现实、回应实践发展诉求的重大理论创新。认清"三个自信"的实质，才能深刻把握其理论意义与实践价值。

二、道路自信、理论自信、制度自信的主要特征

"三个自信"有其独特内涵，也有其显著特征。既是国家自信、民族自信与政党自信的统一，也是历史自觉、现实评判与未来预期的统一；既是合规律性与合目的性的统一，也是民族性与世界性的统一。

(一)"三个自信"是国家自信、民族自信、政党自信的统一

就国际社会而言,国家是最基本的成员,是国际关系的主要参加者;而对普通民众来说,国家是生存之所、发展之依。"三个自信"首先是对国家发展现状、发展前途的自信,是经历新中国成立60多年发展之后国家自信的彰显和国家形象的展示。同时,民族自信是民族凝聚、民族复兴的基础,中华民族的悠久历史、灿烂文化,滋润了中华民族的自信心、自豪感。中国特色社会主义道路是实现民族复兴之路,中国特色社会主义理论是实现民族复兴的指南,中国特色社会主义制度是实现民族复兴的保障,"三个自信"实际上是对中华民族历史传统、发展现状、发展前景的自信,是民族自信的表达。再者,中国共产党是中国的执政党,是实现民族复兴历史重任的承担者,"三个自信"是中国共产党的庄严承诺和表达,折射出来的是一种政党自信,既是中国共产党对国家前途、民族复兴的自信,也是中国共产党对自身执政能力、执政水平的自信。民众从"三个自信"的承诺和表达,可以感知中国共产党的执政能力和执政水平,获得对于中国共产党的信任和信心。马丁·雅克在其《当中国统治世界》一书中,充分表达了对于中国共产党的信心。他指出:"由于共产党政府主导的社会转型取得了巨大成功,因此国内声望和支持率非常高,这反映在中国人展望前景时表现出的自信中。在未来更长时期内,中国共产党仍将继续执政。而且,考虑到中国共产党取得的成就,我们不应该惊讶它的全球声望会出现提高,这个过程已经开始了。"① "三个自信"之中,实际上蕴涵这种对于中国共产党执政前景的自信。

(二)"三个自信"是历史自觉、现实评判与未来预期的统一

现实由历史发展而来,中国特色社会主义道路、理论、制度的选择,是基于近代以来170多年历史经验,特别是新中国成立后经济社会发展历史经验的科学总结,是历史已经证明适合中国国情的道路、理论、制度。

---

① (英)马丁·雅克著:《当中国统治世界——中国的崛起和西方的衰落》,张莉、刘曲译,中信出版社2010年版,第314页。

近代以来，资本主义道路、理论、制度在中国实践过，但历史已经证明行不通；传统社会主义道路、理论、制度在中国实践过，但效果也不尽如人意。"三个自信"是建立在历史经验、历史选择、历史自觉基础之上的，将经得起历史的检验和证明。同时，经过新中国成立后60多年的建设，特别是改革开放以来30多年的发展，中国已从地区大国发展成为新兴世界强国，国际地位提升，国际竞争力、影响力增强，对世界经济增长的贡献率逐渐加大，赢得了世人的关注和赞誉，这是"三个自信"生成的现实基础。再者，"三个自信"基于历史、立足现实，更着眼未来，是对国家、民族未来发展方向、发展前景的前瞻和预见，是对未来国家发展、民族复兴前景和人民幸福程度的自信。

（三）"三个自信"是合规律性与合目的性的统一

历史发展的客观规律性与人在历史活动中追求的目的性是内在统一的。在恩格斯看来，一方面，"根据唯物主义观点，历史中的决定性因素，归根结蒂是直接生活的生产和再生产"①；另一方面，"在社会历史领域内进行活动的，是具有意识的、经过思虑或凭激情行动的、追求着某种目的的人；任何事情的发生都不是没有自觉的意图，没有预期的目的"②。这表明，人们创造历史的活动既要遵循客观规律，又要发挥主观能动性，是合规律与合目的的统一。社会主义从空想到科学、从理论到实践、从一国实践到多国实践，尽管经历了高潮与低潮、成功与挫折，但人类社会发展总的趋势没有改变，"三个自信"体现了中国共产党人对人类社会发展客观规律的正确认识和把握。同时，中国特色社会主义传承了科学社会主义的真谛，吸取了其他社会主义国家兴衰成败的经验，是中国共产党人结合中国实际和时代特征而进行的创造，道路选择、理论创立、制度建构内含中国共产党人的主体性、创造性，体现了中国共产党的价值追求；中国特色社会主义道路、理论、制度也蕴涵人民群众的智慧，表达了人民群众的向往，赢得了人民群众的认同和支持。可以说，"三个自信"是合规律

---

① 中共中央编译局编译：《马克思恩格斯选集》（第4卷），人民出版社1995年版，第2页。
② 中共中央编译局编译：《马克思恩格斯选集》（第4卷），人民出版社1995年版，第247页。

性与合目的性的统一。

（四）"三个自信"是民族性与世界性的统一

"三个自信"主要是就中国特色社会主义来说的，是立足于中国对社会主义的自信，但它实际上表达了对世界社会主义的自信，"只有中国才能救社会主义"的说法，彰显了中国在世界社会主义实践中的地位，对中国特色社会主义的自信也就意味着对世界社会主义实践的自信，是民族自信向世界自信的转化。同时，"三个自信"是中华民族自信的表达，也是世界其他民族对中国信心的表达。曾经鼓吹"历史终结论"的福山，2009年年初接受日本《中央公论》记者专访时坦承："客观事实证明西方自由民主可能并不是历史进化的终点，随着中国的崛起，所谓'历史终结论'有待进一步推敲和完善，人类思想宝库需要为中国传统留有一席之地。"① 俄罗斯科学院院士季塔连科在《中国找到了一条符合国情的发展道路》一文中也说："中国的成功具有巨大的国际意义，让人们有信心解决本国的问题。说中国经验有国际意义，并不是要简单地重复中国的经验，而是为其他国家的人民提供了思索的源泉。中国的实践证明，经过30年的改革开放，中国不仅解决了本国的问题，也为全世界树立了榜样。"② 持类似观点的西方学者、政要、媒体不在少数。这表明，"三个自信"是建立在世界其他国家和民族对中国特色社会主义认同基础之上的，是世界对中国充满信心的表达。

因此，"三个自信"是多向度的聚焦、多维度的契合与多因素的交织，对其不能作简单化、片面性理解。"三个自信"的特征，显现了其丰富内涵与立论依据，展示了其创造性与科学性，由此也决定了其独特的社会功能。

三、道路自信、理论自信、制度自信的社会功能

"三个自信"的提出与形成，具有多方面的社会功能，对于塑造国家

---

① 参见徐崇温《国外近期关于"中国模式"的研究动向》，载《红旗文稿》2010年第17期。

② 参见本刊记者《中国模式的形成、内涵和特征——访中国社会科学院马克思主义研究院特聘研究员徐崇温》，载《马克思主义研究》2010年第9期。

政党形象、实现社会整合、化解社会矛盾、矫正崇洋心理具有积极意义。

（一）"三个自信"有利于塑造国家形象、政党形象

新中国成立初期，由于缺乏经验和"一边倒"的外交策略，基本上沿用苏联模式、照搬苏联做法。过多依赖苏联经验，释放出来的实际上是自信不足。改革开放初期，采取"摸着石头过河"的渐进式策略，仍然表明我们对道路、理论、制度的选择心中无数，底气不足，因而慎之又慎。"三个自信"的提出，表明中国特色社会主义道路已经形成，中国特色社会主义理论走向成熟，中国特色社会主义制度日渐完善，为国家形象、政党形象塑造与中国国际地位提升注入了活力。其一，"三个自信"有利于国家形象的塑造。道路、理论、制度是建构国家形象的三个重要方面，关系国家的现实发展与未来走向。道路自信是国家发展路径、发展目标的表达，理论自信是国家理论创新能力、理论发展水平的展示，制度自信是国家制度公正、制度效率的彰显。"三个自信"向世人展示的是一种国家自信，是国家意志、国家强大的表征，预示国家的发展方向。其二，"三个自信"有利于政党形象的建构。中国共产党作为执政党，中国特色社会主义道路的开辟、中国特色社会主义理论的成熟、中国特色社会主义制度的完善，都是中国共产党主导下的探索与创造，"三个自信"既是中国共产党执政能力、执政水平提升的体现，也是中国共产党理论创新能力、道路选择能力、制度设计能力的表达。"三个自信"的提出，有利于维护和巩固中国共产党的执政合法性，建构良好的政党形象。其三，"三个自信"有利于提升国际地位。自信，才能赢得国际社会的尊重；不自信，难以立足于国际社会。中国崛起后，引起了国际社会的关注和重视。马丁·雅克在其《当中国统治世界》一书中说："认为中国对世界的影响主要体现在经济方面，实在有些过时，中国的政治和文化可能也会产生无比深远的影响。中国未来给世界带来的影响，将可与20世纪的美国媲美，甚至有可能会超越美国。"① 美国前国务卿基辛格作出了这样的判断："自从我首次访华之后，中国已经成为一个经济超级大国和塑造全球政治秩序

---

① （英）马丁·雅克著：《当中国统治世界——中国的崛起和西方的衰落》，张莉、刘曲译，中信出版社2010年版，第13页。

的重要力量。"① 从国际社会对中国道路、中国未来的积极评价,可见其对中国道路、理论、制度的态度。"三个自信"的提出,有利于增进国际社会对中国的信心,能使国际社会看到中国影响世界、引领世界发展的前景,认识到中国开创人类文明发展新模式的可能,对于改变中国的国际形象、提升中国的国际地位将产生深远影响。

(二)"三个自信"有利于达成改革共识、实现社会整合

如前所述,如何评价改革开放30多年中国经济社会的发展道路与发展成就,社会上有不同的声音。"三个自信"的提出,对于达成改革共识、实现社会整合具有重要意义。其一,"三个自信"是改革意志的表达。自信是一种意志,"三个自信"表明了中国共产党道路、理论、制度选择的坚定性,表达了中国共产党以中国特色社会主义理论为指南、以中国特色社会主义制度为保障、沿着中国特色社会主义道路推进改革的决心。这种改革意志、改革决心的表达,既包含对改革开放30多年历史的评价,也回答了今后举什么旗、走什么路的问题,有利于消弥认识分歧,达成改革共识,这是实现社会整合的前提条件。其二,"三个自信"是发展力量的凝聚。自信生成力量,自信凝聚力量,缺乏自信,人的潜能难以发挥,人的力量难以集聚。"三个自信"是改革发展前行的政治动员,能焕发国民精神,激发国民投身中国特色社会主义建设事业的积极性、主动性与创造性,有利于凝心聚力,集中全国人民的智慧和力量,推进中国特色社会主义事业的发展。其三,"三个自信"是民族凝聚力的彰显。"三个自信"说到底也是一种民族自信,释放的是民族振兴的信号和民族凝聚的诉求。从这里,民族成员能获得自豪感、归属感,感受中国特色社会主义道路、理论、制度的价值和魅力,从而有利于增强中华民族的凝聚力。民族凝聚力的增强是社会整合、社会凝聚的另一种表达。

(三)"三个自信"有利于化解各种矛盾、迎接各种挑战

当前中国经济社会发展面临各种矛盾和挑战,社会上也充满了焦虑情绪,甚至为社会矛盾、各种挑战所困扰。"三个自信"的提出,提供了化

---

① (美)亨利·基辛格著:《论中国》,胡利平、林华等译,中信出版社2012年版,第Ⅵ页。

解各种矛盾、迎接各种挑战的底蕴、勇气和思路。其一,"三个自信"有利于客观承认矛盾和挑战。自信不同于自满,自满目空一切,不愿承认现实面临的各种矛盾和挑战,回避问题。有了自信,就有了客观评价现实、承认各种矛盾和挑战的底蕴和勇气。中国仍是世界上最大的发展中国家,社会主义初级阶段的国情没有变,现实正面临各种新矛盾、新挑战,如不能有效化解、从容应对,将引发社会动荡,延缓发展的历史进程。"三个自信"的提出,并不意味着否认各种矛盾和问题的存在,而使承认各种矛盾与问题有了更加足够的底气和勇气。其二,"三个自信"有利于化解矛盾和挑战。有了自信,就会采取积极的办法化解各种矛盾、迎接各种挑战,而不会面对各种矛盾、各种挑战束手无策。"三个自信"的提出,实际上提供了解决各种矛盾、迎接各种挑战的大思路。解决中国发展中面临的矛盾和挑战,需要拓展中国特色社会主义道路、创新中国特色社会主义理论、完善中国特色社会主义制度。因此,"三个自信"是化解各种矛盾、迎接各种挑战的根本出路。其三,"三个自信"有利于排解焦虑情绪。焦虑情绪往往是由于不自信引起的,有了自信,就无焦虑生长的空间。"三个自信"的提出,昭示了中国的发展方向、发展前景,有利于排解对于中国发展道路、发展前景的担忧,能将发展焦虑变为发展的动力。

(四)"三个自信"有利于矫正崇洋心理、消解西化倾向

随着对外开放的深入和对西方社会了解的偏差,社会上滋生了一种崇洋心理和西方中心主义价值观,认为西方的发展道路、社会制度、生活方式优于中国,不加分析地肯定西方社会发展模式,甚至把西方社会发展模式视为中国社会发展的唯一路径;学术界也出现了一种简单搬运西方理论的倾向,不顾具体国情和时代条件,用西方理论来评判中国现实、注释中国问题,或者用中国经验来证明西方理论范式的"普适性",甚至离开西方的学术话语体系,就不能正常地表达自己的学术思想。这种社会心态、学术偏颇,从侧面折射了国人的不自信。对于崇洋心理,邓小平曾提出严厉批评:"有人认为外国的月亮也比中国的圆,这实际上是一种洋奴思想。"[①] 然而,问题并没有得到解决,甚至在某些方面有所蔓延,"三个自

---

① 中共中央文献研究室编:《邓小平年谱(1975—1997)》(下),中央文献出版社2004年版,第1298~1299页。

信"的提出,有利于矫正崇洋心理、消解西化倾向。其一,"三个自信"有利于调适社会心理。崇洋心理往往因自卑而产生,一旦染上自卑情绪,就会感觉事事不如人、处处不如人,因而主张将西方的道路、理论、制度全盘拿来。自信,才能理性看待西方国家的道路、理论、制度,既认识到其合理性,也意识到其存在的问题;自信,才能在比较的基础上,认识到中国特色社会主义道路、理论、制度的优越性,认识到中国优于西方之处,从而矫正国人的崇洋心理。其二,"三个自信"有利于扭转学界风气。盲目认同西方理论、崇拜西方权威,自愿捐献学术话语主动权,是当前学术界存在的不良偏向,应当引起关注和重视。"三个自信"的提出,有助于提升中国学术界的学术自信,掌握学术话语的主动权。在借鉴汲取西方理论合理因素的基础上,建构关于中国特色社会主义道路、理论、制度的学术话语体系,建构具有中国特色、中国风格、中国气派的人文社会科学体系,这是中国学术界应当肩负的责任和使命。

"三个自信"的社会功能,彰显了"三个自信"提出的必要性、合理性,成为国家形象、政党形象、公民形象建构的契机;"三个自信"激发的改革动力、创新勇气和社会活力,将成为推进中国特色社会主义事业的力量源泉和精神支撑。

四、提升道路自信、理论自信、制度自信的路径选择

"三个自信"的形成,有其外在要求与内在逻辑。提升全党全社会的道路自信、理论自信、制度自信,应注意如下几个方面。

(一)全面深化改革以推动中国经济社会持续发展

道路自信、理论自信、制度自信建立在中国经济社会持续发展和民族复兴的基础上,而当前存在的一些体制机制弊端,一定程度上妨碍中国经济社会发展的速度,延缓民族复兴的进程。改革开放以来,全党全社会正是从中国经济社会发展中获得对于中国特色社会主义的自信。众所周知,中国经济总量已排名世界第二,占世界GDP总量的比重超过10%,但与美国相比还有较大差距。2012年,中国GDP总量为519322亿元,按照2012年末的汇率计算,折合为8.3万亿美元;而同年美国GDP总量为16.2万亿美元。中美之间的这种发展差距,导致社会上部分民众对中国

特色社会主义心存疑虑，甚至产生自卑心理，难改弱国心态。当前国际社会的竞争，仍是经济实力、综合国力的竞争。保持中国经济社会持续发展，增强中国的经济实力、综合国力，这是提升全党全社会"三个自信"不可缺少的条件。中共十八届三中全会对全面深化改革做出了总体部署和安排，通过全面深化改革，不断拓展中国特色社会主义道路、丰富中国特色社会主义理论体系、完善中国特色社会主义制度，进而实现中华民族伟大复兴的中国梦，这是提升"三个自信"的坚实基础。

（二）增进对于中国特色社会主义的认知

"三个自信"以对中国特色社会主义道路、理论、制度的清醒认知为前提，只有首先明白它是什么，才有可能生成自信。当前，社会上对于中国特色社会主义道路、理论、制度存在不少模糊认识。这与中国特色社会主义道路、理论、制度的知识普及不够有关，也与学术研究存在的一些局限有关。如中国特色社会主义道路的内涵，中共十八大报告做出了明确界定，但由于包含的内容较多，一般民众难以把握其要点。其实，学术界应在此基础上进一步揭示中国特色社会主义道路的本质，说明中国特色社会主义道路是中国现代化之路、中国市场经济之路、中国协调发展之路、人类文明发展之路，如此将有利于民众把握中国特色社会主义道路的内涵与实质。又如，中国特色社会主义理论体系内含邓小平理论、"三个代表"重要思想、科学发展观，民众对此比较清楚；但将三者整合构成的理论体系究竟如何，如其理论主题、核心范畴、内在结构、理论特点是什么，其历史地位、世界意义如何把握，学术界缺乏统一认识，民众的了解也就比较模糊。只有让民众熟悉这些内容，才能提升中国特色社会主义理论自信。再如，中国特色社会主义制度的构成，中共十八大报告做出了界定，但仅仅让民众了解中国特色社会主义制度是什么还不够，应在此基础上使民众进一步认识中国特色社会主义制度的优越性，明确中国特色社会主义制度的取向是为人民谋利益、目标是实现公平正义与共同富裕，明确中国特色社会主义制度富有效率，能集中力量办大事，其建构是中国经验与世界潮流的结合。只有认清中国特色社会主义制度的这些特点和优势，才能提升中国特色社会主义制度自信。

(三) 强化对于中国特色社会主义的情感

情感作为一种心理体验和精神特质,既有个体性,又有社会性,对个人与社会具有积极的调节作用。有情感才有自信,对中国特色社会主义道路、理论、制度萌生情感之后,才能生成自信,离开了情感就难有自信可言。首先,对中国特色社会主义要有敬畏感。道路、理论、制度的选择是由多方面因素决定的,不以个人意志为转移,这是历史、时代与人民的选择,作为个人要尊重这种选择,对中国特色社会主义道路、理论、制度心存敬畏。其次,中国特色社会主义道路、理论、制度为国家带来了发展、为民族带来了繁荣、为人民带来了幸福,改变了每一个中国人的生存境遇,民众对此要有感恩之情。感恩不仅体现在个人关系之间和体现在个人对国家、民族、社会的态度上,也体现在个人对中国特色社会主义道路、理论、制度的态度上。再者,对中国特色社会主义要有忠诚感。民众在享受中国特色社会主义道路、理论、制度带来的发展成果的同时,在情感上认同它、忠诚它,是作为国民的基本要求。缺乏忠诚感,容易成为道路的对抗者、理论的嘲讽者和制度的背叛者。

(四) 把握客观评价中国特色社会主义的方法

把握客观分析、判断、评价道路、理论、制度的方法,对于提升全社会"三个自信"至关重要。为此,要注意将中国特色社会主义道路、理论、制度与苏联、朝鲜、越南、古巴等社会主义国家进行比较,与西方发达国家的发展理论、发展道路、主要制度进行比较,在比较中彰显中国特色社会主义的优势与特色。在与西方发达国家进行比较时,要注意紧扣中国国情,脱离中国国情,简单将中国与西方发达国家进行比较,容易导致妄自菲薄。江泽民曾说:"应尊重各国的历史文化、社会制度和发展模式,承认世界多样性的现实。世界各种文明和社会制度,应长期共存,在竞争比较中取长补短,在求同存异中共同发展。"① 持这样的态度来进行中外之间的比较,才能得出科学的结论。同时,分析、判断、评价中国特色社会主义道路、理论、制度,不可简单与改革开放前的历史时期进行比

---

① 中共中央文献编辑委员会编:《江泽民文选》(第3卷),人民出版社2006年版,第298页。

较，不宜只暴露改革开放后中国经济社会发展引发的问题，否则容易生发今不如昔的感慨，步入以改革开放前的历史时期否定中国特色社会主义道路、理论、制度的误区。以客观的态度看进步，以发展的眼光看问题，以国际的视野看中国，才能提升全党全社会的"三个自信"。

提升全党全社会的中国特色社会主义道路自信、理论自信、制度自信需要多方面协调与配合，发展、认知、情感、方法都关乎"三个自信"的提升，如果单纯从思想政治教育的视角来思考这一问题、寻求解决之道，将难以收到预期的效果。

总之，"三个自信"蕴涵中国共产党的政治智慧，彰显了中国共产党的理论自觉与实践自觉。科学把握"三个自信"的实质与特征，充分发挥"三个自信"的社会功能，有效提升全党全社会"三个自信"的程度，无疑将有助于民族复兴目标的实现。

（原载《马克思主义研究》2014年第2期）

深化马克思主义中国化研究的若干思考

马克思主义中国化的研究,既包括马克思主义中国化过程的研究,也包括马克思主义中国化结果即中国化马克思主义的研究。关于这方面的研究,学术界已取得了相当丰硕的成果,奠定了良好的研究基础。但就目前的情况来看,仍有一些不尽如人意的地方,存在不少研究的薄弱环节。如何深化马克思主义中国化的研究,拓展马克思主义中国化研究的空间,是广大理论工作者必须思考的问题。这既是马克思主义理论学科建设和发展的需要,也是进一步推进马克思主义中国化事业的需要。本文拟从马克思主义中国化研究的现状出发,就如何深化和拓展马克思主义中国化研究,谈一点自己的看法。

一、马克思主义中国化研究的现状分析

关于近年来马克思主义中国化的研究进展与现状,郭德宏教授、郭建宁教授、何虎生博士等学者已有专文分别进行介绍[①],本文不再重复。综观国内学术界的相关研究成果,我们不难发现,目前对于马克思主义中国化的研究具有如下特点:

1. 研究马克思主义中国化历史进程的多,将马克思主义中国化作为专门问题进行探讨的少

自马克思主义传入中国至"三个代表"重要思想的形成,是马克思主义中国化的历史过程。学术界对于这一历史过程进行了系统梳理,基本的历史线索和历史脉络已经清晰。如杨奎松著《马克思主义中国化的历史进程》,对20世纪上半叶马克思主义中国化的历史进行了独到的分析;

---

① 参见郭德宏《近十年马克思主义中国化与中国化的马克思主义研究述评》,载《党史研究与教学》2004年第4期;郭建宁《马克思主义中国化研究的历史、现状与方法论》,载《毛泽东邓小平理论研究》2005年第5期;何虎生《近年来马克思主义中国化研究的新进展》,载《教学与研究》2005年第4期。

钟家栋主编的《重铸中国魂：20世纪马克思主义中国化的历程》，则对20世纪马克思主义中国化的历程进行了总结，通过若干专题基本勾勒了马克思主义中国化的历史脉络。另有一些著作专门论述毛泽东思想发展史、邓小平理论发展史和"三个代表"重要思想的形成和发展。这种史实重建、过程厘清是十分必要的，可谓研究马克思主义中国化的基础性工作。并且，不少研究成果在回溯历史过程的基础上，对马克思主义中国化的历史经验进行了总结和反思，得出了一些基本的结论。① 但是，学术界将马克思主义中国化作为专门问题进行理论分析、理论探讨的成果尚不多见。例如，从理论上说明马克思主义中国化应该如何化、怎样化才是科学的、合理的？马克思主义中国化的机制是什么？马克思主义中国化的相关因素有哪些？衡量马克思主义中国化的标准、尺度是什么？怎样才能避免马克思主义中国化过程中的偏差和失误？怎样才能避免对马克思主义文本的误解与误读？这是马克思主义中国化研究应该回答和诠释的问题。遗憾的是，目前学术界关于这方面的"问题意识"还不那么明显，研究的进展和问题解决的程度也就相对有限。

2. 分别研究马克思主义中国化三大理论成果的多，而将中国化马克思主义作为一个整体进行研究的成果少

对于毛泽东思想、邓小平理论、"三个代表"重要思想三大理论成果，学术界有相当多的成果分别进行论述，这些成果既有"概论"性的，也有专题性的，几乎涉及了毛泽东思想、邓小平理论、"三个代表"重要思想的各个方面，其研究的价值不容置疑。然而，学术界尽管认识到三大理论成果"一脉相承"的特点，但对三大理论成果从整体上进行把握和研究的成果偏少。相对而言，对毛泽东思想、邓小平理论之间的内在联系，学术界有不少成果从理论上进行了阐述，对毛泽东思想、邓小平理论进行比较研究的成果尤为集中。但对毛泽东思想、邓小平理论与"三个代表"重要思想的内在联系，揭示还不够，特别是从整体上探讨中国化马克思主义的成果不多。例如，中国化马克思主义体系结构如何？中国化马克思主义的总体特征是什么？中国化马克思主义的理论主题如何概括？

---

① 参见包心鉴《马克思主义中国化的历史经验与基本规律》，载《山东社会科学》2004年第7期；陆剑杰《马克思主义中国化基本经验论纲》，载《党的文献》1999年第3期；王天玺《马克思主义中国化与中国经验马克思主义化》，载《求是》2003年第24期。

中国化马克思主义的价值如何定位？中国化马克思主义的国际影响怎样？这些整体研究视域中的问题，似乎探讨得还不够深入和具体。

3. 孤立研究中国化马克思主义的成果较多，而将"源"与"流"结合研究的成果偏少

马克思主义是马克思主义中国化之"源"，中国化马克思主义是马克思主义中国化之"流"，无"源"则无"流"，要研究"流"必须弄清"源"，将"源"与"流"结合起来研究。学术界对马克思主义在中国传播的情况有相当的研究，也有一些成果注意"源"与"流"关系的处理，将"源"与"流"结合进行论述，如孟令伟著《从马克思到邓小平》、曾向农主编《从马克思的东方社会理论到有中国特色的社会主义》、蔡仲德著《从马克思到邓小平：有中国特色的社会主义的来龙去脉》、朱文显著《知识分子问题：从马克思到邓小平》、胡瑾著《从列宁到邓小平》、彭大成著《从列宁到邓小平的伟大探索》、徐鸿武主编《从列宁到邓小平：民主理论发展轨迹》，等等。尽管如此，学术界仍有不少成果在研究中国化马克思主义时有意或无意地忽略了对"源"的追踪，如此也就难以说明马克思主义是如何中国化的，中国化马克思主义在何种程度上、在哪些方面发展了马克思主义。

4. 对于中国化马克思主义理论本身的研究多，对于中国化马克思主义的实践研究少

如前所述，对于中国化马克思主义理论本身，学术界已从不同视野、多向角度进行了探讨和研究。但中国化马克思主义形成之后，是如何为群众所掌握，在实践中又是如何发挥指导作用的？也就是说，马克思主义在中国是如何社会化的，又是如何"化"中国的？中国是如何马克思主义化的？这方面的研究还比较欠缺。事实上，马克思主义从理论到实践，要经过一系列中间环节，这一转化过程的关键是什么，应注意哪些问题？马克思主义指导中国实践的机制是什么？类似的问题，都应当成为学术界关注的对象和研究的问题。

总之，学术界对于马克思主义中国化的研究，已积累了相当基础，为进一步深化马克思主义中国化的研究提供了重要条件，而其存在的薄弱环节或不足之处，则为深化马克思主义中国化研究留下了空间。

二、马克思主义中国化研究的视阈拓展

马克思主义中国化本身涉及的问题多，研究的领域也就十分广泛。要深化马克思主义中国化的研究，首先必须针对研究的薄弱环节，开阔视域，拓展空间。

（一）马克思主义中国化基本理论问题的研究

马克思主义中国化蕴涵一系列基本理论问题，学术界对马克思主义中国化的内涵、马克思主义中国化的历史必然性、马克思主义中国化的途径和方法、马克思主义中国化的基本规律、马克思主义中国化的经验与教训等，已作过不少探讨。如何从学理上进一步回答这些问题，以阐明马克思主义中国化究竟应该怎样化才有利于马克思主义的发展，仍有探讨的必要和可能。

1. 马克思主义中国化前提、原则的研究

马克思主义作为一种源于西方的理论，是在西方社会特有的历史条件和文化背景下产生的，由此决定了它所表达的思想内容、所蕴涵的思维方式与中华民族的文化传统有较大的差异。对于这种"异质"文化，我们要接纳和吸收、运用和发展，必须具备若干前提条件，遵循若干基本原则。对于这些前提条件、基本原则，有的文章虽已提及，但没有明确作为一个问题来阐述。比如，马克思主义中国化的理论前提、思想基础、认识要求、主体条件是什么，需要具体作出回答；马克思主义中国化过程中应当遵循的基本原则，如系统性原则、选择性原则、创新性原则、发展性原则，如何把握和运用，需要进一步作出说明。

2. 马克思主义中国化方法、规律的研究

对于马克思主义中国化的途径和方法，许多学者进行了总结和概括。问题在于，我们不仅要明了这些方法"是什么"，更要说明这些方法"为什么""怎么样"。比如说，马克思主义普遍原理与中国的具体实践相结合，这是马克思主义中国化的方法之一。那么，究竟如何结合才是有机的、合理的，结合的路径是什么，就需要具体说明。对于马克思主义中国化的基本规律，学术界也进行了总结和归纳。那么，在马克思主义中国化的进程中，如何运用这些规律、遵循这些规律，有待进一步探讨。

3. 马克思主义中国化相关因素的研究

马克思主义中国化与诸多因素相关，对其每一个因素与马克思主义中国化的关联性作出具体分析，是学术界不可回避的问题。这些问题大致包括以下内容：

（1）时代与马克思主义中国化。马克思主义中国化必须把握时代发展的特点，反映时代发展的要求，回答时代提出的课题。那么，在马克思主义中国化的过程中，怎样才能准确把握时代特点、时代要求，又如何运用马克思主义去回答时代课题？时代在多大程度上将影响马克思主义中国化？

（2）国情与马克思主义中国化。马克思主义中国化必须与中国的国情、中国的实际相结合，只有结合中国实际、符合中国国情的马克思主义，才是我们所需要的真正的马克思主义。那么，认识国情的方法是什么？如何实现马克思主义与中国实际、中国国情的有机结合？

（3）实践与马克思主义中国化。实践孕育了马克思主义，实践推动了马克思主义的发展，实践是马克思主义中国化的不竭动力。那么，实践与马克思主义中国化的关联性表现何在？马克思主义如何指导中国实践，又如何将中国的实践经验升华为马克思主义理论，实现中国经验的马克思主义化？

（4）传统文化与马克思主义中国化。中国传统文化是马克思主义中国化的文化土壤，既有利于实现马克思主义的民族化、本土化、通俗化，又容易给马克思主义中国化带来消极影响。事实上，在马克思主义中国化的过程中，既要继承中国传统文化的优秀成分，又要警惕中国传统文化消极因素的渗入。那么，如何利用中国传统文化实现马克思主义的民族化、本土化、通俗化，又怎样避免传统文化给马克思主义中国化带来的消极影响？怎样才能实现马克思主义与中国文化的结合、融合、整合？

（5）政治领袖、知识精英与马克思主义中国化。人是社会发展的主体，也是推进马克思主义中国化的主体，理论是由人总结出来的，也是由人来构建、来发展的，马克思主义中国化的推进，离不开人的作用，特别是知识精英、政治领袖的作用。那么，政治领袖、知识精英对于马克思主义中国化的具体作用表现在什么地方？作为政治领袖、知识精英要在马克思主义中国化的过程中发挥作用，其主体条件是什么？通过什么途径和方式去发挥作用？

（6）创新与马克思主义中国化。马克思主义中国化既要继承马克思主义，又要创新和发展马克思主义。如何处理继承与创新、发展的关系？创新、发展的途径、方法是什么？上述问题，都需要我们思考。

（二）马克思主义中国化的"本"与"源"的研究

在马克思主义中国化的过程中，一些长期流行并对实践产生过重大影响的理论观点，往往源于对马克思主义的误解或者完全是附加给马克思、恩格斯或列宁的。由于历史环境、语言障碍、语境差异，使马克思主义中国化过程中出现了对马克思主义的误读、误解。毛泽东在七大预备会议上说："一九二七年我写过一篇文章，有马克思主义的观点，但是在经济问题上缺乏马克思主义的观点，所以经济问题写错了。"[1] 这是当时的事实，也是正常的现象。由于现实的需要，使早期共产党人在研究马克思主义的过程中，采取了一定程度上的实用主义态度。毛泽东在自述其接受马克思主义的历程时说："记得我在一九二〇年，第一次看了考茨基著的《阶级斗争》，陈望道翻译的《共产党宣言》，和一个英国人作的《社会主义史》，我才知道人类自有史以来就有阶级斗争，阶级斗争是社会发展的原动力，初步地得到认识问题的方法论。可是这些书上，并没有中国的湖南、湖北，也没有中国的蒋介石和陈独秀。我只取了它四个字：'阶级斗争'，老老实实地来开始研究实际的阶级斗争。"[2] 出于解决国家生存发展和民族危机的现实需要，中国共产党首先接受的不是作为学说和学术的马克思主义，而是作为中国革命指导思想的马克思主义，这在一定程度上导致了对马克思主义的误读。这种误读不仅发生在民主革命时期，也出现在社会主义时期。澄清这类观点，还马克思主义以本来面目，对于正确认识和评价马克思主义中国化至关重要。因此，"回到马克思"，对马克思主义的经典文献重新进行解读，真正掌握原生形态的马克思主义，是研究马克思主义中国化不可回避的重要问题。

同时，马克思主义本身具有丰富的内涵，用以中国化的马克思主义究

---

[1] 中共中央文献研究室编：《毛泽东在七大的报告和讲话集》，中央文献出版社1995年版，第14页。

[2] 中共中央文献研究室编：《毛泽东文集》（第2卷），人民出版社1993年版，第378～379页。

竟是哪些内容，中国共产党人是如何结合中国实际对"本"与"源"进行发展和创新的，需要具体研究。如马克思的阶级斗争理论、无产阶级专政理论、东方社会理论，列宁的民族殖民地理论、社会发展理论、政党建设理论是怎样传入中国的，中国共产党人是如何运用和发展这些理论的，值得深入探讨。事实上，只有弄清"本"与"源"，才能说明中国共产党人对马克思主义究竟继承和发展了什么，才能说明中国化马克思主义的特色何在。

再者，早期马克思主义在中国的传播有不同的路径，从日本、苏联、法国传入中国的马克思主义，由于经过了不同"文化场"的过滤，具有不同的特点。这些从不同地域传入中国的马克思主义，其差异是什么，这些差异在马克思主义中国化的过程中产生了怎样的影响，需要作出说明。

（三）马克思主义中国化历史进程的研究

对于马克思主义中国化的历史进程，尽管有不少成果进行探讨，但仍有深化和拓展的必要。

1. 马克思主义与各种思潮的交锋与融合

马克思主义中国化过程中，与不少思想、思潮有过交锋与较量。如在"五四"时期，马克思主义与改良主义、基尔特社会主义、无政府主义展开了论战，这些交锋，促进了马克思主义在中国的传播，扩大了马克思主义在中国的影响。毛泽东在六届七中全会上说："民粹主义在中国与我们党内的影响是很广大的"①，说明民粹主义思潮对于马克思主义中国化的影响不小。马克思主义与 20 世纪中国思想界的三民主义、自由主义、科学主义、民族主义有着复杂的联系，如毛泽东思想就继承了三民主义的合理内核。厘清马克思主义中国化过程中与各种思潮的复杂关系，需要学术界重新研究。

2. 社会各阶层、各党派对马克思主义中国化的态度与反映

在马克思主义传播与马克思主义中国化的过程中，中国社会各阶层、各党派的态度如何？尚未展开系统研究。对于工人、农民、知识分子、城市小资产阶级、民族资产阶级、宗教人士对于马克思主义中国化的态度和

---

① 中共中央文献研究室编：《毛泽东在七大的报告和讲话集》，中央文献出版社 1995 年版，第 100 页。

反映，则研之甚少。如能分别社会各阶层分析其对马克思主义中国化的态度和反映，则有较大的研究空间。毛泽东曾说："读过马克思主义'本本'的许多人，成了革命叛徒，那些不识字的工人常常能够很好地掌握马克思主义。"① 这是为什么？林伯渠曾说：1921—1926 年，"那时候有马克思主义，马克思主义传到中国来，被中国人民拿到了，也实行了，但是又似乎不很多，甚至似乎没有"②。如何评价建党和大革命时期马克思主义中国化的程度？共产党人对马克思主义的信仰程度如何？毛泽东曾说："讲马克思主义倒还是国民党在先"③，那么，国民党人对待马克思主义的真实态度是什么？如孙中山对于马克思主义既有批评，也有肯定，如何评价其对待马克思主义的态度？"五四"时期，朱执信、胡汉民、戴季陶、林云陔等人都部分地接受或宣传了阶级斗争与唯物史观学说，国民党人对于马克思主义在中国传播的贡献如何，需要重新评价。民国时期的佛教思想家们，对马克思主义既有溢美之辞，也有质疑之声，有人曾试图融合马克思主义与佛教思想。对于宗教界视野中的马克思主义，也有研究的必要和价值。

3. 相关报刊、团体在马克思主义中国化过程中的地位与作用

"五四"时期，为促进马克思主义在中国的传播，成立了各种社团，如北京大学马克思学说研究会、上海马克思主义研究会、觉悟社，这些社团在马克思主义中国化过程中所发挥的作用是什么，有待具体说明。马克思主义在中国传播的过程中，《新青年》《每周评论》《向导》《晨报》《国民》《湘江评论》及后来的《解放》周刊《共产党人》《解放日报》等共产党人创办的报刊，发表了大量介绍宣传马克思主义的文章，这些报刊对于马克思主义中国化的贡献，需要进一步厘清。同时，《民国日报》《大公报》《申报》《东方杂志》等在当时影响较大的报刊，对待马克思主义的态度及其作为也需要探讨。

---

① 中共中央文献编辑委员会编：《毛泽东选集》（第 1 卷），人民出版社 1991 年版，第 111 页。

② 中共中央文献研究室编：《毛泽东在七大的报告和讲话集》，中央文献出版社 1995 年版，第 5 页。

③ 中共中央文献研究室编：《毛泽东在七大的报告和讲话集》，中央文献出版社 1995 年版，第 108 页。

4. 留日学生、留苏学生、留法学生对马克思主义中国化的贡献

马克思主义在中国的最初传播，是通过留学生具体来推动的，当时留日、留苏、留法几大留学生群体，在马克思主义传入中国的过程中发挥了中坚作用，就这三大留学生群体对马克思主义中国化的贡献分别进行研究或比较研究，是学术界论述较少的问题，有探讨的必要。

（四）马克思主义中国化其他问题的研究

1. 中国化马克思主义的整体研究

如前所述，中国化马克思主义的体系结构、总体特征、理论主题、价值定位、国际影响等问题，研究还不够深入。对于衡量中国化马克思主义的标准是什么，什么样的理论才称得上是中国化的马克思主义，学术界有不同的看法，有待统一和升华。同时，中国化马克思主义的价值取向、核心范畴是什么，也需要重新探讨。

2. 马克思主义"化"中国的研究

马克思主义中国化的过程，也是马克思主义"化"中国的过程，二者互相影响、互相促进。可以说，马克思主义中国化的目的就是为了实现马克思主义"化"中国，而马克思主义"化"中国的实践又将推动马克思主义中国化。从思想与社会的互动入手研究马克思主义中国化，总结理论指导实践过程中的经验与教训，解决马克思主义"化"中国的关键问题，也有助于开拓研究的视野。

3. 马克思主义中国化的当代境遇研究

21世纪马克思主义中国化面临的境遇和使命，与20世纪相比已有了很大的不同。在当代，马克思主义中国化面临的新情况、新问题是什么，这些情况、问题如何面对和解决，需要从理论上进行探讨。在当代，马克思主义中国化的历史使命是什么，如何结合新的实践、新的经验进行理论创造，也是学术界应该思考的问题。

4. 马克思主义中国化与西方马克思主义的研究

中国化马克思主义对西方马克思主义的发展有何影响，西方马克思主义"回到马克思""理解马克思""改造马克思""超越马克思"等研究态度和研究路径，对于中国化马克思主义的发展有何启示和借鉴，等等，这些问题亦有研究的必要。

总之，对于马克思主义中国化，不少已经论及的问题需要重新研究或解读，诸多尚未涉及的问题需要开拓领域、寻找新的理论生长点。

三、马克思主义中国化研究的方法更新

要深化马克思主义中国化的研究，不仅要开拓研究领域，也要更新研究方法。马克思主义中国化的纵向展开是一个较长的过程，其横向联系又错综复杂，由此决定了研究马克思主义中国化必须采取多样的研究方法和研究视域。

1. 学科融合

马克思主义中国化既是历史也是现实，既有过程也有结果，需要运用多学科的研究方法与研究范式来分析和把握。

（1）历史学的方法。马克思主义中国化的过程，是中国近代史、当代史的重要组成部分。对于马克思主义中国化过程的研究，需要运用历史研究的方法，不查阅历史档案，不阅读历史文献，就无法理清各种社团、各种报刊对于马克思主义中国化的历史贡献，就无法说明各个阶层、不同党派对于马克思主义中国化的态度与作用。尽管马克思主义中国化的历史重建取得了不少研究成果，但仍有不少史实有待澄清。学术界应借助历史研究的方法，进一步澄清史实，并在此基础上对马克思主义中国化的历史经验进行总结。

（2）文化学的方法。马克思主义中国化的过程，实质上是一种文化传播、文化融合、文化建构的过程，由此决定了对马克思主义中国化的研究需要借用文化学的研究方法和理论，文化传播、文化接受、文化冲突、文化选择、文化融合等文化学的基本理论，当可用之于马克思主义中国化的研究。

（3）社会学的方法。马克思主义中国化的过程，实际上又包含思想社会化的过程和马克思主义指导实践、推动中国社会变革的过程。社会学关于社会化、社会结构、社会变迁、社会调适的理论，对于研究马克思主义中国化具有启发意义。

（4）政治学的方法。有学者认为，马克思主义中国化应区分为政治层面的中国化和学术层面的中国化，前者主要是形成正确的理论、路线、

方针、政策，后者则要考虑学科的体系、结构、内容、概念和范畴。① 这种观点有一定的道理。如此，研究马克思主义中国化应借鉴政治学的方法和理论。马克思主义中国化的政治取向、马克思主义中国化与中国政治发展的内在逻辑、马克思主义中国化与中国共产党政治权威的强化、马克思主义中国化对中国政治文化发展的影响等，就是政治学视域之下提出的问题。因此，借鉴、融合各学科的研究方法和研究范式，从更具综合性的广阔视野多维度地审视马克思主义中国化问题，将有助于深化马克思主义中国化的研究。

2. 视界多维

研究马克思主义中国化需要不同的学科视野，也需要不同研究视界的综合。

（1）宏观研究与微观研究相结合。马克思主义是一个整体，对马克思主义应从整体来把握，从宏观来审视。无论是对马克思主义中国化过程的重建，还是对中国化马克思主义理论体系的分析，都需要宏观的把握和审视。当将马克思主义中国化作为一个问题来研究时，更需要宏观的视野。同时，对马克思主义中国化的研究也需要微观的具体分析和论证，如对每一个历史时期马克思主义中国化具体情况的梳理，对中国共产党三代领导集体的成员对马克思主义中国化贡献的阐明，对每一社团、报刊、党派对马克思主义中国化作用的探究，对中国化马克思主义具体内容的诠释，都需要微观的分析和论证。缺乏微观的分析和论证，宏观的审视也就失去了支撑。

（2）民族立场与世界眼光相结合。对于中国化马克思主义的研究，首先应立足于中国文化、中国实践的背景来分析，融入中国历史、中国社会发展的长河来说明，以充分展示马克思主义中国化的"中国特色"和中国化马克思主义的民族形式、民族内容、民族风格。同时，马克思主义中国化也是世界文化发展的重要组成部分，与世界诸多国家、民族的历史发展、文化传统相关，中国化马克思主义对于世界历史的发展具有重要意义。因此，研究马克思主义中国化应有世界眼光、国际视野，将其置于世界背景下来分析。如此，才能突显马克思主义中国化的历史必然和中国化

---

① 参见许全兴《马克思主义哲学中国化的若干新思考》，载《中共中央党校学报》2004年第1期。

马克思主义的历史地位。

（3）历史审视与现实观照相结合。对于马克思主义中国化的研究，我们既可遵循以历史研究、文本解读为基础再延伸其当代价值的路径，也可遵循以现实问题为坐标去观照和定位其理论体系、历史地位的路径。不论选择何种研究路径，都应当把历史研究与现实观照结合起来，这也是研究马克思主义中国化的真谛所在。

3. 与时俱进

对于马克思主义中国化的研究，应抱持与时俱进的态度，随着时代的发展不断加深或修正原有的认识。比如，从现实的眼光来看，毛泽东关于正确处理人民内部矛盾的理论，邓小平共同富裕的思想，对于构建社会主义和谐社会具有借鉴意义；毛泽东《论十大关系》的论述，邓小平多种经济成分共同发展的思想，实际上包含协调发展的理念；毛泽东倡导的"勤俭节约"方针，邓小平强调的艰苦奋斗传统，对于当今建立"节约型社会"具有启发作用。应当说，依据时代发展的特点和时代提出的课题，不断拓展对中国化马克思主义的认识，是研究马克思主义中国化应有的方法和态度。

4. 在学术研究与意识形态之间保持适当的张力

马克思主义中国化研究无疑具有意识形态性，否认这一点是不现实的，也将偏离马克思主义中国化研究的正确轨道。但是，马克思主义中国化研究毕竟是一种学术研究，不能把它意识形态化或等同于意识形态宣传。要深化马克思主义中国化的研究，必须正确处理学术性与政治性的关系，逐渐强化马克思主义中国化研究的学术品格，增加马克思主义中国化研究的学术含量。为此，要依据学术研究的规范和要求，遵循学术研究的理路，来展开对马克思主义中国化的研究。只有这样，马克思主义中国化的研究才能与其他学科对话与交流，马克思主义中国化的研究才能真正走向深入。

（原载《教学与研究》2006 年第 2 期）

陈金龙自选集

第三部分

毛泽东思想研究的视阈拓展

孙中山思想：毛泽东思想的重要理论来源

在说明毛泽东思想的理论来源时，学术界往往只提及马列主义和中国传统文化，对孙中山的思想则避而不谈或轻描淡写。同样，在论及毛泽东思想形成的实践基础时，对孙中山领导的中国资产阶级民主革命的实践，也是有意或无意的忽视。笔者认为，毛泽东思想的理论来源是"三元"而不是"二元"，除了马列主义和中国传统文化之外，还应当包括孙中山的思想。毛泽东思想形成的实践基础，除了中国共产党人领导中国人民进行的革命和建设的实践之外，还应当包括孙中山所领导的中国资产阶级民主革命的实践。只有这样来认识问题、看待历史，才符合历史的真实和历史发展的客观规律，才是科学的、合理的，甚至可以说，离开了孙中山，无法说明毛泽东；离开了孙中山的思想和实践，无法说清毛泽东思想的理论来源和实践基础。本文拟就孙中山思想与毛泽东思想之间的理论渊源关系作一初略探讨。

一、毛泽东为何继承和借鉴孙中山的思想

孙中山思想与毛泽东思想属于两种不同的思想体系。那么，孙中山思想为何能够成为毛泽东思想的重要理论来源呢？或者说，毛泽东和中国共产党人在创立毛泽东思想的过程中，为何要继承和借鉴孙中山的思想呢？概而言之，主要有如下几个方面的原因。

（一）思想文化的发展具有继承性、连续性

恩格斯在论及思想文化发展时指出：任何一种意识形态，它的根源深藏于经济的事实之中；但任何一种新学说的产生，又"必须首先从已有的思想材料出发"[①]。他还说："任何意识形态一经产生，就同现有的观念

[①] 中共中央编译局编译：《马克思恩格斯选集》（第3卷），人民出版社1995年版，第355页。

材料相结合而发展起来,并对这些材料作进一步的加工;不然,它就不是意识形态了。"① 思想文化的发展具有继承性、连续性,它不能离开也无法离开已有的文化传统,每一代人的文化创造,都只能在其先辈所创造、所遗留的文化环境和文化基础上进行,这是文化发展的一般规律。据此,毛泽东指出:"我们是马克思主义的历史主义者,我们不应当割断历史","我们必须尊重自己的历史。"② 他一贯主张,对于中国传统文化,要采取批判继承的态度,要承继优秀的文化遗产。孙中山的思想,尽管已经不是中国传统文化在近代的简单延续,但对于中国共产党人而言,它仍是一种传统的思想,是一种对传统有所扬弃和批判的思想。要承继优秀的文化遗产,自然离不开对孙中山思想的继承。因此,毛泽东强调:"从孔夫子到孙中山,我们应当给以总结,承继这一份珍贵的遗产。"③

(二)孙中山思想对毛泽东而言有着直接的借鉴意义

孙中山和毛泽东尽管所处的时代不尽相同,但他们面临着相同的历史任务。毛泽东所成就的伟业,正是孙中山的未竟之业。唯其如此,毛泽东称孙中山为中国革命的"先行者","中国最早的革命民主派",并始终以"孙先生革命事业的继承者"自居。在他看来,"中国反帝反封建的资产阶级民主革命,正规地说起来,是从孙中山先生开始的","从孙中山先生开始,才有比较明确的资产阶级民主革命"。④ 后继者必须借鉴先行者,后一代必须借鉴前一代,这是历史发展的辩证法。漠视前人的经验和教训,只能重蹈历史的覆辙,使历史的悲剧重演。对毛泽东来说,孙中山领导中国民主革命的成功与失败、经验与教训,是刚刚成为历史的现实,因而具有直接的借鉴意义和参考价值。所以,毛泽东非常重视对孙中山革命经验的总结,反复强调要继承孙中山的思想。事实上,中国新民主主义革

---

① 中共中央编译局编译:《马克思恩格斯选集》(第4卷),人民出版社1995年版,第254页。
② 中共中央文献编辑委员会编:《毛泽东选集》(第2卷),人民出版社1991年版,第534、708页。
③ 中共中央文献编辑委员会编:《毛泽东选集》(第2卷),人民出版社1991年版,第534页。
④ 中共中央文献编辑委员会编:《毛泽东选集》(第2卷),人民出版社1991年版,第563、564页。

命的胜利乃至社会主义改造的顺利进行，是与对孙中山思想的继承和经验教训的借鉴分不开的。

（三）孙中山思想之中确实包含有许多值得后人借鉴和吸收的精华

孙中山作为资产阶级革命民主派的卓越政治家、思想家，不仅在实践上为民族解放、民权自由、民生幸福奉献了自己的毕生精力，而且从理论上对中国革命、中国社会的发展规律进行了深入的探讨和研究，提出了许多富有远见的思想和主张。它的先进性和科学性，超出了同时代人的思想水平和认识水平，其中不少思想在今天看来仍是正确的、合理的，对中国乃至整个世界具有持久的、普遍的意义。过去一个时期，我们对孙中山思想采取了简单化的贴阶级标签的方法，更没有人来考察孙中山思想对毛泽东及毛泽东思想的形成所产生的深刻影响。实际上，孙中山的思想中包含有许多值得共产党人借鉴和吸收的精华，甚至在一定意义上可以说，孙中山的思想使毛泽东和中国共产党人缩短了对中国革命、中国社会发展规律的认识和探索时间，使毛泽东和中国共产党人少走了许多弯路。毛泽东明确指出：孙中山在"政治思想方面留给我们许多有益的东西"。除此以外，孙中山的经济思想、文化思想、军事思想、外交思想、教育思想、伦理思想、法律思想、哲学思想之中，都包含有不少科学性的认识，这些都是后人应该借鉴和吸收的。这也是孙中山思想能够成为毛泽东思想理论来源的一个重要原因。

正是基于以上三个方面的原因，毛泽东反复申明要继承孙中山的思想。他在"七大"所作的口头政治报告中曾这样说过："孙中山这位先生，要把他讲完全。我们是马克思主义者，是讲历史辩证法的。孙中山的确做过些好事，说过些好话，我在报告里尽量把这些好东西抓出来了。这是我们应该抓住死也不放的，就是我们死了，还要交给我们的儿子、孙子。"毛泽东还对党内一些同志不重视孙中山及其思想的错误倾向，提出了批评。他说："我们党内有一种情绪，不喜欢孙中山，这种情绪在相当广大的党员中存在着。认真说，这种情绪是不大健全的，是还没有真正觉悟的表现。"① 这就进一步表明了毛泽东对孙中山思想所采取的态度，由此我们可以更为深刻地认识到孙中山思想成为毛泽东思想重要理论来源的缘由。

二、成为毛泽东思想理论来源的孙中山思想

那么，成为毛泽东思想理论来源的孙中山思想，究竟包括哪些具体内容呢？或者说，毛泽东在构建自己理论学说的过程中，究竟继承了孙中山的哪些思想呢？举其要端，有如下几个方面。

（一）政治思想

孙中山提出：国家当以人民为基础，工农则是人民的主体；国家主权属于全体国民，人民享有一切自由与权利；革命必须"唤起民众"，"革命行动而欠缺人民心力，无异无源之水，无根之木"；② 官吏应是"国民之公仆"，而"公仆"又必须由"有才有德"的专门家充任。这些是孙中山政治思想的精髓。尽管其性质是资产阶级民主主义的，在当时的历史条件下也不可能真正实现，但其中确实包含着许多闪光的东西，值得后人借鉴和吸收。毛泽东继承了孙中山政治思想的合理因素。他明确指出："人民民主专政的基础是工人阶级、农民阶级和城市小资产阶级的联盟，而主要是工人和农民的联盟，因为这两个阶级占了中国人口的百分之八十到九十"③；人民通过全国人民代表大会决定国家大政方针，选举政府，行使管理国家大事的权力，政府必须保障人民"有同等的人权、财权、选举权和言论、集会、结社、思想、信仰的自由权"④；他深谙孙中山"唤起民众"的遗训，一再强调要进行反帝反封建的民主革命，必须放手发动群众，壮大人民力量；党的干部应当德才兼备，又红又专，既要有公仆意

---

① 中共中央文献研究室编：《毛泽东在七大的报告和讲话集》，中央文献出版社1995年版，第124、第125页。
② 中山大学历史系孙中山研究室等编：《孙中山全集》（第8卷），中华书局1986年版，第431页。
③ 中共中央文献编辑委员会编：《毛泽东选集》（第4卷），人民出版社1991年版，第1478页。
④ 中共中央文献编辑委员会编：《毛泽东选集》（第2卷），人民出版社1991年版，第768页。

识，又要有奉献精神。很显然，毛泽东和孙中山的政治思想有不少相通和契合的地方。这种相通和契合绝非偶然，表明毛泽东在继承马列主义有关政治思想的同时，也借鉴了孙中山政治思想的合理成分。应当指出的是，在孙中山的政治思想中，"人民"是一个相当笼统、模糊的概念，他对"人民"一词缺乏深刻的分析与规定，没有也不可能突出强调工人阶级的领导地位。他往往有意无意地避开政权的阶级性，抽象地谈论民权，对人民权利也缺乏根本的保障。毛泽东则克服了上述历史局限，对各个不同历史时期的人民含义及其权利作了比较明确的规定，实现了对孙中山政治思想的超越。

（二）经济思想

在经济发展问题上，孙中山提出了一系列富有远见的思想和主张。他指出：工业化是经济发展的核心，农业是经济发展的基础，交通运输是经济发展的重点，科学技术是经济发展的关键，国家干预是经济发展的保障，对外开放是经济发展的手段，解决民生是经济发展的目的。此外，孙中山还提出，在经济发展过程中要注意地区协调、贫富协调、物质文明和精神文明协调；在经济发展的同时，必须重视生产关系的变革。其民生主义的所有制结构是一种以国有国营经济为主体的多种经济形式并存发展的所有制结构。对于孙中山的上述经济思想，毛泽东也有所继承和发展。把中国由传统农业国变为现代工业国，实现中国的工业化，这是毛泽东投身革命的理想追求，也是他规划的中国经济发展的目标和方向。毛泽东一贯认为，农业是国民经济的基础，也是我国人民和社会生存、生活、发展的基础，并明确提出了以农业为基础，以工业为主导的发展国民经济的总方针。对于交通运输在经济发展过程中的重要性，毛泽东也有着深切的认识。他重视铁路和公路建设，亲自审批过一些铁路和公路的修建方案。毛泽东同样重视科学技术在经济发展中的作用，并提出过"技术革命""向科学进军"等口号，要求大家学技术，学科学。他强调国家在经济发展中的调控作用，主张有计划地发展国民经济，要求"统一领导""统一计划"。毛泽东同样主张，为了发展生产力，必须实行对外开放政策，引进外国必要的资金、技术和人才。在他看来，社会主义经济是为人民服务的经济，社会主义生产的目的只能是满足人民不断增长的物质需要。与此同时，毛泽东还提出：中国经济发展要注意缩小沿海地区与内地的差距，避免贫富过分悬殊，做到物质文明建设与精神文明建设协调发展；社会主义工业化必须和社会主义改造同时并举，在发展生产力的同时实现生产关系的变革；人民共和国的所有制结构应当是一种以国营经济为主体，合作社经济、私人资本主义经济、个体经济、国家资本主义经济同时并存发展的所有制结构。不难看出，孙中山经济思想中符合中国实际、符合经济发展规律的积极因素，已为毛泽东所吸纳和接受。根本不同的是道路选择。孙中山的经济发展选择的是资本主义道路，毛泽东则使中国的经济发展走上了社会主义之路。

（三）军事思想

孙中山不仅是一位伟大的政治家、思想家，而且是一位杰出的军事家，从军事实践到军事理论，他都有丰富的经验和高深的造诣。他指出：战争是挽救危亡的手段，也是制止战争、消灭战争的途径，"以战止战"的思想是他一生从事革命、争取和平的指导思想；革命必须有武力，走武装斗争的道路，用战争来解决问题；要使革命获得成功，必须建立一支完全不同于一切旧式军队的革命军队，革命军队必须在党的领导之下，党的领导是革命军队的中枢；进行武装斗争必须以根据地为依托，武力必须与国民相结合；集中兵力、游击战争、利用矛盾、瓦解敌军是革命战争的战略战术。对于孙中山的军事思想，毛泽东也采取了批判继承的态度。他明确指出："战争的目的在于消灭战争"，消灭战争的方法只有一个，就是"用战争反对战争"，"经过战争去消灭战争"。这一思想近似于孙中山"以战止战"的思想。毛泽东还借鉴了孙中山的"战争事业"，从一开始就主张中国革命必须走农村包围城市、武装夺取政权的道路，认准了"政权是由枪杆子中取得的"。他在领导中国革命的过程中，创建了一支新型的人民军队，在军队建设中，强调"我们的原则是党指挥枪，绝不容许枪指挥党"，把军队置于党的绝对领导之下，并借鉴了孙中山在军队中建立党代表制度和政治工作制度的成功经验。毛泽东认识到，中国革命战争要取得胜利，必须建立革命根据地，必须依靠人民群众，进行人民战争。这就发展了孙中山的"托根"思想和武力与国民相结合的思想。此外，毛泽东还借鉴和运用了孙中山提出的集中兵力、游击战争、利用矛盾、瓦解敌军的战略战术，并把游击战争上升到了战略地位。应当说，毛泽东继承了孙中山的军事思想，并超越了孙中山军事思想的阶级局限性。

（四）文化思想

文化建设和文化发展，必须处理好"古今"问题和"中西"问题。对于中国传统文化，孙中山给予了高度评价，他的基本态度是"能用古人而不为古人所惑，能役古人而不为古人所奴"①，继承而不迷信，利用而不泥古。对于西方文化，孙中山一方面主张学习西方，吸收西方文明的长处；另一方面又强调绝不可"照本抄誊""不宜盲从他国，致为人利用"。孙中山还提出，在继承和发扬中国传统文化中的道德、知识、能力的基础上，吸取西方的科学技术、科学方法和科学精神，创造出一种融合中西的新文化，这是中国文化的发展之路。对于孙中山的文化思想，毛泽东作了肯定和发挥。他同样盛赞中国传统文化，主张吸收和借鉴外国进步文化，既倡导"古为今用""洋为中用"，又反对照搬传统、"全盘西化"。关于中国文化的发展，毛泽东也主张在吸收中外文化精华的基础上，"熔铸"一种先进的新文化。这种文化集中西两种文化之长，而无两种文化之短。由此可见，毛泽东在很大程度上认同了孙中山的文化思想。

（五）教育思想

孙中山十分重视教育，提出教育是"富强之大经，治国之大本"。他的教育思想的着眼点是普及国民教育，认为受教育的对象不应是少数人，而应是全体国民。在他看来，教育的宗旨应当是"注重体育、智育、德育"三项，用这三项来改良人格，改良社会。此外，孙中山还提出了从实践中学、注重自学、因材施教、循序渐进、启发式教学等教育方法。毛泽东继承和发展了孙中山的教育思想。他更为深刻地认识到了教育对于国家政治建设、经济发展的重大作用，提出了教育为革命战争服务、为政治服务、为经济建设服务的方针。他对普及国民教育也给予了足够的关注，无论是战争年代，还是和平时期，都把它们作为一项重要的工作来抓，并组织制定了一系列法规，以保证普及教育有计划的开展。毛泽东也明确主张德、智、体三育并重，全面发展，且把它作为国家的教育方针确立下来。至于孙中山所提出的教学方法，毛泽东也是积极倡导并身体力行的。

---

① 中山大学历史系孙中山研究室等编：《孙中山全集》（第6卷），中华书局1985年版，第180页。

因此，毛泽东和孙中山的教育思想有不少相近之处。当然，孙中山讳言教育的阶级性，毛泽东则明确承认这一点，并赋予了孙中山所提出的"德、智"以新的内涵。

（六）外交思想

在外交问题上，孙中山提出了四项重要的原则：第一，主权独立原则。孙中山一再告诫国人："主权万不可授之外人"，他十分注意捍卫民族利益，维护国家主权。第二，和平交往原则。孙中山历来反对以武力威胁手段解决国际关系中的争端，反对"霸道"，主张"王道"，即主张和平交往，发展国与国之间的睦邻友好关系。第三，国际平等原则。孙中山认为，国与国之间的关系，无论国家大小强弱，都应建立在平等的基础上。他反对强权和霸道，反对帝国主义干涉中国内政，并明确表示中国不称霸，要以平等态度对待别国。第四，扶助弱小民族原则。孙中山深切同情世界上一切被压迫民族的境遇，把扶助弱小民族看成是我们民族的天职。毛泽东继承了孙中山的上述外交思想。他从国家和民族的最高利益出发，始终强调坚持独立自主的对外方针，在国家主权问题上绝不让步。同时，他又把争取和维护世界和平作为中国对外政策的主要目标和基本出发点，主张用和平方式解决国际争端。毛泽东呼吁，国家不分大小应平等相待，既反对别国干涉中国内政，也宣布中国不搞大国主义，永不称霸。他还认为，支持正在争取解放的各国人民，是已经取得胜利的人民义不容辞的国际主义义务。因此，对于亚洲、非洲、拉丁美洲各国的民族独立运动，他都给予了积极支持和大力援助。可见，毛泽东认同孙中山提出的外交原则，并克服了孙中山对帝国主义的软弱性、妥协性，坚决主张反对帝国主义、霸权主义，维护世界和平。

除了以上六个方面之外，毛泽东对孙中山的伦理思想、法律思想、民族思想、哲学思想、社会发展思想都有所继承和发展，限于篇幅，在此就不一一论列了。

三、毛泽东继承借鉴孙中山思想的特点

上述可见，孙中山思想是毛泽东思想的一个重要来源。但是，我们必须指出：毛泽东对孙中山思想的继承，不是简单的照搬，而有其自己的方

法、自己的特点。那么，毛泽东对孙中山思想的继承究竟有何特点呢？

（一）继承与批判相结合

毛泽东历来强调，对于中国传统文化，必须有批判、有区别地加以利用，"决不能无批判地兼收并蓄"，做到"剔除其封建性的糟粕，吸收其民主性的精华"。① 对于孙中山的思想，他也采取了同样的方法，继承之中有批判，批判之中有继承。比如，毛泽东对孙中山的新三民主义给予了高度的评价，并指出，这种三民主义"和中国共产党在民主革命阶段中的政纲，即其最低纲领，基本上相同"②，因而在其著作中大量引用孙中山有关新三民主义的论述，来阐明其新民主主义理论。例如，他引用孙中山的"近世各国所谓民权制度，往往为资产阶级所专有，适成为压迫平民之工具。若国民党之民权主义，则为一般平民所共有，非少数人所得而私也"，来说明新民主主义的政治纲领，认为我们的主张"是和孙中山先生的革命主张完全一致的"。③ 还比如说，毛泽东引用孙中山的"凡本国人及外国人之企业，或有独占的性质，或规模过大为私人之力所不能办者，如银行、铁道、航路之属，由国家经营管理之，使私有资本制度不能操纵国民之生计，此则节制资本之要旨也"，来说明新民主主义经济纲领中的工商业政策，并且指出："在现阶段上，对于经济问题，我们完全同意孙先生的这些主张。"④ 这表明，毛泽东继承了孙中山新三民主义的精华，他大段引用孙中山的论述，不只是语言文字的借用，而是对其基本精神、合理内核的继承。

但毛泽东并没有完全肯定和全盘继承孙中山的新三民主义，相反，他运用马克思主义的科学方法，专门分析和批判了新三民主义的缺陷。他认为，三民主义的宇宙观是唯心史观，三民主义没有彻底实现人民权利、八

---

① 参见中共中央文献编辑委员会编《毛泽东选集》（第2卷），人民出版社1991年版，第707～708页。
② 中共中央文献编辑委员会编：《毛泽东选集》（第2卷），人民出版社1991年版，第693页。
③ 参见中共中央文献编辑委员会编《毛泽东选集》（第3卷），人民出版社1991年版，第1056～1057、第1056页。
④ 中共中央文献编辑委员会编：《毛泽东选集》（第3卷），人民出版社1991年版，第1057页。

小时工作制和彻底的土地革命纲领，三民主义只有民主革命阶段，没有社会主义革命阶段，三民主义是理论和实际不一致，讲的和做的互相矛盾。毛泽东强调，看不见这些缺点，"无疑是非常错误的"。由此他进一步断定："孙中山的三民主义比我们的新民主主义差，新民主主义的确比三民主义更进步，更发展，更完整。"① 可见，毛泽东对孙中山的新三民主义采取的是继承与批判相结合的方法。

（二）继承与改造相结合

对于孙中山的基本内容正确而又不尽完善的思想，毛泽东一方面主张继承其正确内容；另一方面又强调改造其不尽完善之处，把继承与改造结合起来。比如，孙中山在其革命活动的后期，对农村土地问题的严重性、解决农民土地问题的迫切性和发动农民参加革命斗争的重要性等，都有了新的认识，因而提出了"耕者有其田"的口号，主张解决农民的土地问题。毛泽东认为，"耕者有其田"的基本内容是正确的，因而对它给予了极高的评价。但是，孙中山的"耕者有其田"主张，是不彻底的，有其不够完善的地方。这主要表现在：一是孙中山所提出的"耕者有其田"，是耕者有其使用之田，而不是耕地归农民所有，他是主张土地国有的；二是孙中山并不主张立即实行"耕者有其田"，而是要等将来全国农民都"联络起来"之后再实行，因而在孙中山时代并没有真正实行过土地制度的改革；三是孙中山提出实行"耕者有其田"的办法，主要是由国家授田给无地或少地的农民，并向农民收取租税，同时辅以国家租地给农民的方式。他主张"和平解决"农民土地问题的同时，使地主的利益不受损失。

毛泽东在接过"耕者有其田"这个基本上正确的口号的同时，又改造了其不完善、不彻底的方面。他指出："'耕者有其田'，是把土地从封建剥削者手里转移到农民手里，把封建地主的私有财产变为农民的私有财产，使农民从封建的土地关系中获得解放，从而造成将农业国转变为工业

---

① 中共中央文献研究室编：《毛泽东在七大的报告和讲话集》，中央文献出版社1995年版，第124页。

国的可能性。"① 这就肯定了农民的土地所有权，改变了孙中山关于土地国有的设想。毛泽东还指出："耕者有其田"不仅要进行宣传，而且要立即实行。他在领导中国革命初期，就着手进行土地革命，解决农民的土地问题，真正实现"耕者有其田"。这就走出了孙中山"耕者有其田"不能立即实行的误区。毛泽东还提出，解决农民土地问题，必须发动农民，组织农民，武装农民，开展武装斗争，实行土地革命，用暴力推翻地主政权，建立农民政权，无代价地没收地主土地分配给农民所有。这也就改造了孙中山"和平解决"土地问题的主张。因此，毛泽东既继承了"耕者有其田"这一口号，又改造了其不够完善的内容，做到了继承与改造相结合。

（三）继承与发展相结合

把孙中山思想中正确的内容基本上保留下来，并进一步丰富和发展，使之提高到真正科学的水平，将继承与发展结合起来，这是毛泽东对孙中山思想所采取的又一态度和方法。比如，孙中山在《国事遗嘱》中指出："余致力国民革命凡四十年，其目的在求中国之自由平等。积四十年之经验，深知欲达到此目的，必须唤起民众及联合世界上以平等待我之民族，共同奋斗。"② 毛泽东多次引用孙中山总结的上述经验告诫全党，并在回顾中国共产党领导中国革命的经验时，把上述两点基本上保留下来了。他在《论人民民主专政》一文中写道："到现在为止，中国人民已经取得的主要的和基本的经验，就是这两件事：（一）在国内，唤起民众。……（二）在国外，联合世界上以平等待我的民族和各国人民，共同奋斗。"③ 这表明，毛泽东在领导中国革命的过程中，借鉴和吸收了孙中山所总结的革命经验。

但是，毛泽东并没有停留在孙中山的理论思考和实践基础上。在领导中国革命过程中，毛泽东大大丰富和发展了孙中山总结的革命经验，他对

---

① 中共中央文献编辑委员会编：《毛泽东选集》（第4卷），人民出版社1991年版，第1472页。
② 广东省社会科学院历史研究室等编：《孙中山全集》（第11卷），中华书局1986年版，第639页。
③ 中共中央文献编辑委员会编：《毛泽东选集》（第4卷），人民出版社1991年版，第1472页。

中国革命经验的概括,更为深刻、丰富和完整。他指出:"我们的二十八年,就大不相同。我们有许多宝贵的经验。一个有纪律的,有马克思列宁主义的理论武装的,采取自我批评方法的,联系人民群众的党。一个由这样的党领导的军队。一个由这样的党领导的各革命阶级各革命派别的统一战线。这三件是我们战胜敌人的主要武器。这些都是我们区别于前人的。"① 由此可见,毛泽东所总结的革命经验较之孙中山总结的革命经验,内容更充实,理论形态更完整,真正做到了继承与发展的有机结合。

正是通过上述三种方法和态度,毛泽东成功地实现了对孙中山思想的继承与超越,既使孙中山思想成为毛泽东思想的一个重要理论来源,又使毛泽东思想发展到了一个新的阶段。总结与探讨这份宝贵的精神遗产,无疑具有重要的理论意义和现实意义。

(原载《教学与研究》2000年第8期)

---

① 中共中央文献编辑委员会编:《毛泽东选集》(第4卷),人民出版社1991年版,第1480页。

毛泽东与纪念活动的政治功能表达

民主革命时期，毛泽东策划、组织或参与了一系列重大历史事件、重要历史人物、重要节日纪念活动，通过纪念活动有效进行了理论诠释、政治动员，促进了国内、国际各方关系的协调，纪念活动的政治功能也因此得到充分表达和释放。

一、借助纪念活动进行理论诠释

马克思主义中国化的过程，既是马克思主义在中国传播和中国化马克思主义形成的过程，也是马克思主义与中国化马克思主义为群众所掌握、所接受的过程。理论要为群众所掌握、所接受，必须借助一定的载体对理论的基本内涵、精神实质、实践要求进行诠释和解读。民主革命时期，毛泽东善于利用纪念活动诠释马克思主义基本原理与中国化马克思主义，纪念活动成为理论诠释的重要载体。

（一）对马克思主义基本原理的诠释

马克思主义是包含若干基本原理的科学体系，由于现实的需要，中国共产党人对马克思主义的了解与接受是从其阶级斗争理论开始的。在这一理论的传输、诠释过程中，纪念活动发挥了积极作用。1926 年 3 月 18 日，毛泽东为纪念巴黎公社 55 周年在国民党政治讲习班上发表演讲①，针对当时国内有人怀疑或否定阶级斗争的观点，阐发了马克思主义的阶级斗争理论。他提出："马克思说：'人类的历史，是一部阶级斗争史。'这是事实，不能否认的。人类由原始社会进化为家长社会、封建社会以至于今日之国家，无不是统治阶级与被统治阶级之阶级斗争的演进。巴黎公社便是工人阶级第一次起来打倒统治阶级的政治的经济的革命。我们向来读

---

① 演讲原题为"纪念巴黎公社应注意的几点"，编入《毛泽东文集》第 1 卷时，改为《纪念巴黎公社的重要意义》。

中国史,不注意阶级斗争的事实,其实四千多年的中国史,何尝不是一部阶级斗争史呢?"① 这就结合人类历史演进、巴黎公社和中国历史发展主线,诠释了马克思主义的阶级斗争理论,批驳了戴季陶等人宣扬的阶级调和论。

国家是人类社会的一种历史现象,它伴随阶级的产生而出现,也必将随着阶级的消灭而消亡,这是马克思主义的一条重要原理。毛泽东为纪念中国共产党成立 28 周年而撰写的《论人民民主专政》一文,结合中国共产党的历史发展诠释了这一原理。他说:"中国共产党已经不是小孩子,也不是十几岁的年轻小伙子,而是一个大人了。人到老年就要死亡,党也是这样。阶级消灭了,作为阶级斗争的工具的一切东西,政党和国家机器,将因其丧失作用,没有需要,逐步地衰亡下去,完结自己的历史使命,而走到更高级的人类社会。""消灭阶级,消灭国家权力,消灭党,全人类都要走这一条路的,问题只是时间和条件。"② 这样,毛泽东借助中国共产党诞辰纪念,通过论证中国社会阶级、国家、政党的发展趋势,实际上传输、诠释了马克思主义关于阶级消灭、国家消亡的原理。

(二) 对新民主主义革命理论的诠释

新民主主义革命理论的形成有一个过程,在这个过程中,毛泽东通过借助纪念活动,及时诠释了新民主主义革命理论的基本内涵。在上述纪念巴黎公社 55 周年的演讲中,毛泽东通过总结巴黎公社的经验教训,实际上论证了新民主主义革命过程中党的领导、武装斗争的重要性。他说:巴黎公社存在不过 72 天,何以失败这样快呢?有两个主要原因:"没有一个统一的集中的有纪律的党作指挥","对敌人太妥协太仁慈"。由此,他得出两条重要结论:"我们欲革命成功,必须势力集中行动一致,所以有赖于一个有组织有纪律的党来发号施令";"我们对敌人仁慈,便是对同志残忍"。他告诫:"我们要革命,便要从此学得革命的方法。"③ 这就借

---

① 中共中央文献研究室编:《毛泽东文集》(第 1 卷),人民出版社 1993 年版,第 34~35 页。
② 中共中央文献编辑委员会编:《毛泽东选集》(第 4 卷),人民出版社 1991 年版,第 1468 页。
③ 中共中央文献研究室编:《毛泽东文集》(第 1 卷),人民出版社 1993 年版,第 35~36 页。

巴黎公社纪念之机，说明了党的领导、武装斗争在新民主主义革命过程中的重要地位。

经过土地革命时期、抗日战争时期的经验积累与理论升华，新民主主义革命理论日益走向成熟。由于五四运动是新民主主义革命的开端，借五四运动纪念诠释新民主主义革命理论也就顺理成章。1939年5月，为纪念五四运动20周年，毛泽东发表《五四运动》一文，勾勒了新民主主义革命理论的基本内涵。文章指出：五四运动标志"中国反帝反封建的资产阶级民主革命已经发展到了一个新阶段"；新民主主义革命依然"带着资产阶级民主革命性质"，必须依靠"工人阶级、农民阶级、知识分子与进步的资产阶级"，而其"根本的革命力量是工农"；其目的在于建立"民主主义的社会制度"。① 这就较为明确地说明了新民主主义革命的开端、性质、动力、前途等问题。随后，毛泽东在延安青年举行的五四运动20周年纪念会上的讲演，进一步诠释了新民主主义革命理论。他说：中国革命的对象，一个是帝国主义，一个是封建主义；中国革命的主体是中国的老百姓；中国革命的动力有无产阶级、农民阶级和其他阶级中一切愿意反帝反封建的人，而革命的骨干是占全国人口百分之九十的工人农民；中国革命的性质是"资产阶级性的民主主义的革命"；中国革命的目的是建立"人民民主的共和国"。② 这就把新民主主义革命理论所解决的主要问题梳理得十分清晰，是对新民主主义革命理论基本内涵的全面解读。

（三）对中国革命经验的诠释

历史经验包含诸多启人心智的道理，善于总结和反思历史经验，是一个政党成熟的重要标志。民主革命时期，毛泽东组织、参与的诸多纪念活动，其出发点之一就在于总结历史经验，以为中国革命提供有益的启示和借鉴。比如，毛泽东在延安青年举行的五四运动20周年纪念会上的讲演，就初步总结了鸦片战争以来近百年中国革命的基本经验。他说，中国革命

---

① 毛泽东：《五四运动》，载《解放》第70期（1939年5月1日），第9页。原文只是提出"根本的革命力量是工农"，并没有接着强调工人阶级是革命的领导阶级，收入《毛泽东选集》（第2卷）时，加上了"革命的领导阶级是工农阶级"一语。[参见中共中央文献编辑委员会编《毛泽东选集》（第2卷），人民出版社1991年版，第559页]

② 参见中共中央文献编辑委员会编《毛泽东选集》（第2卷），人民出版社1991年版，第562、第563页。

"只得到了暂时的部分的胜利,没有永久的全国的胜利",究其原因,"第一是敌人的力量太强,第二是自己的力量太弱"。在借鉴孙中山遗嘱的基础上,毛泽东指出:中国革命的经验教训"根本就是'唤起民众'这一条道理"①。尽管毛泽东强调"唤起民众"意在动员青年群众参加抗战,但由于这一点是从历史经验中引申出来的,是基于历史经验的观点表达,也就容易为人所理解和接受。在《论人民民主专政》一文中,毛泽东则系统总结了中国共产党成立 28 年来所积累的经验。在他看来,"一个有纪律的,有马克思列宁主义的理论武装的,采取自我批评方法的,联系人民群众的党。一个由这样的党领导的军队。一个由这样的党领导的各革命阶级各革命派别的统一战线。这三件是我们战胜敌人的主要武器"。② 因为有了 28 年的经验积累,新民主主义革命时期也即将终结,在此背景之下诠释中国革命经验,可谓水到渠成。

毛泽东之所以选择纪念活动作为诠释理论的载体,有如下几个方面的因素:其一,纪念活动能增强理论的说服力。在民主革命时期的诸多纪念对象中,有些纪念对象与理论本身的形成、发展具有内在关联。比如,巴黎公社既是马克思主义理论的第一次尝试,其经验教训又促进了马克思主义的发展和成熟;五四运动既是新民主主义革命的历史起点,也是建构新民主主义革命理论的实践依据。当纪念对象与理论本身密切关联时,借助纪念活动将人们带回历史的时空,置身历史的场景,将理论诠释奠基于历史的基础之上,有助于增强理论的说服力。其二,纪念活动能增强理论的影响力。一般说来,纪念活动会成为一定时期舆论关注的焦点,通过纪念活动传输、诠释的理论,容易引起媒介的关注,也容易赢得社会的共鸣,从而使理论具有广泛的社会影响力。其三,纪念活动能促进理论的大众化。纪念活动是具有一定规模的群体性活动,往往有众多的民众参加,借助纪念活动诠释理论,能使理论直接进入民众的视野。同时,为了赢得民众的理解和认同,在诠释理论的过程中,将依据民众的接受能力、认知水平、职业特点,用通俗易懂的语言、简明扼要的方式来诠释理论。如此,

---

① 中共中央文献编辑委员会编:《毛泽东选集》(第 2 卷),人民出版社 1991 年版,第 564、565 页。

② 中共中央文献编辑委员会编:《毛泽东选集》(第 4 卷),人民出版社 1991 年版,第 1480 页。

将促进理论走向大众，为大众所掌握和接受。

从毛泽东借助纪念活动所进行的理论诠释可以看出，纪念活动对于推动马克思主义在中国的传播，对于促进新民主主义革命理论的形成与大众化，对于中国革命经验的总结与升华，发挥了积极效应。可以说，纪念活动是传播马克思主义的媒介，也是推进马克思主义中国化的重要力量。

二、借助纪念活动进行政治动员

政治动员是一定阶级或政党，通过运用政权或政党的力量，激发社会成员的积极性和创造性，以实现特定政治目标的行为。民主革命时期，逢各种纪念活动之机，毛泽东依据现实的需要或起草通电、宣言、社论进行政治动员，或发表文章、演讲进行政治动员，纪念活动在政治动员过程中的效能得到了充分展现。

（一）借助重要节日纪念进行政治动员

"三八"妇女节是全世界妇女的节日，利用这一纪念节日来动员妇女谋求自身解放，具有不同寻常的效果。1939 年 3 月 8 日，延安召开纪念"三八"妇女节大会，毛泽东发表讲话明确表示："今天开纪念'三八'的大会，就是一个号召，一个动员，要把全国女同胞的大团体结合起来，把全国男女同胞的大团体结合起来。"团结起来的目的，就在于"争取妇女们的自由与平等"。① 在这次纪念活动中，毛泽东还进一步论述了妇女解放与社会解放的关系。他说："要真正求得社会解放，就必须发动广大的妇女群众来参加；同样，要真正求得妇女自身的解放，妇女们就一定要参加社会解放的斗争。"② 从这里可以看出，毛泽东借"三八"妇女节纪念以动员广大妇女参加革命、谋求自身解放的意图，是非常明确的。但这种动员不是一般的简单号召，而是注意从理论上予以引导。1940 年 3 月，毛泽东在出席延安纪念"三八"妇女节大会时又说："妇女的力量是伟大的，世界上什么事情，没有妇女参加就不能成功。全国妇女要加紧团结起

---

① 中共中央文献研究室编：《毛泽东文集》（第 2 卷），人民出版社 1993 年版，第 170、第 166 页。

② 中共中央文献研究室编：《毛泽东文集》（第 2 卷），人民出版社 1993 年版，第 169 页。

来，齐心合力，为争取全国妇女的自由平等而奋斗。"① 这里既肯定妇女是新民主主义革命的一支重要力量，又对妇女的政治参与提出了明确要求，其政治动员的意蕴也清晰可见。

"五一"劳动节是全世界劳动者的节日，利用这一纪念节日进行政治动员，具有广泛的社会影响力。早在1922年5月，毛泽东便开始借"五一"纪念表达自己的政治主张。他为纪念"五一"而撰写的《更宜注意的问题》一文，呼吁全社会关注劳工的三件事：生存权、劳动权与劳动全收权。他说："'五一'这个纪念是八时间工制运动的纪念"，"这是'能生存'而且'得了业'的人的要求"，"至于那些不能生存的人失业的人，问题则在如何使之生存与得业"。② 毛泽东此番言论，意在敦促湖南地方当局关注劳工的生存权与劳动权，同时亦蕴含动员劳工争取自身生存权、劳动权的旨意。1934年4月24日，毛泽东以中华苏维埃共和国中央执行委员会主席的名义发表《中华苏维埃共和国中央政府"五一"劳动节宣言》，针对国民党对苏区发动的第五次"围剿"，号召苏区每一个工人、农民武装起来，加入红军，保卫苏区。③ 发表这一宣言的目的，也在于动员苏区的工农群众参加反"围剿"战争，保卫苏维埃政权。1939年5月，毛泽东在延安各界纪念"五一"劳动节大会上发表演讲，亦呼吁"把全国人民的思想、意志、力量统一起来，集中起来"，以收复一切失地，赢得抗战的最后胜利。④ 因此，无论阶级矛盾的处理，还是民族矛盾的解决，毛泽东都注意利用"五一"劳动节纪念进行政治动员。

五四运动纪念对于青年力量的整合，无疑具有积极意义。1938年5月4日，毛泽东出席延安青年纪念"五四"晚会时，就号召青年为建立独立、自由、幸福的新中国而奋斗。⑤《五四运动》一文则首次提出："革命的，或不革命的，或反革命的知识分子之最后的分界，看其是否愿意并

---

① 中共中央文献研究室编：《毛泽东年谱（1893—1949）》（中卷），人民出版社、中央文献出版社1993年版，第178页。
② 中共中央文献研究室编：《毛泽东文集》（第1卷），人民出版社1993年版，第9页。
③ 中共中央文献研究室编：《毛泽东年谱（1893—1949）》（上卷），人民出版社、中央文献出版社1993年版，第425页。
④ 毛泽东：《国民精神总动员的政治方向》，载《解放》第71期（1939年5月15日），第6页。
⑤ 参见中共中央文献研究室编《毛泽东年谱（1893—1949）》（中卷），人民出版社、中央文献出版社1993年版，第66页。

且实行结合工农民众，他们的最后分界仅仅在这一点。"毛泽东提出这一标准，其实践指向在于动员知识分子"把自己的工作与工农民众结合起来，到民众中去，变成民众的宣传者与组织者"①，动员青年正是这篇文章主旨的落脚点。毛泽东在延安青年举行的五四运动20周年纪念会上，重申"中国的知识青年们和学生青年们，一定要到工农群众中去，把占全国人口百分之九十的工农大众，动员起来，组织起来"②。这一倡议指明了青年成长的道路和肩负的使命，同样具有政治动员的效果。

"七一"建党纪念是中共纪念活动的重要内容，也是进行政治动员的有利时机。1943年7月1日，中央办公厅举办纪念中共成立22周年和抗战6周年干部晚会，毛泽东发表《英勇斗争的二十二年》的讲话。他对两次世界大战进行了对比，对两次世界大战期间中国的情况进行了分析，其目的在于使中国共产党人对"光明的新世界和光明的新中国增强信心"。毛泽东坚信"这一次的反法西斯战争，必然要创造出一个更加进步的世界、一个更加进步的中国来"③。这番讲话就其着眼点而言，仍在政治动员，其目的是为了增强中国共产党人对于抗战胜利的信心。1947年6月30日夜，刘邓大军强渡黄河，向大别山进军，揭开了中国人民解放军战略进攻的序幕。在此关键时刻，毛泽东借中共成立26周年之机，鼓舞国人士气。7月1日，新华社发表社论《努力奋斗，迎接胜利》，其中"努力奋斗"四个字是毛泽东加上的。他在修改社论时，还加写了这样一段话："前进的道路上还会有困难，我们一定要正视这些困难，宁可作长期打算，不要有速胜论。有困难，我们一定要克服，也一定可以克服。同胞们，同志们，勇敢前进，努力奋斗，迎接胜利。"④ 在战争年代，这种号召无疑具有政治动员的效果。

（二）借助重大历史事件纪念进行政治动员

近代中国发生了一系列具有历史意义的重大事件，重大事件纪念也是

---

① 毛泽东：《五四运动》，载《解放》第70期（1939年5月1日），第9页。
② 中共中央文献编辑委员会编：《毛泽东选集》（第2卷），人民出版社1991年版，第363页。
③ 中共中央文献编辑委员会编：《毛泽东文集》（第3卷），人民出版社1996年版，第29、32页。
④ 参见胡乔木《胡乔木回忆毛泽东》，人民出版社1994年版，第495页。

进行政治动员的有利时机。1937年7月7日是日本全面侵华的开始，也是中华民族全面抗战的开始。抗日战争时期和解放战争时期，毛泽东极为重视"七七"纪念活动，充分发挥了这一纪念活动的政治动员效能。1939年6月30日，毛泽东为纪念抗战两周年撰写《当前时局的最大危机》一文，针对当时的"主战派"与"主和派"之争，号召全国人民"团结抗战以求解放"，"反对投降与分裂"。① 1942年7月7日中共中央所发表的《为纪念抗战五周年宣言》，正是根据毛泽东在6月19日中央政治局会议上的提议，综合大家的意见起草而成。② 1943年7月，毛泽东亲自起草《中共中央为抗战六周年纪念宣言》。宣言首先分析了全世界反法西斯同盟与法西斯侵略同盟两大阵线所发生的力量对比的巨大变化，说明了法西斯侵略国家在国际上所处的孤立地位及其内部发生的团结危机、军事危机和政治危机。在此基础上，提出了加强作战、加强团结、改良政治、发展生产四大主张。③ 宣言的发表，对于克服抗战面临的困难、坚定抗战胜利的信心，具有鼓舞作用。1946年"七七"九周年纪念前夕，正值全面内战爆发，毛泽东要求借此发表宣言，"以便动员全国人民反对反动派的进攻"，并提出了宣言所要表达的主要内容。宣言起草前，毛泽东致信任弼时并告胡乔木，就宣言起草要点提出了明确要求："首述日本投降后本党发表宣言，主张和平建国；继述双十协定及内战；继述政协表现光明；继述较场口以来中国反动派在全国范围内向解放区及人民大众的进攻及人民应取之方针。全文应说明外国反动派与中国反动派合作，要将中国变为殖民地，中国人民的任务仍是争独立争民主为中心；应表明我党坚决反内战；应说历史不会开倒车，反动派的企图终要失败。"④ 可见，毛泽东非常重视这一宣言的写作，并赋予宣言政治动员的使命。宣言起草后，毛泽东在修改时又加了这样一段话："我们一定要打败中外反动派的一切企图，我们一定要实现独立、和平与民主，我们一定要实现停战令、

---

① 参见毛泽东《当前时局的最大危机》，载《解放》第75、第76期（1939年7月7日），第4页。该文编入《毛泽东选集》第2卷时，题目改为《反对投降活动》。
② 参见胡乔木《胡乔木回忆毛泽东》，人民出版社1994年版，第169页。
③ 中共中央文献研究室编：《毛泽东年谱（1893—1949）》（中卷），人民出版社、中央文献出版社1993年版，第448~449页。
④ 中共中央文献研究室编：《毛泽东文集》（第4卷），人民出版社1996年版，第141页。

政协决议与整军方案。"① 这种肯定的语气和口吻，实际上是为了强化政治动员的效果。1949年6月24日，毛泽东还致信胡乔木："拟一单纪念七七的口号"，"写一篇七七纪念论文（带总结性）"，"起草一个各党派的纪念七七的联合声明"②。毛泽东还提议，"七七举行军民示威游行，开大会，上海、南京、武汉、杭州、南昌、九江等城举行盛大的军队检阅及大示威，纪念抗日，反对美国扶日，要求早日成立日本和约，消灭国民党残余"③。因此，无论是抗日战争时期，还是解放战争时期，"七七"纪念的政治动员功能得到了充分发挥。

"九一八"事变是日本发动全面侵华战争的序幕，其纪念活动对于动员民众参加抗战同样具有积极意义。1939年9月18日，毛泽东出席延安各机关、学校、团体纪念"九一八"八周年大会。他在讲话中指出："现在中国还是在两条道路上徘徊着：一条是妥协、投降、分裂、倒退的道路，这就是亡国的道路；一条是坚持抗战、反对投降、坚持团结、反对分裂、坚持进步、反对倒退的道路，这就是复兴的道路。我们的口号只有一个，就是'打到鸭绿江边，收复一切失地'。"④ "打到鸭绿江边，收复一切失地"，这在当时足以激发国人抗日的热情和勇气。

"一二·九"运动在中国青年运动史和中国新民主主义革命史上占有重要地位，是具有纪念价值的重大事件。1939年12月9日，延安各界集会纪念"一二·九"运动四周年，毛泽东发表讲话，认为"一二·九"运动"推动了'七七'抗战，准备了'七七'抗战"，是"动员全民族抗战的运动"，"一二·九"运动"准备了抗战的思想，准备了抗战的人心，准备了抗战的干部"，"将成为中国历史上的一个非常重要的纪念"。⑤ 毛泽东肯定"一二·九"运动对于抗战的积极作用，其着眼点仍在激励青年学生、知识分子投身抗战，动员青年学生、知识分子"要同共产党

---

① 中共中央文献研究室编：《毛泽东年谱（1893—1949）》（下卷），人民出版社、中央文献出版社1993年版，第105页。
② 中共中央文献研究室编：《毛泽东书信选集》，人民出版社2003年版，第301页。
③ 中共中央文献研究室编：《毛泽东年谱（1893—1949）》（下卷），人民出版社、中央文献出版社1993年版，第515～516页。
④ 中共中央文献研究室编：《毛泽东年谱（1893—1949）》（中卷），人民出版社、中央文献出版社1993年版，第138页。
⑤ 中共中央文献研究室编：《毛泽东文集》（第2卷），人民出版社1993年版，第252、第253页。

结合，要同广大的工农群众结合，要同革命武装队伍结合，要同八路军新四军结合"，以获得"无攻不克、无坚不摧的力量"。①

（三）借助重要历史人物纪念进行政治动员

中国近代历史上，涌现了一批对历史发展产生深刻影响的重要人物，他们为民族独立、人民解放和国家富强、人民幸福建立的不朽业绩，对于后人是一种激励；他们的精神品格、道德情操是民族精神的凝聚和折射，对于后人是一种典范。民主革命时期，毛泽东在纪念重要历史人物时，往往着眼于其思想遗产、精神品格的提炼和总结，以此作为进行政治动员的资源。在中国近代历史人物纪念活动中，毛泽东最为重视的当数孙中山纪念。1925年3月12日孙中山逝世后，中共曾发表《为孙中山之死告中国民众》，认为孙中山之死"自然是中国民族自由运动一大损失"，并致唁中国国民党，希望中国国民党"承继中山先生的遗产，积极进行打倒帝国主义、打倒军阀的伟大事业"。② 土地革命战争时期，由于国民党背叛孙中山，曲解三民主义，中共对孙中山的纪念活动基本上停顿下来。抗日战争时期，由于国共再次携手合作，对孙中山的纪念活动得以恢复和提升。1938年3月12日，延安举行纪念孙中山逝世13周年及追悼抗敌阵亡将士大会，毛泽东在讲话中提出：纪念孙中山一定要注意这样三项："第一，为三民主义的彻底实现而奋斗；第二，为抗日民族统一战线的巩固与扩大而奋斗；第三，发扬艰苦奋斗、不屈不挠、再接再厉的革命精神。"在毛泽东看来，这三项是孙中山留给后人"最中心最本质最伟大的遗产"，"一切国民党员，一切共产党员，一切爱国同胞，都应接受这个遗产而发扬光大之"。③ 在这里，毛泽东既表达了对孙中山的推崇，也表达了中国共产党人的政治主张，使孙中山纪念带上了政治动员的色彩。

鲁迅始终站在时代的前列，受到全党和全国人民的尊敬。1937年10月19日，毛泽东在陕北公学纪念鲁迅逝世周年大会上发表讲话，对鲁迅的政治远见、斗争精神和牺牲精神给予了高度评价，强调"我们纪念鲁

---

① 中共中央文献研究室编：《毛泽东文集》（第2卷），人民出版社1993年版，第256页。
② 中国共产党中央执行委员会：《中国共产党为孙中山之死告中国民众》，载《向导》第107期（1925年3月21日），人民出版社1954年影印合订本，第889、第890页。
③ 中共中央文献研究室编：《毛泽东文集》（第2卷），人民出版社1993年版，第112～113页。

迅，就要学习鲁迅的精神，把它带到全国各地的抗战队伍中去，为中华民族的解放而奋斗"①。因此，毛泽东参与鲁迅纪念活动的旨趣之一，就在于动员民众加入抗日的行列，以完成民族解放的历史使命。

　　毛泽东之所以选择纪念活动作为政治动员的载体，是由纪念活动的特点所决定的：第一，纪念活动具有感染性。纪念活动所建构的特定空间、特定符号、特定程序和特定仪式，往往极富情感影响力，置身于这一特殊场景，能调动参与者的情绪，影响参与者的政治情感与政治态度，甚至给参与者以强烈的心灵震撼。第二，纪念活动具有传导性。纪念活动都是围绕一定主题、为了一定目的而举行的，借助标语口号、书刊特辑、陈列展览、纪念仪式、纪念大会等纪念活动的具体形式，可向国民传递政治动员的信息，明示政治动员的目标。而民众参与纪念活动的过程，也是理解、接受、认同政治主张的过程，民众政治认知在参与中发展和提升。第三，纪念活动具有人本性。民主革命时期的不少纪念活动是对重要历史人物、革命先烈的纪念和缅怀，这种纪念彰显了中国共产党对人的价值的尊重、对生命的尊重，这是引起纪念活动参与者情感共鸣的重要因素，也是赢得民众认同的重要基础。

　　正因为如此，在为纪念活动而发表的有关宣言、文章、演讲、题词中，毛泽东一般要结合纪念对象和时代特征提出自己的政治主张，表达自己的政治诉求。利用纪念活动进行政治动员，是毛泽东政治动员的重要策略。

三、借助纪念活动促进政治整合

　　纪念活动既有理论诠释、政治动员之功，亦能收政治整合、凝聚人心之效。借助纪念活动协调国共关系、整合各派力量、凝聚各方人心，也是毛泽东发起、组织或参与纪念活动的重要出发点。

（一）借助纪念活动协调国共关系

　　国共关系协调的过程，在一定意义上是国共双方寻求共识、缩小分歧的过程。孙中山是中国民主革命的先行者，中共以孙中山革命事业的继承

---

① 中共中央文献研究室编：《毛泽东文集》（第2卷），人民出版社1993年版，第44页。

者自居，国民党则称之为"中华民国国父"。因此，孙中山是国共两党共同推崇的历史人物，对孙中山的纪念成为协调国共两党关系的突破口之一。如前所述，毛泽东在延安各界举行纪念孙中山逝世13周年及追悼抗敌阵亡将士大会上的讲话，特别强调孙中山的伟大、孙中山对于中华民族的贡献，誓言继承孙中山的遗产，成为孙中山的忠实信徒。毛泽东推崇孙中山，一方面是基于孙中山的历史功业、思想遗产和人格魅力，另一方面则是出于协调国共两党关系的考虑。1939年3月12日，毛泽东出席延安纪念马克思、孙中山晚会时又说："现在马克思主义与三民主义联系起来，在唤起民众和联合世界上以平等待我之民族以求达到中国之自由平等上基本上是相同的，国共应该很好地团结，长期合作。"① 马克思主义与三民主义是两种不同的思想体系，毛泽东此番论证尽力寻找两者的相通，其目的也在为国共合作寻找理论支撑。

为协调国共关系，毛泽东在延安追悼抗敌阵亡将士时，超越党派分野，将郝梦麟、佟麟阁、赵登禹等国民党将领列入纪念对象，并称他们"给了全中国人以崇高伟大的模范"，表明中华民族"富于民族自尊心与人类正义心"。② 毛泽东高调评价这些将领，固然是因为其抗战的精神与业绩值得后人景仰，但也包含借此协调国共关系的考虑。

为协调国共关系，1939年5月，毛泽东在延安各界纪念"五一"劳动节大会上发表演讲时，明确表示认同蒋介石提出的"意志集中，力量集中"，赞成蒋介石发起的"国民精神总动员"，主张"改造全国国民的精神"，将"许多人中间流行的那种自私自利、贪生怕死、贪污腐化、萎靡不振的风气，根本改变过来"。③ 这种回应，也是为协调国共关系作出的努力。1942年6月30日，毛泽东曾致电周恩来，请他考虑利用纪念"七七"机会，找王世杰谈一次国共两党关系问题，并表示愿见蒋介石一谈，请王向蒋转达。④

---

① 中共中央文献研究室编：《毛泽东年谱（1893—1949）》（中卷），人民出版社、中央文献出版社1993年版，第115页。
② 中共中央文献研究室编：《毛泽东文集》（第2卷），人民出版社1993年版，第113页。
③ 毛泽东：《国民精神总动员的政治方向》，载《解放》第71期（1939年5月15日），第6页。
④ 中共中央文献研究室编：《毛泽东年谱（1893—1949）》（中卷），人民出版社、中央文献出版社1993年版，第390页。

可见，在国共关系协调过程中，毛泽东通过利用纪念活动作出了多方面的尝试和努力，尽管国共两党之间始终存在分歧、磨擦和斗争，但不能由此而否定纪念活动在协调国共关系过程中发挥的作用。

（二）借助纪念活动整合各方力量

民主革命时期的政治整合，除国共两党的关系协调外，还包括中国共产党与其他各党、各派、各阶层力量的整合。在促进各方力量整合的过程中，毛泽东也借助纪念活动表达整合的愿望和要求。1938 年 6 月 30 日，在抗战一周年和中国共产党成立 17 周年前夕，《新华日报》发表了毛泽东的题词："共产党员，应与各党各派各界人民一道坚持抗战，为驱逐日寇建设新中国而奋斗，并在斗争中起模范作用，不达目的，决策不停止！"① 这一题词，释放的是政治整合的信号。1940 年 7 月，毛泽东为纪念抗战三周年撰写《团结到底》一文，强调"只有团结到底，才能抗战到底"，并重申建立统一战线政权，"既不赞成别的党派的一党专政，也不主张共产党的一党专政，而主张各党、各派、各界、各军的联合专政，这即是统一战线政权"。② 毛泽东还表示，中共在军事、财政、经济、文化、教育、锄奸等方面，"均必须从调节各阶级利益出发，实行统一战线政策"。③ 统一战线性质政权的建立及各项统一战线政策的实施，其目的也在于实现政治整合。

解放战争时期，毛泽东亦注意利用纪念活动促进政治整合。1946 年 7 月，中共中央发表纪念"七七"九周年宣言。毛泽东在起草《关于学习和宣传中央'七七'宣言的通知》时，要求"引导党外人士在座谈会中讨论时局，争取他们同意我党主张，团结一切进步分子及中间派和我党一致行动"④。这种安排，意在通过"七七"纪念促进中国共产党与其他党派之间的整合。1947 年 7 月 1 日，新华社为纪念中国共产党成立 26 周

---

① 中共中央文献研究室编：《毛泽东年谱（1893—1949）》（中卷），人民出版社、中央文献出版社 1993 年版，第 78～79 页。
② 中共中央文献编辑委员会编：《毛泽东选集》（第 2 卷），人民出版社 1991 年版，第 759、760 页。
③ 中共中央文献编辑委员会编：《毛泽东选集》（第 2 卷），人民出版社 1991 年版，第 761 页。
④ 中共中央文献研究室编：《毛泽东文集》（第 4 卷），人民出版社 1996 年版，第 148 页。

年,发表了经毛泽东修改的社论。毛泽东在修改这一社论时,特意加写了如下一段话:"我们有个伟大的民族统一战线,这个统一战线包括工人、农民、知识分子、小资产者、爱国的民族资本家、开明绅士、少数民族及海外华侨,这就是全中国的人民大众。"① 这就借纪念中国共产党成立之机,进一步表明了党的统一政策,以力图促进各方力量的整合。

（三）借助纪念活动协调党与人民群众的关系

党群关系协调不仅关系新民主主义革命的成败,也关系党的形象与党的生存。民主革命时期,纪念活动也被用于党群关系的协调之中。1941年6月,毛泽东为中央书记处起草的《关于中国共产党诞生二十周年、抗战四周年纪念的指示》提出:"在党外要深入地宣传中共二十年来的历史,是为中华民族与中国人民解放事业英勇奋斗的历史。它最忠实地代表中华民族与中国人民的利益。"② 借助纪念活动明示党的历史主线、党的性质宗旨,意在协调党群关系,塑造党的形象,以赢得人民群众的支持。1943年7月,毛泽东起草的《中共中央为抗战六周年纪念宣言》（以下简称"《宣言》"）,进一步表明了中国共产党人对待人民群众的态度。《宣言》指出:"共产党员应该紧紧地和民众在一起,保卫人民,犹如保卫你们自己的眼睛一样,依靠人民,犹如依靠自己的父母兄弟姊妹一样。"《宣言》同时申明:"共产党员是一种特别的人,他们完全不谋私利,而只为民族与人民求福利。他们生根于人民之中,他们是人民的儿子,又是人民的教师,他们每时每刻地总是警戒着不要脱离群众,他们不论遇着何事,总是以群众的利益为考虑问题的出发点。"③ 1944年9月,毛泽东在中央警备团追悼张思德会上,发表了著名的《为人民服务》的讲演,重申中国共产党及其领导的军队"完全是为着解放人民的,是彻底地为人

---

① 中共中央文献研究室编:《毛泽东年谱（1893—1949）》（下卷）,人民出版社、中央文献出版社1993年版,第200～201页。
② 中共中央文献研究室编:《毛泽东年谱（1893—1949）》（中卷）,人民出版社、中央文献出版社1993年版,第310页。
③ 中共中央文献研究室编:《毛泽东文集》（第3卷）,人民出版社1996年版,第45、第47页。

民的利益工作的"①。因此，毛泽东借助纪念活动阐明了党的性质与宗旨、党对待人民群众的态度，力图以此促进党群关系的协调。

毛泽东之所以选择纪念活动作为促进政治整合的契机与手段，究其原因，有如下几个方面：其一，不少纪念对象本身具有超越阶级与党派的魅力，是促进政治整合的重要因素。如孙中山纪念、"九一八"纪念、"七七"纪念，就具有超越党派的性质。南京国民政府为纪念孙中山，1929年决定将孙中山逝世日（3月12日）定为植树节，即"总理逝世纪念植树式"，赋予植树活动继承、弘扬孙中山遗教的政治象征意义，全国各地在这一天都将举行孙中山纪念仪式。② 抗日战争时期，南京国民党政府逢"九一八"、"七七"等纪念日，也发表告全国同胞书予以纪念。在这种背景下，毛泽东发起、组织相关的纪念活动，实际上有助于增加国共两党的共识与默契，对于国民党也是一种回应和支持，自然有助于协调国共两党关系。其二，纪念活动所表达的尊重历史的形象，是促进政治整合的重要基础。历史是客观的真实存在，尊重历史是一个政党对待历史应持的正确态度。毛泽东曾明确表示："我们必须尊重自己的历史，绝不能割断历史"③，这是中国共产党人对待历史的基本态度。毛泽东组织、参与的各种纪念活动，其意也在表达对历史的尊重、追忆和缅怀。这种对待历史的态度与尊重历史的形象，也有助于消弥党派之间、阶级之间的分歧，达成对于诸多历史问题的共识，这是政治整合的重要基础。其三，纪念活动所具有的影响力，是促进政治整合的重要力量。纪念活动借助各种媒介和仪式，能形成一定的舆论、声势和氛围，在纪念活动中所表达的政治主张、意见态度，具有较强的影响力和较高的权威性，由此使纪念活动具有政治整合的功能。

应当说，民主革命时期毛泽东所组织、参与的诸多纪念活动，对于促进政治整合、协调国内各方关系发挥了积极作用，其影响不能忽视。

---

① 中共中央文献编辑委员会编：《毛泽东选集》（第3卷），人民出版社1991年版，第1004页。
② 参见陈蕴茜《植树节与孙中山崇拜》，载《南京大学学报》2006年第5期，第76～90页。
③ 中共中央文献编辑委员会编：《毛泽东选集》（第2卷），人民出版社1991年版，第708页。

四、借助纪念活动协调国际关系

民主革命时期,中共面临与共产国际、苏联和世界其他国家关系协调的问题,也需要扩大自身的国际影响、融入国际社会。通过组织纪念活动,给予共产国际、苏联和世界其他国家以配合和支持,是协调国际关系、党际关系的重要途径,也是中共扩大自身国际影响、融入国际社会的有效形式。

(一) 借助纪念活动协调与共产国际的关系

中国共产党成立之初,是共产国际的一个支部,中共二大还专门通过了《中国共产党加入第三国际决议案》。至1943年5月共产国际解散之前,中共一直面临如何协调与共产国际关系的问题。由于"三八"妇女节、"五一"劳动节都是国际性的纪念节日,共产国际存在时,往往要对这些纪念活动作出统一部署。如1939年,共产国际执委会发表"五一"宣言,呼吁"国际工人阶级行动的统一",并要求全世界的工人"供给中国军需品和信用借款"。[①] 1940年,共产国际执委会又发表"五一"宣言,要求全世界的无产者、劳动民众在五一"举行示威,来拥护和平,反对战争的挑拨者及放火者"[②]。在这种情况下,毛泽东组织、参与"五一"纪念活动,向世界其他国家的无产者、劳动民众表达中共的声音,既是对共产国际的配合,有利于协调与共产国际的关系,也有助于中共步入国际舞台,协调与世界众多国家的关系。

(二) 借助纪念活动协调中苏关系

十月革命在苏联历史上占有重要地位,共产国际和苏联每逢十月革命纪念日均有纪念活动的安排,中共相应地组织纪念活动既是对十月革命道路的认同,对中苏关系的协调与中共国际影响的扩大,无疑具有积极意

---

① 共产国际执行委员会:《共产国际"五一"宣言》,载《解放》第77期(1939年7月20日),第3、第4页。

② 共产国际执行委员会:《共产国际"五一"宣言》,载《解放》第114期(1940年9月1日),第4页。

义。1939年9月28日，毛泽东应中苏文化协会之请，撰写《苏联利益与人类利益的一致》一文，以纪念十月革命22周年。在文章中，针对当时国内存在的一些不利于苏联的错误言论或对苏联的种种误解，比如，"苏联利于爆发世界大战，而不要求世界和平的继续"，苏联红军"即将参加德国帝国主义的战线"，苏联将不援助中国了，毛泽东强调："苏联对于世界的和平事业，尽了很大的努力"；"苏联红军绝不会无原则地参加帝国主义战线"，相反，将"积极地援助正义的、非掠夺的、谋解放的战争"；"苏联的利益和中国民族解放的利益决不会互相冲突，而将是永久互相一致"。① 这些观点，澄清了当时国内存在的种种不利于中苏关系协调的言论，在舆论上给了苏联以强有力的支持。1942年11月6日，毛泽东撰文纪念十月革命25周年，称"十月革命的旗帜是不可战胜的，而一切法西斯势力则必归于消灭"②。1948年11月，中国革命胜利在望，新民主主义革命的实践，进一步证实了十月革命道路的正确性。毛泽东在为纪念十月革命31周年而撰写的文章中，明确表示认同斯大林对十月革命的评价，认为"十月革命给世界人民解放事业开辟了广大的可能性和现实的道路，十月革命建立了一条从西方无产者经过俄国革命到东方被压迫民族的新的反对世界帝国主义的革命战线"，并且表示："十月革命的光芒照耀着我们"，"一向孤立的中国革命斗争，自从十月革命胜利以后，就不再感觉孤立了"。③ 这种借助十月革命纪念而表达的对于十月革命、苏联、斯大林的推崇，无疑有助于协调中苏关系、赢得苏联的支持。

为协调中苏关系，毛泽东不仅组织、参与十月革命纪念，而且对于苏联红军的纪念也十分重视。苏联红军建立于1918年2月23日。1939年2月，为纪念苏联红军建立21周年，毛泽东应苏联《真理报》之约，撰写《中国军队应当学习苏联红军》一文，称苏联红军是"工人农民的军队"，"具有坚强的技术装备，深厚的军事素养，正确的政治工作"，"不但早已成为保卫社会主义苏联的柱石，而且早已成为保卫世界和平反对法西斯侵

---

① 中共中央文献编辑委员会编：《毛泽东选集》（第2卷），人民出版社1991年版，第593~600页。

② 中共中央文献编辑委员会编：《毛泽东选集》（第3卷），人民出版社1991年版，第890页。

③ 中共中央文献编辑委员会编：《毛泽东选集》（第4卷），人民出版社1991年版，第1357、1359页。

略的中坚力量,成为全世界任何真正愿意反抗法西斯侵略的武装部队的模范"。① 1942年2月,毛泽东又为苏联红军成立撰写纪念文章。文章指出:"当此全世界划分为法西斯和反法西斯两大阵线并进行着最后决战的时候,红军便是人类绝大多数的主要希望所寄。""红军的历史说明了一个无可置辩的真理:只有与人民紧密相联系的武力才是不可战胜的力量。"② 1943年2月21日,毛泽东致电斯大林、联共中央和红军将士,祝贺苏联红军成立25周年,称苏联红军是"抵抗法西斯暴力的中流砥柱,是创造新的和平世界的急先锋",对于苏联红军为世界反法西斯战争作出的贡献给予了高度评价。毛泽东认为,"自从红军开始对德战争,世界形势就已经发生了显著的变化,现在由于红军的胜利,新世界的未来面目也更加明朗,更加确定了。一切形式的法西斯制度和法西斯思想,已经在全世界永远失去存在的余地。民族的自由、政治的民主已经成为新世界的确定不移的原则"。③ 毛泽东高度评价苏联红军,固然因为苏联红军对世界反法西斯战争作出了重大贡献,同时也有借此协调中苏关系之意。

(三)借助纪念活动协调中美关系

中美关系的协调受制于多种因素,纪念活动在其中所能发挥的作用是有限的,但毛泽东并没有放弃这方面的努力。1942年,美国总统罗斯福发起以每年的6月14日作为联合国日,全世界反法西斯各国都在这天举行纪念活动。为回应这一倡议,1944年6月,逢第三次联合国日,延安举行"热烈的民众大会",毛泽东为《解放日报》撰写社论《纪念联合国日,保卫西安与西北》。毛泽东提醒国人,"在中国纪念联合国日,不要忘了苏、美、英人民的艰苦奋斗,不要忘了斯大林元帅、罗斯福总统与丘吉尔首相的英明领导和他们所指道路之正确"。他还寄希望于美国"帮助

---

① 毛泽东:《中国军队应当学习苏联红军》,载《群众》第2卷第17、第18期合刊(1939年3月11日),人民出版社1955年影印合订本,第682页。

② 中共中央文献研究室编:《毛泽东年谱(1893—1949)》(中卷),人民出版社、中央文献出版社1993年版,第364页。

③ 中共中央文献研究室编:《毛泽东文集》(第3卷),人民出版社1996年版,第6~7页。

中国人民解决团结与民主的问题，借以克服中国正面战场存在的危机"①。毛泽东借联合国日纪念，肯定美国在世界反法西斯战争中的作用，对于改善中共与美国的关系不无积极意义。

可见，毛泽东组织、参与的诸多纪念活动，由于一些纪念对象自身具有国际性，也就使这些纪念活动具有协调国际关系的效能。同时，借助纪念活动回应国际社会的要求，表达对于国际问题的主张，也有助于展示中共的国际形象，扩大中共的国际影响，从而使中共逐渐步入国际舞台。

总之，毛泽东娴熟运用了纪念活动作为理论诠释、政治动员、政治整合、协调国际关系的有效载体，纪念活动在新民主主义革命历史进程中的作用由此可见一斑。历史经验告诉我们，纪念活动的功能是多方面的，合理发挥纪念活动的功能有助于政治目标的实现，也有助于政治空间的拓展。

（原载《现代哲学》2009 年第 1 期）

---

① 中共中央文献研究室编：《毛泽东文集》（第3卷），人民出版社1996年版，第172、第175页。

十月革命与毛泽东革命话语的建构

马克思主义中国化的过程，既是马克思主义基本原理与中国具体实际、时代特征相结合的过程，也是通过话语建构掌握话语主动权的过程。新民主主义革命时期，毛泽东在建构中国革命话语过程中，既援用了马克思主义革命理论、借鉴了辛亥革命的经验教训、吸收了中国传统文化的精华，也充分运用了俄国十月革命的成功经验。借助十月革命，毛泽东诠释中国革命的条件与性质，探求中国革命的道路，展示中国革命的前景，使中国革命赢得了民众的理解、认同和支持，从而掌握了中国革命的话语权。

一、借助十月革命诠释中国革命的条件与性质

中国革命话语建构首先要说明中国革命何以必要与可能，认清中国革命的性质。毛泽东借助十月革命分析了中国革命的有利条件，诠释了中国革命的性质。

（一）十月革命引发了世界无产阶级革命的潮流

十月革命改变了人类历史的发展方向，开创了人类历史的新纪元。从此，无产阶级开始上升为统治阶级，人类社会出现了从资本主义向社会主义逐步过渡、资本主义制度与社会主义制度并存的局面。毛泽东在建构革命话语时，注意揭示十月革命为中国革命创造的有利条件，从而说明中国革命的必要性、可能性。1919年7月，毛泽东在健学会成立时说："欧洲的大战，激起了俄国的革命，潮流侵卷，自西向东，国立北京大学的学者首欢迎之，全国各埠各学校的青年大响应之，怒涛澎湃。"[①] 毛泽东意识到受十月革命的冲击和影响，世界无产阶级革命已成为一种时代潮流和发展趋势，中国革命不可避免。为什么十月革命将引发世界无产阶级革命的

---

① 中共中央文献研究室等编：《毛泽东早期文稿》，湖南出版社1990年版，第364～365页。

潮流？主要原因是十月革命为世界无产阶级革命提供了样本、开辟了道路，并使世界无产阶级革命的联合成为可能。其一，十月革命具有示范效应和开拓意义。十月革命胜利后，建立了新型政权——工兵农代表苏维埃，工农阶级上升为统治阶级。1919年12月，毛泽东在《学生之工作》中表示："论社会革命之著名者，称俄罗斯，所谓'模范国'是也。"① 这种推崇，既表达了对十月革命的倾慕和向往，也预见了世界无产阶级革命时代的到来。1926年3月，毛泽东在纪念巴黎公社时说，十月革命"推翻资本家政府，成功了劳工专政，使世界上另开了一条光明之路"②。苏维埃政权的建立，对于世界无产阶级革命的确具有示范意义。同时，十月革命使社会主义理想成为现实，动摇了资本主义统治的根基，显现了资本主义衰败的表征。1945年5月，毛泽东在中共七大的结论中指出：十月革命使"整个世界历史发生了变化，开辟了世界历史的新时代。从这时起，资本主义倒霉了，走下坡路了，社会主义走的是上坡路"③。新型政权的建立与新型制度的成长，是十月革命价值的充分展现，为中国革命提供了现实的样本与支撑。其二，十月革命使世界无产阶级革命成为整体。十月革命震撼整个欧洲，波及南北美洲，在中国产生回响，由此鼓舞了世界无产阶级革命的信心，强化了世界无产阶级革命的联系，形成了世界无产阶级革命的统一战线。1948年11月，毛泽东为纪念十月革命31周年撰写的论文指出："十月革命给世界人民解放事业开辟了广大的可能性和现实的道路，十月革命建立了一条从西方无产者经过俄国革命到东方被压迫民族的新的反对世界帝国主义的革命战线。"④ 世界无产阶级革命统一战线的建立，使中国革命不再孤立，并能获得国际无产阶级的援助。在中共七届二中全会上，毛泽东在论述十月革命和中国革命的关系时说："如果没有十月革命，中国革命的胜利是不可能的。在帝国主义制度存在的时代，没有国际援助，任何国家的革命都不可能取得胜利。"⑤ 因此，十月革命为中国革命创造了诸多有利条件，将中国革命的发生与发展置于

---

① 中共中央文献研究室等编：《毛泽东早期文稿》，湖南出版社1990年版，第454页。
② 中共中央文献研究室编：《毛泽东文集》（第1卷），人民出版社1993年版，第34页。
③ 中共中央文献研究室编：《毛泽东文集》（第3卷），人民出版社1996年版，第380页。
④ 中共中央文献编辑委员会编：《毛泽东选集》（第4卷），人民出版社1991年版，第1357页。
⑤ 中共中央文献研究室编：《毛泽东文集》（第5卷），人民出版社1996年版，第261页。

十月革命背景下来说明，使民众容易认清中国革命的必要性与取得胜利的可能性。

（二）十月革命为中国革命送来了理论指南

革命需要正确的理论指导，十月革命对中国革命影响最大、最直接的是给中国送来了马克思主义，让中国先进知识分子重新思考中国革命的问题，使中国革命的指导思想发生了根本性变化。十月革命的胜利，彰显了马克思主义的价值和魅力，使中国先进知识分子认识到马克思主义的力量，开始接受、传播马克思主义，并逐渐成为中国思想界的主流和中国革命的指南。毛泽东说："中国人找到马克思主义，是经过俄国人介绍的。在十月革命以前，中国人不但不知道列宁、斯大林，也不知道马克思、恩格斯。十月革命一声炮响，给我们送来了马克思列宁主义。十月革命帮助了全世界的也帮助了中国的先进分子，用无产阶级的宇宙观作为观察国家命运的工具，重新考虑自己的问题。走俄国人的路——这就是结论。"①马克思主义阐明了革命的基本原理，中国共产党人正是依据马克思主义基本原理，解决了中国革命的一系列基本问题。

（三）十月革命引起中国革命性质的变化

在革命话语建构过程中，必须阐明革命性质，才能明确革命任务、动力、领导权与前途等重要问题。由于十月革命改变了整个世界历史的方向，划分了整个世界历史的时代，中国革命的性质由此发生变化。毛泽东在《新民主主义论》中指出："在这种时代，任何殖民地半殖民地国家，如果发生了反对帝国主义，即反对国际资产阶级、反对国际资本主义的革命，它就不再是属于旧的世界资产阶级民主主义革命的范畴，而属于新的范畴了；它就不再是旧的资产阶级和资本主义的世界革命的一部分，而是新的世界革命的一部分，即无产阶级社会主义世界革命的一部分了。"②十月革命虽是引起中国革命性质发生变化的外部条件，但没有十月革命，

---

① 中共中央文献编辑委员会编：《毛泽东选集》（第4卷），人民出版社1991年版，第1470～1471页。

② 中共中央文献编辑委员会编：《毛泽东选集》（第2卷），人民出版社1991年版，第668页。

中国革命性质的转变何时开始将是一个未知数，离开十月革命也难以说明中国革命性质的变化。毛泽东借助十月革命阐明中国革命性质的变化，既揭示了引起中国革命性质变化的原因，开阔了民众的视野，也解决了中国革命过程中颇具争议的问题。

可见，毛泽东在建构中国革命话语过程中，揭示了十月革命为中国革命创造的有利条件，阐明了中国革命由旧民主主义革命演进为新民主主义革命的国际背景。如此，有利于民众理解中国革命发生发展的原因，认清中国革命所处的时代条件，自觉结合国际环境来观察、思考中国革命的问题。

二、结合十月革命探求中国革命的道路

如何赢得中国革命的胜利？关键在于中国革命道路的选择。在中国革命话语建构过程中，毛泽东结合十月革命的成功经验，阐明了革命动力、革命方式、革命领导权等中国革命道路选择的关键问题。

（一）中国革命需要广泛发动民众

十月革命的成功，在先进的中国人面前展现了工农群众的力量，使中国先进知识分子明白：劳动群众之中蕴涵着巨大的革命力量，是革命成功的原动力。受十月革命的启发，1919年7月，毛泽东在《民众的大联合》中指出："俄罗斯以民众的大联合，和贵族的大联合资本家的大联合相抗，收了'社会改革'的胜利"。① 这里实际上说明了革命要广泛动员民众参加，民众联合起来，才能形成对抗统治者的力量，赢得革命的胜利。为动员民众参加革命，毛泽东主张先进知识分子深入农村，启发农民的觉悟。1919年12月，他在《学生之工作》中说："俄罗斯之青年，为传播其社会主义，多入农村与农民杂处。"② 其意在动员青年知识分子深入农村，将马克思主义带到农村，以促进农民文化素养、革命觉悟的提高，使其成为革命的依靠力量。

为动员民众参加革命，毛泽东在建构革命话语过程中，有效利用十月

---

① 中共中央文献研究室等编：《毛泽东早期文稿》，湖南出版社1990年版，第339页。
② 中共中央文献研究室等编：《毛泽东早期文稿》，湖南出版社1990年版，第455页。

革命纪念进行政治动员。在《湖南农民运动考察报告》中，毛泽东对于中央在农村借十月革命纪念进行政治宣传表示赞赏。① 抗日战争时期，毛泽东借十月革命纪念动员民众参加抗战。1942 年 11 月，他撰写《祝十月革命二十五周年》表示："今年的十月革命节不但是苏德战争的转折点，而且是全世界反法西斯阵线战胜法西斯阵线的转折点。""十月革命的旗帜是不可战胜的，而一切法西斯势力则必归于消灭。"② 在中国抗战最艰难的时期，毛泽东借十月革命纪念鼓舞士气，坚定抗战胜利的信心。1943 年 11 月，毛泽东出席中央办公厅为庆祝十月革命 26 周年举行的干部晚会。他在讲话中指出：在这一年之中，苏联红军的胜利转变了战争的全局，关系于整个人类的命运。他的讲话在肯定三国外长莫斯科会议取得成功的基础上预言："不久的时间内，我们将看得见第二战场的实行开辟，从东西两面夹击希特勒而打败他，决定地解决欧洲的问题。欧洲问题解决，就是折断了整个法西斯的脊骨与右手，剩下日本帝国主义这个左手，也就不难打断了"；并且表示：中国共产党、八路军、新四军将同全国爱国的军民一齐努力，打败日本帝国主义，建立自由平等的新国家。③ 十月革命纪念的政治动员功能又一次得到体现。解放战争时期，毛泽东也善于利用十月革命纪念动员民众投身中国共产党谋求国家独立、人民解放的事业。1947 年 11 月，毛泽东修改新华社社论稿《星星之火，可以燎原》时指出："当此庆祝十月革命三十年的日子，中国人民应当相信，我们苦难的日子是完全能够度过的，什么困难也能克服……中国民族是一个能战斗的民族，俄罗斯人在十月革命以来所创造的战胜帝国主义与国内反动派的伟绩，中国人亦能创造出来。"④ 这里借十月革命纪念表达了对中国革命胜利的信念与决心。历史的发展正如毛泽东所言，不到两年，中国革命取得了胜利。

---

① 中共中央文献编辑委员会编：《毛泽东选集》（第 1 卷），人民出版社 1991 年版，第 35 页。
② 中共中央文献编辑委员会编：《毛泽东选集》（第 3 卷），人民出版社 1991 年版，第 890 页。
③ 中共中央文献研究室编：《毛泽东年谱（1893—1949）》（中卷），人民出版社、中央文献出版社 1993 年版，第 479 页。
④ 中共中央文献研究室编：《毛泽东年谱（1893—1949）》（下卷），人民出版社、中央文献出版社 1993 年版，第 252 页。

（二）中国革命必须以武装夺取政权

以暴力革命的方式夺取政权，然后依靠政权的力量，按照预设的原则对社会进行剧烈的革命性改造，这是各国共产党人长期坚持的社会变革路线。一般说来，这种暴力革命的途径比较适合于经济文化相对落后的国家。所谓十月革命道路，归根结底就是暴力革命道路，即武装夺取政权的道路。1920年8月，蔡和森在给毛泽东的信中提出：因为有两个对抗的阶级存在，"打倒有产阶级的迪克推多，非以无产阶级的迪克推多压不住反动，俄国就是个证明。所以我对于中国将来的改造，以为完全适用社会主义的原理和方法"，"我愿你准备做俄国的十月革命"。[1] 同年9月，蔡和森又致信毛泽东声明："世界革命运动自俄革命成功以来已经转了一个大方向，这方向就是'无产阶级获得政权来改造社会'。"[2] 经过与蔡和森等人交换意见，毛泽东认定了十月革命道路。1920年12月，毛泽东在致蔡和森等的信中，表示赞成十月革命的方法，指出："我看俄国式的革命，是无可如何的山穷水尽诸路皆走不通了的一个变计，并不是有更好的方法弃而不采，单要采这个恐怖的方法。"[3] 尽管认为暴力革命的方法"恐怖"，但也承认是历史发展"自然的结果"。1921年1月，在新民学会长沙会员大会上，毛泽东进一步主张以"俄式"来"改造中国与世界"，"因俄式系诸路皆走不通了新发明的一条路，只此方法较之别的改造方法所含可能的性质为多"。在诸种社会改造方法中，毛泽东认为，"激烈方法的共产主义，即所谓劳农主义，用阶级专政的方法，是可以预计效果的，故最宜采用"。[4] 解决当时中国社会问题，有人主张改良、反对革命，毛泽东则认定十月革命道路"最宜"，也就是选择了武装夺取政权的道路。从这时起，毛泽东确立了以武装夺取政权的革命理念，进而提出了"政权是由枪杆子中取得"[5] 的论断，中国革命正是以武装夺取政权

---

[1] 参见中共中央文献研究室、中央档案馆编《建党以来重要文献选编》（第1册），中央文献出版社2011年版，第449页。

[2] 参见中共中央文献研究室、中央档案馆编《建党以来重要文献选编》（第1册），中央文献出版社2011年版，第460页。

[3] 参见中共中央文献研究室编《毛泽东书信选集》，中央文献出版社2003年版，第4页。

[4] 参见中共中央文献研究室编《毛泽东文集》（第1卷），人民出版社1993年版，第1、2页。

[5] 参见中共中央文献研究室编《毛泽东文集》（第1卷），人民出版社1993年版，第47页。

赢得胜利的。

(三) 中国革命需要政党领导

十月革命取得胜利的重要条件,是具备一个强大的、就章程和组织原则来说属于无产阶级政党的布尔什维克党。布尔什维克党依据俄国国内情形及国际形势变化,适时制定了引导革命胜利的方针、策略。毛泽东在建构中国革命话语时,同样强调了无产阶级政党领导对于中国革命的重要性。1920年9月,他在说明中国革命方法时提出:俄国革命所以能成功,在于"列宁之以百万党员,建平民革命的空前大业,扫荡反革命党,洗刷上中阶级,有主义,有时机(俄国战败),有预备,有真正可靠的党众,一呼而起,下令于流水之原,不崇朝而占全国人数十分之八九的劳农阶级,如斯响应。俄国革命的成功,全在这些处所"①。这是对十月革命胜利原因的全面总结,肯定了布尔什维克党及其主义、党员的作用,同时强调党要团结民众、善于发挥民众的作用。毛泽东在中共七大的结论中说:"没有一九○三年在俄国出现布尔什维克派,没有布尔什维克在俄国革命中的活动,就没有十月革命。"② 毛泽东既充分肯定布尔什维克党在十月革命中的作用,也承认十月革命促进了中国共产党的产生,认为中国共产党是"中国历史上的任何其他政党都比不上的,它最有觉悟,最有预见,能够看清楚前途"③,实际上说明了中国共产党能担负领导中国革命的重任。在毛泽东看来,"苏联共产党是由马克思主义的小组发展成为领导苏维埃联邦的党。我们也是由小组到建立党,经过根据地发展到全国"④。将苏联共产党与中国共产党的发展过程进行比较,意在进一步说明中国共产党具有领导中国革命取得胜利的能力。

因此,十月革命的启迪帮助中国共产党人认清了中国革命的关键问题,缩短了探索中国革命道路的时间,也使民众明白了促进中国革命胜利的要素和自身肩负的历史责任与使命。

---

① 中共中央文献研究室等编:《毛泽东早期文稿》,湖南出版社1990年版,第507~508页。
② 中共中央文献研究室编:《毛泽东文集》(第3卷),人民出版社1996年版,第397页。
③ 中共中央文献研究室编:《毛泽东文集》(第3卷),人民出版社1996年版,第397页。
④ 中共中央文献研究室编:《毛泽东文集》(第3卷),人民出版社1996年版,第291页。

三、透过十月革命展示中国革命的前景

中国革命的前景如何？中国革命胜利后将建立怎样的政权、采取怎样的政策，这是中国革命话语建构过程中又一个必须回答的问题。毛泽东透过十月革命，说明了中国革命的前景，回答了中国革命过程中和革命胜利后将采取的政治、经济、文化政策和制度选择。

（一）建立苏维埃政权

十月革命后建立的苏维埃政权，改变了无产阶级和贫困大众的命运，使占人口绝大多数的工人、农民成为国家政治生活的主人，为人类历史真正实现社会公正、自由平等开辟了光明大道。毛泽东十分推崇苏维埃政权，1919年8月，他在《民众的大联合》中指出："俄罗斯打倒贵族，驱逐富人，劳农两界合立了委办政府。"[①] 这里的"委办政府"，是指十月革命后成立的俄罗斯苏维埃共和国政府——人民委员会，字里行间，透出了毛泽东的欣喜之情。1920年9月，毛泽东在《释疑》中又说："俄国的政治全是俄国的工人农人在那里办理"[②]，充分肯定了苏维埃政权的自由与民主，表达了对新型政权的景仰。中共一大通过的《中国共产党第一个纲领》提出："承认苏维埃管理制度，把工农劳动者和士兵组织起来。"[③] 中国共产党自成立之日起，就将苏维埃作为工农民主专政的国家政权形式接受下来，以建立苏维埃政权为目标。第一次国共合作时期，由于多方面条件限制，中国共产党没有急于组织苏维埃政权。大革命失败后，中国共产党把建立苏维埃政权作为党的中心任务来推进。1927年8月，毛泽东以中共湖南省委名义给中共中央写信，表示同意共产国际关于在中国立即实行工农兵苏维埃的意见，认为"工农兵苏维埃完全与客观环境适合，我们此刻应有决心立即在粤、湘、鄂、赣四省建立工农兵政权"，"在工农兵苏维埃时候，我们不应再打国民党的旗子了。我们应高高打出共产党

[①] 中共中央文献研究室等编：《毛泽东早期文稿》，湖南出版社1990年版，第390页。
[②] 中共中央文献研究室等编：《毛泽东早期文稿》，湖南出版社1990年版，第519页。
[③] 中共中央文献研究室、中央档案馆编：《建党以来重要文献选编》（第1册），中央文献出版社2011年版，第1页。

的旗子"。① 此后，不少地方党组织领导工农群众建立了工农兵代表苏维埃政权。1929年12月，毛泽东在起草中国共产党红军第四军第九次代表大会决议案时，强调"苏维埃政权，是最进步阶级的政权"②，表明了他对苏维埃政权的基本判断和评价。1931年11月，在江西瑞金举行了中华苏维埃第一次代表大会，选举产生了中华苏维埃共和国临时中央政府，毛泽东当选中央执行委员会主席。《中华苏维埃共和国宪法大纲》规定："中国苏维埃政权所建设的是工人和农民的民主专政的国家。苏维埃全政权是属于工人、农民、红军兵士及一切劳苦民众的。在苏维埃政权下，所有工人、农民、红军兵士及一切劳苦民众都有权选派代表掌握政权的管理"，"中华苏维埃共和国之最高政权为全国工农兵会议（苏维埃）的大会"。③ 这些规定及其实行、推广，确实给民众带来了希望，激发了民众的革命热情，使民众"对苏维埃新中国满怀向往之念而顿增为之奋斗的决心和勇气"④。1937年后，苏维埃的提法退出了中国革命话语系统，并用"人民代表会议"取代了苏维埃的提法。1948年9月，毛泽东说明了为什么要实行人民代表会议而不实行苏维埃的原因。他指出："过去我们叫苏维埃代表大会制度，苏维埃就是代表会议，我们又叫'苏维埃'，又叫'代表大会'，'苏维埃代表大会'就成了'代表大会代表大会'。这是死搬外国名词。现在我们就用'人民代表会议'这一名词。"⑤ 建立什么样的政权，这是民众最为关心的问题，毛泽东借助十月革命阐明了建立苏维埃政权的理想，也适时改变了关于新中国政体的设计，实现了对十月革命经验的超越。

（二）发展民族资本主义和推进国家经济建设

列宁认为，在小生产占优势的苏俄，应该允许资本主义发展，只有这

---

① 中共中央文献研究室编：《毛泽东年谱（1893—1949）》（上卷），人民出版社、中央文献出版社1993年版，第211页。
② 中共中央文献研究室编：《毛泽东文集》（第1卷），人民出版社1993年版，第109页。
③ 中共中央文献研究室、中央档案馆编：《建党以来重要文献选编》（第8册），中央文献出版社2011年版，第649～650页。
④ 川陕根据地革命文化史料征集编委会编：《川陕根据地革命文化史料选编》，三秦出版社1996年版，第909页。
⑤ 中共中央文献研究室编：《毛泽东文集》（第5卷），人民出版社1996年版，第136页。

样才能创造社会主义所需要的物质条件。因此，十月革命胜利后，通过实行粮食税、允许贸易自由、实行租让制等新经济政策，促进了资本主义经济关系的发展。毛泽东主张借鉴苏俄十月革命后实行新经济政策的成功经验，在中国发展民族资本主义。他在中共七大的口头政治报告中指出："俄国在十月革命胜利以后，还有一个时期让资本主义作为部分经济而存在，而且还是很大的一部分，差不多占整个社会经济的百分之五十。那时粮食主要出于富农，一直到第二个五年计划时，才把城市的中小资本家与乡村的富农消灭。我们的同志对消灭资本主义急得很。人家社会主义革命胜利了，还要经过新经济政策时期，又经过第一个五年计划，到第二个五年计划时，集体农庄发展了，粮食已主要不由富农出了，才提出消灭富农，我们的同志在这方面是太急了。"① 这就借新经济政策的实行，说明了中国革命进行过程中和革命胜利后对待民族资本主义应当采取的正确政策。如此，既有利于团结民族资产阶级建立革命统一战线，也有利于促进中国民族资本主义发展。

十月革命胜利后，布尔什维克党立即确定了社会主义建设的中心任务，即改变小农经济、发展重工业，这对建立苏联大工业从而改变小农国家的落后面貌具有决定性意义。经历20世纪20年代的电气化和30年代开始的工业化，苏联经济和综合国力发生了根本变化。在《论人民民主专政》一文中，毛泽东表示：苏联共产党"不但会革命，也会建设。他们已经建设起来了一个伟大的光辉灿烂的社会主义国家。苏联共产党就是我们的最好的先生，我们必须向他们学习"②。学习苏联共产党的经济建设方略，也就展示了中国经济未来的发展前景。事实也正是这样，新中国成立后，通过借鉴苏联模式，促进了国民经济的恢复和发展。

（三）新文化的建设与发展

十月革命具有促进世界文化转型的意义，其生成的文化内涵与原来的东西文化显然不同，是经过革命之后产生的新文明形态的代表，将影响世界文化的未来发展。1920年7月，毛泽东在发起成立文化书社时说："一

---

① 中共中央文献研究室编：《毛泽东文集》（第3卷），人民出版社1996年版，第323页。
② 中共中央文献编辑委员会编：《毛泽东选集》（第4卷），人民出版社1991年版，第1481页。

枝新文化小花，发现在北冰洋岸的俄罗斯。几年来风驰雨骤，成长得好，与成长得不好，还依然在未知之数。"① 尽管这时尚对十月革命后新文化的发展前途充满忧虑，但已看到了其新内涵、新气息，并激励中国先进知识分子担负创造新文化的重任。文化书社营业后，经营的书刊包括《新俄国之研究》《旅俄六周见闻记》等，意在将这种新文化引进国内，促进中国文化的转型和发展。在《论联合政府》的报告中，毛泽东提出："苏联所创造的新文化，应当成为我们建设人民文化的范例。"② 以苏联"新文化"为"范例"，实际上展现了民族的、科学的、大众的新民主主义文化和社会主义文化的发展前景。

（四）社会主义制度的建立

十月革命建立了完全不同于资本主义的、以生产资料公有制为基础的、拥有巨大能量和潜力的社会主义制度，开辟了通往消灭私有制和消除人剥削人制度的道路，其政治、经济、文化发展已显示了社会主义制度的优越性，使社会主义制度变得具体、可感。毛泽东从社会演变的趋势肯定了十月革命的价值。1945年4月，他在说明中共七大的工作方针时指出："在第一次世界大战和十月革命胜利之后，世界的面目、历史的方向就变了。世界历史几千年以来都在发展着，进步着，但只有到了第一次世界大战和十月革命之后，才产生了新的方向。奴隶社会及其以后的封建社会、资本主义社会，都是人剥削人的社会。十月革命后的新的历史方向，就是取消人剥削人的制度。"③ 制度更替是中国革命的目标追求，制度憧憬是民众参加革命的原初动力，毛泽东此言实际上预示了中国未来的制度选择，展现了中国革命的制度前景，对于动员民众参加革命无疑具有重要作用。

可见，毛泽东在建构中国革命话语过程中，善于利用十月革命来阐释中国革命前景，中国革命前景的展示是提高民众革命热情、启发民众革命自觉的重要因素。

---

① 中共中央文献研究室等编：《毛泽东早期文稿》，湖南出版社1990年版，第498页。
② 中共中央文献编辑委员会编：《毛泽东选集》（第3卷），人民出版社1991年版，第1083页。
③ 中共中央文献研究室编：《毛泽东文集》（第3卷），人民出版社1996年版，第289页。

四、借助十月革命建构革命话语的原因

毛泽东在建构中国革命话语过程中，之所以要借助十月革命的成功经验，是由多方面原因决定的。

（一）十月革命使社会主义由理想变为现实，具有较强的说服力

马克思、恩格斯从理论上对于社会主义进行了擘划，十月革命的意义在于把社会主义从理想变成了现实、从理论变成了实践，既表明了马克思主义的科学性、真理性，也说明了建立建成社会主义的可能性、现实性，借助十月革命建构革命话语容易赢得社会认同。1927年爆发的广州起义，就被视为十月革命的中国版本。景之在《广州暴动与苏联》一文中就说："广州暴动是十月革命在东方的直接有力的回声。广州暴动不仅把斧头镰刀大旗高飘在中国一个主要政治经济中心的城市里，不仅模仿着十月革命时的斗争方法——工农兵联合的武装暴动，不仅创造出苏维埃形式的政权；而且它如果胜利了，便直接转变到'中国十月'的胜利。"① 可见，借助十月革命建构革命话语在当时颇具影响力。同时，由于中俄国情的相似，使十月革命经验对于中国革命具有更为直接的借鉴意义。毛泽东说："中国有许多事情和十月革命以前的俄国相同，或者近似。封建主义的压迫，这是相同的。经济和文化落后，这是近似的。两个国家都落后，中国则更落后。先进的人们，为了使国家复兴，不惜艰苦奋斗，寻找革命真理，这是相同的。"② 由于中俄国情的相似性，使毛泽东借助十月革命建构中国革命话语更具说服力、鼓动性。

（二）借助十月革命建构中国革命话语有助于协调中国共产党与共产国际、苏联共产党的关系

共产国际存在期间，中国共产党是共产国际领导下的一个支部，在中

---

① 景之：《广州暴动与苏联》，载《红旗》第61期（1929年12月11日），第3页。
② 中共中央文献编辑委员会编：《毛泽东选集》（第4卷），人民出版社1991年版，第1469页。

国革命话语建构这一重大问题上,必须接受共产国际的指导和安排。如1922年11月,共产国际代表马林在《向导》周报发表《俄国革命五周年纪念》一文表示:"在11月7日这一天中国革命领袖的同情和赞美必定都趋向莫斯科,因为莫斯科是诚实促进人类进步的新中心。但是我们希望在这俄国革命五周年纪念日,他们能承认他们自己在中国知识阶级和劳动者中间有革命宣传的可能和必要。中国知识阶级和劳动者必须与新俄国发生密切的协助和亲善关系,才能使解放和独立的奋斗得到一个光荣的胜利!"① 这就明确要求中国共产党借助十月革命纪念进行革命宣传。1929年10月,共产国际执行委员会驻中国代表团关于中国目前局势的决定提出:"在即将到来的十月革命12周年纪念日之前,党应该广泛宣传苏联是世界上唯一的工农国家。党和红色工会应该号召中国劳动人民选出自己的代表去苏联","他们将看到没有帝国主义、军阀、地主和资产阶级的帮助工农如何管理国家"。② 因此,共产国际希望中国共产党借助十月革命来建构中国革命话语,毛泽东建构中国革命话语的方式,因应了共产国际的要求,有利于赢得共产国际的支持。同时,借助十月革命来建构中国革命话语,既是对十月革命和苏俄、苏联的支持,也是对苏联共产党的推崇,自然有助于协调中国共产党与苏联共产党的关系,对于需要获得苏联援助的中国共产党来说,也不失为一种明智的选择。

(三)毛泽东早年对十月革命的倾情和研究,为借助十月革命建构中国革命话语奠定了重要基础

毛泽东早年对十月革命的关注,始于1918年11月李大钊发表《庶民的胜利》《布尔什维主义的胜利》等文章之后。随着国际形势的变化,毛泽东把自己的目光和兴趣从西欧转移到了苏俄。1920年2月,毛泽东在致陶毅信中表示:"彭璜君和我,都不想往法,安顿往俄。何叔衡想留法,我劝他不必留法,不如留俄。"毛泽东想"组一留俄队,赴俄勤工俭学",甚至组织"女子留俄勤工俭学会",并说明正在和李大钊商量这

---

① 中共中央党史研究室第一研究部编:《共产国际、联共(布)与中国革命档案资料丛书》(第2卷),北京图书馆出版社1997年版,第335页。

② 中共中央党史研究室第一研究部编:《共产国际、联共(布)与中国革命档案资料丛书》(第8卷),中央文献出版社2002年版,第185页。

事,"我为这件事,脑子里装满了愉快和希望"。① 1920年3月,毛泽东在给周世钊的信中又高度评价了苏俄,认为"俄国是世界第一个文明国",并重申了两三年后邀集同伴"组织一个游俄队"的计划。② 可见,1920年以后,苏俄作为留学新目标已代替了留学法国,考察十月革命、学习苏俄已成为毛泽东的新选择。尽管毛泽东赴俄留学的愿望未能成为现实,但在宣传马克思主义和研究新文化的过程中,对俄国历史、十月革命给予了特殊关注。1920年8月22日,毛泽东与方维夏、彭璜、何叔衡等人在长沙县知事公署举行会议,筹备成立湖南俄罗斯研究会,确定"以研究俄罗斯一切事情为宗旨"。具体工作安排是发行《俄罗斯丛刊》,派人赴俄实地考察,提倡赴俄勤工俭学。9月15日,湖南俄罗斯研究会在文化书社正式成立,毛泽东被选举为书记干事。经毛泽东推荐,湖南《大公报》连续转载了上海《共产党》月刊的一些重要文章,如《俄国共产党的历史》《列宁的历史》《劳农制度研究》等,对湖南青年产生了深刻影响。③ 因此,毛泽东早年对于十月革命倾注了极大的热情,对俄国历史、十月革命有较为深入的研究和了解,为其后借助十月革命建构中国革命话语奠定了重要基础。

总之,毛泽东在建构中国革命话语过程中,运用了多种资源,十月革命是其中之一。借助十月革命的成功经验,既使中国革命融入了世界无产阶级革命的潮流,成为世界无产阶级革命的有机组成部分,也使民众易于理解革命、认同革命、支持革命,减少了话语建构过程中的认知障碍和实践阻力,掌握了中国革命的话语权,进而掌握了中国革命的领导权,赢得了中国革命的胜利。

(原载《现代哲学》2012年第3期)

---

① 中共中央文献研究室等编:《毛泽东早期文稿》,湖南出版社1990年版,第466、第467页。
② 中共中央文献研究室等编:《毛泽东早期文稿》,湖南出版社1990年版,第476页。
③ 参见金冲及主编《毛泽东传(1893—1949)》,中央文献出版社2004年版,第65~66页。

中国革命经验与毛泽东建设话语的建构

历史是最好的教科书、营养剂,既是成为记忆的过去,又流淌在现实之中,影响与作用当下。中国共产党是善于总结、利用和借鉴历史经验的政党,毛泽东在探索和诠释社会主义建设道路的过程中,通过总结、利用和借鉴新民主主义革命经验,来诠释社会主义建设的基本方针、具体道路和社会主义建设的辩证法,彰显了中国革命经验的实践意义与当代价值。可以说,中国革命经验是毛泽东建设话语建构的重要理论资源。

一、社会主义建设基本方针的革命经验因子

社会主义建设基本方针,是对社会主义建设具有全局意义的指南和方略。毛泽东结合中国革命的历史经验,诠释了从中国实际出发、调动一切积极因素、独立自主与自力更生等社会主义建设的基本方针。

(一) 从中国实际出发

中国革命之所以能取得胜利,一个重要的原因是中国共产党人突破了教条、本本的束缚,在调查研究的基础上,从中国实际出发,选择了适合中国国情的革命道路。对于社会主义建设而言,中国国情依然具有特殊性,建设方针的确立、发展道路的选择仍须从中国实际出发。

从中国实际出发选择社会主义建设道路,必须准确把握中国国情。毛泽东曾说:"除了别的特点之外,中国六亿人口的显著特点是一穷二白。这些看起来是坏事,其实是好事。穷则思变,要干,要革命。一张白纸,没有负担,好写最新最美的文字,好画最新最美的画图。"[1] 这种对于国情的把握和表达,带有一定浪漫主义色彩,但反映了中国当时的现实。在经历社会主义建设的曲折之后,毛泽东借鉴民主革命时期的经验,倡导全

---

[1] 中共中央文献研究室编:《建国以来毛泽东文稿》(第7册),中央文献出版社1992年版,第177~178页。

党大兴调查研究之风。1961年1月，毛泽东在中央工作会议上提出大兴调查研究之风，搞一个实事求是年。他说："抗日战争时期，解放战争时期，我们做调查研究比较认真一些，注意从实际出发，实事求是"；"但是建国以来，特别是最近几年，我们对实际情况不大摸底了，大概是官做大了。我这个人就是官做大了，我从前在江西那样的调查研究，现在就做得很少了。今年要做一点，这个会开完，我想去一个地方，做点调查研究工作。不然，对实际情况就不摸底"。① 在毛泽东看来，不根据调查研究来制定方针政策是不可靠的，很危险，心中无数。为了推动全党开展调查研究，毛泽东同意印发中央博物馆重新发现、写于1930年的《反对本本主义》一文，并将标题改为《关于调查工作》。他在介绍这篇文章时说："文章的主题是，做领导工作的人要依靠自己亲身的调查研究去解决问题。"② "民主革命阶段，要进行调查研究，社会主义革命和社会主义建设阶段，还是要进行调查研究。"③ 毛泽东不仅结合中国革命经验说明了调查研究、从实际出发的重要性，而且要求运用中国革命过程中创造的调查研究方法，来从事社会主义建设时期的国情调查与研究。

（二）调动一切积极因素

中国革命之所以能赢得胜利，另一个重要原因是通过统一战线，调动了一切积极因素，凝聚了各方面的力量。这一成功之道，对于社会主义建设极富启迪意义。毛泽东在《论十大关系》一文中指出："提出这十个问题，都是围绕着一个基本方针，就是要把国内外一切积极因素调动起来，为社会主义事业服务。过去为了结束帝国主义、封建主义和官僚资本主义的统治，为了人民民主革命的胜利，我们就实行了调动一切积极因素的方针。现在为了进行社会主义革命，建设社会主义国家，同样也实行这个方

---

① 中共中央文献研究室编：《毛泽东文集》（第8卷），人民出版社1999年版，第235、第237页。

② 中共中央文献研究室编：《毛泽东年谱（1949—1976）》（第4卷），中央文献出版社2013年版，第555页。

③ 中共中央文献研究室编：《毛泽东年谱（1949—1976）》（第4卷），中央文献出版社2013年版，第567页。

针。"① 事实上，社会主义建设需要利用多种资源、整合各种力量，调动一切积极因素的革命经验，对于社会主义建设具有直接借鉴意义。"同样"二字，彰显了这一革命经验的时代价值。

为了调动一切积极因素，必须妥善处理人民内部矛盾。在解决人民内部矛盾的具体方法上，毛泽东同样运用了革命年代的经验。1956年12月，毛泽东在给黄炎培的信中指出：社会主义社会"人民内部的问题仍将层出不穷，解决的方法，就是从团结出发，经过批评与自我批评，达到团结这样一种方法"②。这一方法是延安整风时期解决党内矛盾行之有效的方法，毛泽东拓展了其运用的空间，将之作为处理人民内部矛盾的方法。毛泽东在《关于正确处理人民内部矛盾的问题》一文中进一步阐述了这一方法："在一九四二年，我们曾经把解决人民内部矛盾的这种民主的方法，具体化为一个公式，叫做'团结—批评—团结'。讲详细一点，就是从团结的愿望出发，经过批评或者斗争使矛盾得到解决，从而在新的基础上达到新的团结。按照我们的经验，这是解决人民内部矛盾的一个正确的方法。"③ 毛泽东具体解释这一方法，为的是让全党全社会更好地理解和运用它来解决人民内部矛盾。毛泽东明确表示："我们现在的任务，就是要在整个人民内部继续推广和更好地运用这个方法，要求所有的工厂、合作社、商店、学校、机关、团体，总之，六亿人口，都采用这个方法去解决他们内部的矛盾。"④ 可见，"团结—批评—团结"这一处理党内矛盾的方法，被用来处理社会主义建设过程中的人民内部矛盾，彰显了这一方法的时代意义。

（三）独立自主、自力更生

中国革命的胜利，主要是依靠中国人民自己的力量、奋斗取得的，独

---

① 中共中央文献研究室编：《建国以来毛泽东文稿》（第6册），中央文献出版社1992年版，第82页。
② 中共中央文献研究室编：《建国以来毛泽东文稿》（第6册），中央文献出版社1992年版，第255页。
③ 中共中央文献研究室编：《建国以来毛泽东文稿》（第6册），中央文献出版社1992年版，第322页。
④ 中共中央文献研究室编：《建国以来毛泽东文稿》（第6册），中央文献出版社1992年版，第323页。

立自主、自力更生是中国革命取得胜利的重要经验。社会主义建设要取得成功，主要仍应依靠自己的力量和奋斗。我们需要外援，也不拒绝外援，但基点在独立自主、自力更生。1956年8月，毛泽东在修改中共八大政治报告时强调："中国的革命和中国的建设，都是依靠发挥中国人民自己的力量为主，以争取外国援助为辅，这一点也要弄清楚。那种丧失信心，以为自己什么也不行，决定中国命运的不是中国人自己，因而一切依赖外国的援助，这种思想是完全错误的。"① 这里表达的意思是，在独立自主、自力更生这一点上，中国革命与社会主义建设是相通的，中国革命的成功之道，实际上为社会主义建设作了注解、提供了样本。1958年6月，毛泽东再次申明："自力更生为主，争取外援为辅，破除迷信，独立自主地干工业、干农业、干技术革命和文化革命，打倒奴隶思想，埋葬教条主义，认真学习外国的好经验，也一定研究外国的坏经验——引以为戒，这就是我们的路线。"② 将独立自主、自力更生提到了社会主义建设"路线"的高度，实际上肯定了独立自主、自力更生这一中国革命经验对于社会主义建设的启迪意义。

由上可知，毛泽东通过合理运用、选择性借鉴中国革命经验，阐述和诠释了社会主义建设的基本方针，赋予了中国革命经验以新的意义和价值。

二、社会主义建设道路的革命经验元素

新民主主义革命与社会主义建设，具有不同的性质任务；新民主主义革命道路与社会主义建设道路，具有各自的内涵。然而，新民主主义革命时期根据地经济建设的经验，中国革命道路之中蕴涵的具有普遍意义的因素，中国共产党人认识和探索中国革命道路的过程，对于社会主义建设依然具有启迪和借鉴意义。毛泽东在阐释社会主义建设道路时，引入了相关的革命经验元素。

---

① 中共中央文献研究室编：《建国以来毛泽东文稿》（第6册），中央文献出版社1992年版，第148页。
② 中共中央文献研究室编：《建国以来毛泽东文稿》（第7册），中央文献出版社1992年版，第273页。

（一）社会主义建设需要协调各种关系

新民主主义革命时期，在从事根据地经济建设和其他各项建设事业的过程中，毛泽东十分注意"军民兼顾""公私兼顾"，重视各项建设事业的协调，如此才能动员群众、组织群众、赢得革命的胜利。他说："在公私关系上，就是'公私兼顾'，或叫'军民兼顾'。我们认为只有这样的口号，才是正确的口号。"① 社会主义建设过程中，面临更为复杂的利益关系需要协调和平衡。在诠释国家、集体、个人三者之间的利益关系如何处理时，毛泽东借用了革命年代的经验。他在《论十大关系》一文中指出："必须兼顾国家、集体和个人三个方面，也就是我们过去常说的'军民兼顾'、'公私兼顾'。"② 社会主义建设需要各方面协调配合，兼顾各方面利益，才能健康发展。1957年1月，毛泽东在省市自治区党委书记会议上的讲话指出："统筹兼顾，各得其所。这是我们历来的方针。在延安的时候，就采取这个方针。""这是一个战略方针。实行这样一个方针比较好，乱子出得比较少。"③ "统筹兼顾，各得其所"是毛泽东处理社会主义建设各方面关系的基本思路，是革命年代根据地经济建设经验的转换和运用。

（二）社会主义建设要依靠农民的力量

农业是国民经济的基础，农民占中国人口的绝大多数，既是中国革命的主力军，也是社会主义建设的主要依靠力量。毛泽东在为《中国农村的社会主义高潮》一书写按语时断定："人民群众有无限的创造力。他们可以组织起来，向一切可以发挥自己力量的地方和部门进军，向生产的深度和广度进军，替自己创造日益增多的福利事业。"④ 这里的"人民群

---

① 中共中央文献编辑委员会编：《毛泽东选集》（第3卷），人民出版社1991年版，第894～895页。
② 中共中央文献研究室编：《建国以来毛泽东文稿》（第6册），中央文献出版社1992年版，第87页。
③ 中共中央文献研究室编：《毛泽东文集》（第7集），人民出版社1999年版，第186、187页。
④ 中共中央文献研究室编：《建国以来毛泽东文稿》（第5册），人民出版社1991年版，第513页。

众",主要是指农民,是对农民在社会主义建设中作用的高度评价。毛泽东从农业合作化的过程中,进一步体察了农民的力量。1958年5月,毛泽东在对刘少奇八大二次会议工作报告稿进行修改时强调:"在我国的六亿多人口中有五亿多农民,他们无论在革命斗争中和建设工作中都是一支最伟大的力量,我国工人阶级只有依靠这个伟大的同盟军,把他们的积极性和创造性充分地调动起来,才能取得胜利。农民同盟军问题的极端重要性,革命时期是这样,建设时期仍然是这样。"① 可见,毛泽东在论述社会主义建设的依靠力量时,没有忘记革命年代的经验,革命年代的经验强化了他对农民作用的认识,农民由革命的主力军变成了建设的主力军。

(三) 社会主义建设需要思想政治工作引导

思想政治工作是中国共产党的优良传统和政治优势,是动员革命力量、形成人民战争的重要手段。毛泽东在《论联合政府》一文中指出:"掌握思想教育,是团结全党进行伟大政治斗争的中心环节。如果这个任务不解决,党的一切政治任务是不能完成的。"② 这是对思想政治工作功能的恰当定位。社会主义建设要动员各方力量、协调各种关系、汇聚各种资源,同样离不开思想政治工作引导。毛泽东指出:"政治工作是一切经济工作的生命线。在社会经济制度发生根本变革的时期,尤其是这样。""生命线"是对思想政治工作在社会主义建设中地位和作用的提升。他力求通过思想政治工作,"反对自私自利的资本主义的自发倾向,提倡以集体利益和个人利益相结合的原则为一切言论行动的标准的社会主义精神"③。1957年3月,毛泽东在南京干部大会上发出倡议:"我们要保持过去革命战争时期的那么一股劲,那么一股革命热情,那么一种拼命精神,把革命工作做到底。"④ 而要保持革命时期的干劲、热情和精神,需要思

---

① 中共中央文献研究室编:《建国以来毛泽东文稿》(第7册),人民出版社1992年版,第223~224页。
② 中共中央文献编辑委员会编:《毛泽东选集》(第3卷),人民出版社1991年版,第1094页。
③ 中共中央文献研究室编:《建国以来毛泽东文稿》(第5册),人民出版社1991年版,第497页。
④ 中共中央文献研究室编:《建国以来毛泽东文稿》(第6册),中央文献出版社1992年版,第400页。

想政治工作的激励、引导和支撑。可见，毛泽东在思考社会主义建设的动员、组织、引导问题时，采借了革命时期的经验。

（四）社会主义建设方针政策的制定要走群众路线

群众路线是党的生命线，也是党的根本工作方法。1943 年 6 月，毛泽东在《关于领导方法的若干问题》一文中指出："在我党的一切实际工作中，凡属正确的领导，必须是从群众中来，到群众中去。"① 这是经历中国革命曲折之后的经验总结。新中国成立后，在诠释社会主义建设方针政策的制定、社会主义发展道路的选择时，毛泽东仍然强调群众路线的重要性。他说："制定一整套的具体的方针、政策和办法，必须通过从群众中来的方法，通过作系统的周密的调查研究的方法，对工作中的成功经验和失败经验，作历史的考察，才能找出客观事物所固有的而不是人们主观臆造的规律，才能制定适合情况的各种条例。"② 这是革命经验的总结，也是制定社会主义建设方针政策的基本方法。1961 年 5 月，在论述制定社会主义建设各项政策的方法时，毛泽东要求各级党委"坚决走群众路线，一切问题都要和群众商量，然后共同决定，作为政策贯彻执行。各级党委，不许不作调查研究工作。绝对禁止党委少数人不作调查，不同群众商量，关在房子里，作出害死人的主观主义的所谓政策"③。将群众路线作为制定社会主义建设方针政策的方法，是对中国革命经验的升华。

（五）从事社会主义建设、认识社会主义建设规律需要一个过程

中国革命的过程并非一帆风顺，甚至多次陷入危险境地，正是经历挫折之后，中国共产党人才认清了中国革命的规律，赢得了中国革命的胜利。社会主义建设涉及经济、政治、文化、社会各方面，加上中国人口多、底子薄，要想在短期内完成社会主义建设任务，事实上不太可能。

---

① 中共中央文献编辑委员会编：《毛泽东选集》（第 3 卷），人民出版社 1991 年版，第 899 页。

② 中共中央文献研究室编：《建国以来毛泽东文稿》（第 10 册），中央文献出版社 1996 年版，第 35～36 页。

③ 中共中央文献研究室编：《建国以来毛泽东文稿》（第 9 册），中央文献出版社 1996 年版，第 494 页。

1958年11月,针对当时急于求成、急于过渡的问题,毛泽东指出:"我们搞革命战争用了二十二年,曾经耐心地等得民主革命的胜利。搞社会主义没有耐心怎么行?没有耐心是不行的。"① 这就借中国革命的历程,道出了社会主义建设不可能速成的道理。在七千人大会上,毛泽东回溯了新民主主义革命时期中国共产党人"艰难地但是成功地认识中国革命规律"的历史,其目的"是想引导同志们理解这样一件事:对于建设社会主义的规律的认识,必须有一个过程。必须从实践出发,从没有经验到有经验,从有较少的经验,到有较多的经验,从建设社会主义这个未被认识的必然王国,到逐步地克服盲目性、认识客观规律、从而获得自由,在认识上出现一个飞跃,到达自由王国"②。社会主义建设必须遵循内在规律,毛泽东以认识中国革命规律的艰巨性为例,说明了把握社会主义建设规律的过程性、重要性。

从毛泽东对社会主义建设道路的具体内涵、把握社会主义建设道路的具体方法的诠释可以看出,中国革命经验是他建构建设话语的重要思想来源。

三、社会主义建设辩证法的革命经验记忆

毛泽东是哲学家,在诠释社会主义建设问题时,通过运用中国革命经验,使其建设话语富有辩证色彩、充满辩证思维。

(一)既要重视困难,也要藐视困难

中国革命之所以能以少胜多、以弱胜强,与"战略上藐视敌人,战术上重视敌人"策略的运用密不可分。如何看待社会主义建设面临的困难?毛泽东借用了中国革命的智慧来说明。1955年3月,他在中国共产党全国代表会议上的开幕词中指出:"要在这个国家里改变历史方向和国家面貌,……要在大约几十年内追上或赶过世界上最强大的资本主义国家,这是决不会不遇到困难的,如同我们在民主革命时期所曾经遇到过的

---

① 中共中央文献研究室编《毛泽东年谱(1949—1976)》(第3卷),中央文献出版社2013年版,第505页。

② 中共中央文献研究室编:《毛泽东文集》(第8集),人民出版社1999年版,第300页。

许多困难那样,也许还会要遇到比过去更大的困难。但是,同志们,我们共产党人是以不怕困难著名的。我们在战术上必须重视一切困难。对于每一个具体的困难,我们都要采取认真对待的态度,创造必要的条件,讲究对付的方法,一个一个地、一批一批地将它们克服下去。根据我们几十年的经验,我们遇到的每一个困难,果然都被克服下去了。种种困难,遇到共产党人,它们就只好退却,真是'高山也要低头,河水也要让路'。这里就得出一条经验,它叫我们可以藐视困难。这说的是在战略方面,是在总的方面。"① 这就借助革命经验,从战术、战略两个方面,恰如其分地说明了认识困难的方法、对待困难的态度。如此,既有利于寻找面对困难、化解困难的路径,也有利于鼓舞士气,从容面对困难。

(二)既要民主,也要集中

民主集中制是在民主基础上的集中和集中指导下的民主相结合的制度,是革命时期中国共产党行之有效的组织方法、工作方法,也是中国革命取得胜利的重要保障。社会主义建设既要有民主,又要有集中。民主能调动各方面积极性,确保决策的科学性,既是社会主义建设的手段,也是社会主义建设的目的;集中则能有效利用国家资源,保证战略重点的建设与社会主义建设的方向。毛泽东将民主集中制原则用来诠释社会主义建设时说:"没有高度的民主,不可能有高度的集中,而没有高度的集中,就不可能建立社会主义经济。"② 民主与集中是经济计划实施的必要条件,毛泽东运用民主集中制来阐发社会主义建设规律,包含革命年代民主集中制经验的借鉴。

(三)既要艰苦奋斗,又要改善群众生活

中国共产党是在艰苦的环境中成长起来的,素以勤俭节约著称于世。斯诺等到延安采访的外国记者,正是从中国共产党人的艰苦奋斗中看到了红军的力量所在、中国的希望所在。同时,中国共产党信守为人民服务的

---

① 中共中央文献研究室编:《建国以来毛泽东文稿》(第5册),中央文献出版社1991年版,第62~63页。
② 中共中央文献研究室编:《建国以来毛泽东文稿》(第10册),中央文献出版社1996年版,第24页。

宗旨，强调"关心群众的痛痒"，"真心实意地为群众谋利益，解决群众的生产和生活的问题"。① 社会主义建设既要弘扬艰苦奋斗传统，又要改善人民生活。如何处理二者的关系？毛泽东在《论十大关系》中指出："我们历来提倡艰苦奋斗，反对把个人物质利益看得高于一切，同时我们也历来提倡关心群众生活，反对不关心群众痛痒的官僚主义。"② 这里的"历来"主要是指革命时期，如此通过借鉴历史经验直接表达了社会主义建设过程中处理二者关系的基本思路。

（四）既要学习外国经验，又不能照搬外国做法

马克思主义中国化的一条重要经验，是将马克思主义基本原理与中国具体实际结合起来。中国革命过程中，既接受了共产国际的指导、借鉴了苏联经验，又突破了共产国际、苏联的束缚，反对教条主义。新中国成立初期，由于缺乏建设经验，加上"一边倒"的外交策略，中国共产党人选择了向苏联学习。1950年2月，毛泽东访问苏联临别时就表示："苏联经济文化及其他各项重要的建设经验，将成为新中国建设的榜样。"③ 类似的表态，毛泽东重申过多次。毛泽东一方面主张学习苏联，另一方面也反对照搬苏联经验。他以教条主义给中国革命造成的损失为例，说明了照搬苏联经验之害。在同音乐工作者谈话时，毛泽东说："什么都学习俄国，当成教条，结果是大失败，把白区搞掉几乎百分之百，根据地和红军搞掉百分之九十，使革命的胜利推迟了好些年。""必须反对教条主义，假使不反，革命就不能胜利。"④ 结合中国革命的经验和教训，毛泽东阐明了社会主义建设学习苏联的正确态度："一种是教条主义的态度，不管我国情况，适用的和不适用的，一起搬来。这种态度不好。另一种态度，学习的时候用脑筋想一下，学那些和我国情况相适合的东西，即吸取对我

---

① 中共中央文献编辑委员会编：《毛泽东选集》（第1卷），人民出版社1991年版，第138页。
② 中共中央文献研究室编：《建国以来毛泽东文稿》（第6册），中央文献出版社1992年版，第87页。
③ 中共中央文献研究室编：《建国以来毛泽东文稿》（第1册），中央文献出版社1987年版，第266页。
④ 中共中央文献研究室编：《建国以来毛泽东文稿》（第6册），中央文献出版社1992年版，第178页。

们有益的经验,我们需要的是这样一种态度。"① 显然,在阐释社会主义建设问题时,毛泽东结合中国革命经验说明了对待外国经验的正确态度。

可见,毛泽东在阐述社会主义建设辩证法时,同样运用了中国革命经验,展现了中国革命经验的辩证色彩。

四、余论

毛泽东在建构建设话语的过程中,之所以要利用和借鉴中国革命经验,有如下一些原因:其一,新中国成立后,中国共产党所处的环境、面临的历史任务发生了变化,在缺乏足够的建设经验之前,很容易想到已经成为过去但却十分熟悉的革命经验。对于毛泽东而言,中国革命经验是刚刚成为历史的现实,具有铭心刻骨的印象,是最容易唤起记忆的资源。其二,中国革命经验已经过实践证明,以此来建构建设话语容易赢得全党全社会的理解和认同,可以减少建设话语建构的阻力,有利于建设话语的传播。其三,革命与建设的性质、任务迥然不同,但在道路选择、力量凝聚、关系协调的方法上,二者具有相通之点。

毛泽东借助中国革命经验建构建设话语,具有重要意义。其一,表达了对中国革命历史的尊重。建设由革命发展而来,没有革命的成功,建设无从谈起。毛泽东借助中国革命经验建构建设话语,实际上表达了对中国革命历史的尊重和缅怀。其二,有利于巩固中国共产党的执政地位。中国革命经验是经过28年奋斗得来的,是中国共产党集体智慧的结晶,也是中国共产党拥有的一种执政资源。借助中国革命经验建构建设话语,有利于巩固党的执政地位,塑造党的执政形象。其三,彰显了中国革命经验的时代意义。中国革命经验是一部教科书,借助中国革命经验建构建设话语,凸显了革命经验的时代意义。

当然,毛泽东在建构建设话语的过程中,并没有拘泥于中国革命经验,而是从社会主义建设的内在规律和中国国情出发,依据马克思主义基本原理,结合国际经验,从更广阔的视野来建构社会主义建设话语,中国革命经验只是建设话语建构过程中借鉴和利用的资源之一。不可否认,毛

---

① 中共中央文献研究室编:《建国以来毛泽东文稿》(第6册),中央文献出版社1992年版,第357~358页。

泽东在建构建设话语的过程中，也存在不顾时代条件变化而照搬革命年代经验的偏差。如对群众运动、供给制、平均主义的推崇和沿用，给社会主义建设带来了曲折。

（原载《现代哲学》2013 年第 5 期）

试论正确处理人民内部矛盾理论的社会传播路径

理论的目的在于掌握群众，指导实践。当代中国马克思主义要真正发挥指导实践的作用，首先必须实现自身的社会化。理论的社会化既是实践发展、社会发展、人的全面发展的需要，也是理论自身价值彰显与价值实现的需要。学术界对于正确处理人民内部矛盾理论已从多方面进行了研究，但对其社会化的路径选择缺乏系统说明。本文拟以正确处理人民内部矛盾理论社会化的路径为个案，从中窥见当代中国马克思主义大众化的有效方式与路径。

一、中共领导集体的理论诠释

1957年2月27日，毛泽东在最高国务会议第十一次扩大会议上，以"如何处理人民内部的矛盾"为题发表讲话。党和国家的主要领导人，除刘少奇外出考察外，都出席了这次会议。如此重大的理论与实践问题，单靠发表一篇讲话，并非能使问题真正得到解决。讲话发表之后，为完善理论、推进理论的社会化，使全党、全社会在正确处理人民内部矛盾问题上达成共识，以利于实践的贯彻执行，毛泽东和中共领导集体其他成员在不同场合、针对不同对象进行了理论诠释，"人民内部矛盾"一时成为主流话语的关键词。

为赢得全党、全社会的关注和认同，毛泽东在最高国务会议之后，又多次就正确处理人民内部矛盾问题发表讲话，进一步诠释他的主张、表达他的观点。3月10日，毛泽东在与新闻出版界代表谈话时，说明了正确处理人民内部矛盾理论的由来与研究这一问题的必要。他指出："我在最高国务会议讲话所谈的问题，本来在心里积累了很久。"[①] 这即是说，正

---

① 参见薄一波《若干重大决策与事件的回顾》（下），中共党史出版社2008年版，第407页。

确处理人民内部矛盾理论并不是突然提出来的，而是经过了一个长期孕育的过程。在毛泽东看来，"现在我们要处理人民内部矛盾问题，不像过去搞阶级斗争（当然也夹杂一些阶级斗争），心中无数是很自然的。无数并不要紧，我们可以把问题好好研究一下"①。这里实际上说明了处理人民内部矛盾的复杂性、特殊性，是中国共产党面临的新问题，因而需要"好好研究"。3月6日至13日，中共中央在北京召开全国宣传工作会议，破例邀请党外人士参加。会议期间，毛泽东围绕正确认识和处理人民内部矛盾问题又发表讲话，申明"今天突出的问题是人民内部的问题，应作具体分析"②。这就进一步把正确处理人民内部矛盾问题提上了议事日程。3月中旬，毛泽东乘专列离开北京赴杭州，沿途在天津、济南、南京、上海发表演讲，主题仍然是如何处理人民内部矛盾问题。3月17日晚，毛泽东在天津市党员干部大会上发表讲话，教育党员干部要认清形势与任务，转变作风，学会正确处理人民内部矛盾，并特别强调要用"百花齐放、百家争鸣"的方针来处理人民内部矛盾。③ 3月18日，毛泽东在济南党员干部会议上发表讲话，专讲思想问题，重点分析了意识形态领域存在的矛盾。3月20日上午，毛泽东在江苏、安徽两省及南京军区的党员干部会议上发表讲话，集中讲了四个问题，即当前阶段的基本特点，人民闹事如何处理，统筹兼顾、适当安排的方针，"百花齐放、百家争鸣"与"长期共存、互相监督"的方针。当天下午，毛泽东在上海市党员干部会议上再次发表讲话，内容和南京讲话大致相同。④ 在南京、上海讲话时，毛泽东一再强调分清两类不同性质的矛盾，"不能用解决第一类矛盾的方法去解决第二类矛盾"⑤。毛泽东走一路，讲一路，用他自己的话来说，"变成了一个游说先生"⑥。毛泽东沿途发表的演讲，对如何处理人民内部

---

① 中共中央文献研究室编：《毛泽东文集》（第7卷），人民出版社1999年版，第260页。
② 中共中央文献研究室编：《建国以来毛泽东文稿》（第6卷），中央文献出版社1992年版，第376页。
③ 参见李文芳《对毛泽东一九五七年"天津讲话"的解读及思考》，载《中共党史研究》2009年第2期。
④ 逄先知、金冲及主编：《毛泽东传（1949—1976）》（上），中央文献出版社2003年版，第644～650页。
⑤ 中共中央文献研究室编：《毛泽东文集》（第7卷），人民出版社1999年版，第289页。
⑥ 逄先知、金冲及主编：《毛泽东传（1949—1976）》（上），中央文献出版社2003年版，第647页。

矛盾问题"继续探索、思考和研究,作了进一步的发挥和补充。他一面讲,一面整理自己的思想,使之更加条理化,更加周密些,更加丰富些"①。

在诠释正确处理人民内部矛盾理论的过程中,刘少奇发挥了重要作用。2月18日至4月14日,刘少奇沿京广线一路南下河北、河南、湖北、湖南、广东五省,与领导干部、工人代表、学生代表、民主人士座谈,就如何认识和处理人民内部矛盾广泛听取各方面意见,并就正确处理人民内部矛盾理论进行解释和说明。3月4日,刘少奇在河南省干部大会上作关于正确处理人民内部矛盾问题的报告,指出人民内部矛盾主要表现为领导机关和人民的矛盾,更确切地讲,是人民和领导机关官僚主义的矛盾。② 3月16日,刘少奇在湖北省委扩大会议上就如何处理人民内部矛盾发表讲话,分析了群众闹事的几种情况,强调要诚心诚意同人民群众商量、讨论,解决他们的问题,从团结的愿望出发,经过批评达到团结。③ 4月10日,刘少奇在视察广东期间,又向广东省和广州市直属机关干部作了关于人民内部矛盾问题的报告。他说:阶级斗争已基本结束,人民内部矛盾已经"突出起来";生产关系与生产力之间的矛盾突出表现在分配问题上,上层建筑与经济基础之间的矛盾突出表现在主观主义、官僚主义、宗派主义问题上;解决人民内部矛盾,不能用过去解决阶级矛盾的办法,必须用新的办法、新的方针、新的路线,允许人民群众用小民主的办法来解决他们面临的问题。④ 刘少奇此行,既诠释了正确处理人民内部矛盾理论,又对人民内部矛盾的实际情形有了具体了解。4月27日,刘少奇在上海市委召开的党员干部大会上,再次就如何正确处理人民内部矛盾问题发表讲话,系统阐明了他的观点。他断定"现在人民内部的矛盾已成为主要矛盾",突出了人民内部矛盾的地位,并具体分析了人民内部矛

---

① 逄先知、金冲及编:《毛泽东传(1949—1976)》(上),中央文献出版社2003年版,第652～653页。
② 中共中央文献研究室编:《刘少奇年谱(1898—1969)》(下卷),中央文献出版社1996年版,第388～389页。
③ 中共中央文献研究室编:《刘少奇年谱(1898—1969)》(下卷),中央文献出版社1996年版,第390页。
④ 中共广东省委党史研究室编:《中国共产党广东历史大事记》(1949.10—2004.9),广东人民出版社2005年版,第75、第76页;中共中央文献研究室编:《刘少奇年谱(1898—1969)》(下卷),中央文献出版社1996年版,第396页。

盾的表现，强调"人民内部矛盾一般讲来基本上是非对抗性的矛盾，因此，处理人民内部矛盾，不能采取处理对抗性矛盾那样的办法"，而"要用和风细雨的办法，要用小民主的办法"。刘少奇还批评了在处理人民内部矛盾问题上的几种错误观点，即站在人民之上、只去分清群众是非而不分清领导是非、以力服人而不是以理服人、把人民内部矛盾当作敌我矛盾来处理。① 由于刘少奇对如何处理人民内部矛盾问题进行了深入调查与思考，其对于这一理论的阐释也就较为全面、到位。

周恩来也从不同角度，对正确处理人民内部矛盾理论进行了诠释。3月19日，他在政协全体会议上作总结发言时强调，社会主义国家"首先要承认国内的矛盾，要正确处理国内的矛盾"②。承认国内矛盾特别是承认存在人民内部矛盾，是正确处理人民内部矛盾的前提。4月24日，周恩来在浙江省委第四次（扩大）会议和省委宣传工作会议上又申明："在国内要正确处理人民内部矛盾，要善于正确区别不同性质的矛盾。正确处理人民内部矛盾，首先要在党内搞通，使党本身能够认识、掌握和解决这个问题。"③ 第二天，他还与苏联最高苏维埃主席团副主席拉希多夫、苏联驻华大使尤金等就处理人民内部矛盾问题交换意见，试探苏联对于这一问题的态度和反映。周恩来说："在阶级斗争基本结束以后，人民内部矛盾就突出地显示出来。在我们社会中，仍然有生产力和生产关系的矛盾；经济基础和上层建筑的矛盾。而在各种社会关系中，领导和群众的矛盾方面也会突出。"尤金表示："是的，我们也有这种矛盾。"④ 这表明，苏联认同中国共产党关于人民内部矛盾的观点。4月29日，周恩来在上海党内外干部大会上，又就正确处理人民内部矛盾问题进行了解答。除重申上述浙江会议报告的内容外，特别强调："由于过去我们长期进行革命斗争，主要是处理敌我矛盾问题，很容易把两种矛盾混同起来，这点我们必

---

① 参见中共中央文献编辑委员会编《刘少奇选集》（下卷），人民出版社1985年版，第296、301、302页。
② 中共中央文献研究室编：《周恩来年谱（1949—1976）》（中卷），中央文献出版社1997年版，第27页。
③ 中共中央文献研究室编：《周恩来年谱（1949—1976）》（中卷），中央文献出版社1997年版，第36页。
④ 刘时平：《周总理和苏联贵宾在笕桥机场　畅谈人民内部矛盾》，载《人民日报》1957年4月26日。

须谨慎。"①

总览中共领导集体对于正确处理人民内部矛盾理论的诠释，其内容主要集中在如下几个方面：人民内部矛盾突显的背景与原因，正确处理人民内部矛盾的重要性，人民内部矛盾的具体表现与性质，正确处理人民内部矛盾的基本方法与应避免的问题。由于毛泽东与中共领导集体是正确处理人民内部矛盾理论的提出者、创立者，其诠释自然最接近理论的真实，最符合理论的本意。同时，由于毛泽东与中共领导集体的权威性，其诠释无疑具有足够的解释力、说服力、影响力。正因为如此，中共领导集体的合力诠释就成为推动正确处理人民内部矛盾理论社会化的重要途径。

二、各层面的传达讨论

毛泽东在最高国务会议上的讲话发表后，在党内外逐级进行了传达，并组织了学习讨论。基于政党架构、组织架构所进行的有序传达与广泛讨论，是推进正确处理人民内部矛盾理论社会化的有效途径。

最高国务会议召开之时，2月28日整天和3月1日上午，与会全体人员就对毛泽东的讲话分组进行了讨论。3月1日下午，又进行了大会讨论，李济深、章伯钧、黄炎培等16人作了大会发言。最高国务会议结束后，传达讨论主要通过各级中国共产党组织、政协组织、民主党派组织展开。

（一）基于中国共产党组织的传达讨论

中国共产党的中央、地方、基层组织健全，是传达讨论正确处理人民内部矛盾理论的主渠道。3月6日至3月13日召开的全国宣传工作会议，首先听取了毛泽东的讲话录音，并分组讨论了毛泽东的讲话。会议期间，毛泽东分别与宣传、教育、文艺、新闻出版、高等学校、科学等方面的几十位党内外代表人物进行了五次座谈，从他们那里获得了大量感性材料，了解到宣传工作和科学文化工作中存在的诸多问题。全国宣传工作会议是传达毛泽东讲话精神，研究思想动向和意识形态方面问题的重要会议，是

---

① 中共中央文献研究室编：《周恩来年谱（1949—1976）》（中卷），中央文献出版社1997年版，第38页。

推进正确处理人民内部矛盾理论社会化过程中的关键环节。全国宣传工作会议后,中共中央发出《关于传达全国宣传工作会议的指示》,要求"各地必须组织深入的传达和讨论"①。从此,在各级地方党组织召开的宣传工作会议上,对正确处理人民内部矛盾理论进行了传达讨论,并对全面开展正确处理人民内部矛盾理论的学习讨论作出了统一部署。

从3月中旬开始,上海市在党内外干部中普遍传达了毛泽东在最高国务会议和全国宣传工作会议上的讲话,随即广泛展开了讨论。②当时人们的普遍反映是:毛泽东关于正确处理人民内部矛盾的讲话,"是马克思列宁主义与中国具体情况相结合的又一个重要发展,它把我们的思想水平又推到了一个新的高峰,听了这个讲话以后,对目前国内生活中的许多矛盾现象,都得到正确的解答了,眼界打开了,对今后的事业也更加充满了信心"③。

3月25日至4月1日,北京市委召开宣传工作会议,认真讨论了毛泽东在最高国务会议和全国宣传工作会议上的讲话,有61人在大会上作了发言。参加会议的代表经过讨论认为,毛泽东的讲话"提出了调整人民内部矛盾关系的极为重要的方针,是马克思列宁主义理论在中国新的历史条件下的重大发展"。有些代表在讨论中说:"过去认为人民内部不能存在矛盾,现在认识到人民内部是存在矛盾的;处理人民内部矛盾的方法,必须从原则上同处理敌我矛盾的方法区别开来。"来自北京市电车公司等基层单位的代表还认识到,"目前厂内存在的党群关系、领导和群众关系等方面的问题,如果能正确贯彻中央处理人民内部矛盾的方针,克服官僚主义,加强思想工作,问题是可以解决的"④。

4月6日至17日,广东省委召开全省宣传工作会议,也传达了毛泽东的讲话,广泛讨论了正确处理人民内部矛盾问题。4月26日,广东省委发出《关于学习"正确地处理人民内部矛盾问题"的指示》,要求从现

---

① 中共中央文献研究室编:《建国以来重要文献选编》(第10册),中央文献出版社1994年版,第134页。
② 参见《上海知识界的新气象》,载《人民日报》1957年4月25日。
③ 本报驻上海记者:《在民主的气氛中展开激烈争论》,载《人民日报》1957年4月16日。
④ 《中共北京市委召开宣传工作会议 讨论正确处理人民内部矛盾问题》,载《人民日报》1957年4月19日。

在起到1957年年底，自上而下、有分别有步骤地组织广大干部群众深入进行一次以正确处理人民内部矛盾为中心的学习、宣传运动。到5月上旬至中旬，广州市委、海南区党委和各地委先后召开了以传达和讨论正确处理人民内部矛盾为主题的常委扩大会议或全委（扩大）会议。①

除此之外，其他各地通过召开会议、印发文字材料等形式，对正确处理人民内部矛盾理论进行了传达，并在不同层次、不同范围内开展了学习讨论。基于中国共产党组织所进行的传达讨论，覆盖面广，动员广泛，有效推动了正确处理人民内部矛盾理论的社会化。

（二）基于政协组织的传达讨论

人民政协由各政党、人民团体、无党派人士及各族各界代表人士组成，政协委员具有代表性、广泛性，政协组织也就成为传达讨论正确处理人民内部矛盾理论的重要渠道。在3月5日至20日举行的全国政协二届三次会议上，对毛泽东的讲话展开了讨论。宋庆龄在会议开幕时表示："在大会的前几天，我们参加了最高国务会议的扩大会议，听了毛泽东主席的讲话。我们将在这次全体会议中，依照他的教导，就各项重要问题加以充分讨论。"② 因此，毛泽东的讲话成为这次政协全体会议讨论的重点之一，不少政协委员的发言对此作出了回应。如邓初民在发言中指出："工人阶级的党，一直不讳言内部矛盾，问题在如何适当地处理内部矛盾"，并认为中国共产党和毛泽东"在新的条件下丰富和发展了马克思列宁主义关于内部矛盾的理论"。③

全国政协二届三次会议召开之后，各地方政协也召开了以传达、讨论正确处理人民内部矛盾为中心的会议。如北京市政协于4月中旬分别召开了工商组、民族宗教界、医药卫生界政协委员座谈会，学习讨论毛泽东的讲话。广东省政协于5月4日至12日举行一届三次全体会议，传达毛泽东的讲话，省政协主席陶铸作了《如何正确处理广东人民内部矛盾》的

---

① 中共广东省委党史研究室编：《中国共产党广东历史大事记》（1949.10—2004.9），广东人民出版社2005年版，第76～77页。

② 《充分发挥人民民主统一战线的积极作用　政协全国委员会第三次全体会议开幕》，载《人民日报》1957年3月6日。

③ 参见邓初民《我们克服人民内部矛盾的力量日益壮大》，载《人民日报》1957年3月18日。

报告,提出广东人民内部矛盾十二个方面的表现及解决的主要措施,强调正确处理人民内部矛盾关键在于领导。① 其他各地方政协组织也召开了以传达讨论正确处理人民内部矛盾理论为中心的会议,通过政协委员的辐射力推动这一理论的社会化。

(三)基于民主党派组织的传达讨论

各民主党派都有自己的成员及所联系的社会人士,借助民主党派组织也有利于推动正确处理人民内部矛盾理论的社会化。全国政协二届三次会议之后,各民主党派中央也先后召开会议,讨论毛泽东的讲话,"长期共存、互相监督"和"百花齐放、百家争鸣"的方针,成为各民主党派中央会议讨论的中心。如民建中央从3月下旬开始,每周召集在京中央常委、各委员会委员、中央各部门负责人,学习讨论毛泽东的讲话②。各民主党派中央还先后发出通知,要求各级地方组织深入学习毛泽东讲话的精神,经过讨论逐渐统一认识。如民革中央于4月19日召开常委会议,决定向全党发出通知,要求全体成员通过学习毛泽东关于正确处理人民内部矛盾的讲话,明确认识人民内部矛盾和敌我矛盾的区别及其转化,认识不同性质的矛盾应以不同的方法来解决,认识当前人民内部矛盾突出的原因及正确处理的办法,明确"长期共存、互相监督"方针的重大意义。③ 4月22日,农工民主党中央向各级组织发出通知,要求把学习毛泽东关于正确处理人民内部矛盾的讲话作为当前工作中心,通过学习获得认识和处理人民内部矛盾的正确观点和方法,从而达到增强团结、改进工作的目的。④

在此前后,各民主党派的地方组织普遍开展了正确处理人民内部矛盾

---

① 十二个方面的人民内部矛盾主要是指:农民方面的矛盾,工人方面的矛盾,失业人口不能很快就业方面的矛盾,中小毕业学生大部分不能升学的矛盾,华侨、侨眷方面的矛盾,盐民、渔民、船民方面的矛盾,知识分子方面的矛盾,民主党派和工商业者方面的矛盾,转业军人方面的矛盾,少数民族方面的矛盾,老根据地方面的矛盾,供应不足和物价有些上涨方面的矛盾。参见广东省档案馆馆藏档案233-2-94-14-30。
② 参见《民建中常委讨论毛主席讲话》,载《光明日报》1957年4月20日。
③ 参见《深入学习毛主席的讲话 正确处理人民内部矛盾》,载《光明日报》1957年4月23日。
④ 《深入学习毛主席的讲话 正确处理人民内部矛盾》,载《光明日报》1957年4月23日。

理论的传达讨论。如九三学社北京市分社于3月3日向基层组织负责人传达了毛泽东的讲话，并要求在基层进行讨论，4月21日又召集各基层组织负责人交换讨论的情况和意见；民革北京市委员会于3月12日向市委委员、各基层组织负责人、宣传员传达了毛泽东的讲话，各基层组织进行了再传达和讨论；民盟北京市委员会于3月15日也传达了毛泽东的讲话，各基层组织随后展开了学习讨论。① 因此，在推动正确处理人民内部矛盾理论社会化的过程中，民主党派组织发挥了独特的作用。

经过逐级传达与广泛讨论，"怎样正确地对待人民内部的矛盾，已经成为全国各界人士当前普遍关心的问题之一"②。4月19日，毛泽东为中共中央起草指示，要求各省、市、自治区党委，中央各部和国家机关各党组，限期将正确处理人民内部矛盾问题的讨论和执行情况报告中央。③ 由此可见，毛泽东当时非常关注党内外关于正确处理人民内部矛盾问题的讨论。4月27日，毛泽东在为中共中央起草《关于整风和干部参加劳动》的指示时还表示："这个讨论可能延长几个月。"④

借助政党架构、组织架构所进行的传达与讨论，既明晰了正确处理人民内部矛盾理论的基本内涵、精神实质、理论意义与实践价值，也强化了正确处理人民内部矛盾理论的辐射力、渗透力、影响力。正因为如此，各层面的传达讨论成为推进正确处理人民内部矛盾理论社会化的重要途径。

三、媒体的多方位传播

媒体传播具有覆盖面广、方便快捷的特点，在推进正确处理人民内部矛盾理论社会化的过程中，报纸、期刊、广播等媒体发挥了独特的作用。

毛泽东在最高国务会议的讲话发表后，上海《文汇报》《新民报》作出了积极反应。如《文汇报》"社会大学"栏目，在3月22日、3月26日、4月6日分别刊发《什么是人民内部的矛盾》《为什么要提出人民内

---

① 参见《各民主党北京市组织普遍传达和讨论毛主席的讲话》，载《光明日报》1957年4月22日。
② 社论：《怎样对待人民内部的矛盾》，载《人民日报》1957年4月13日。
③ 中共中央文献研究室编：《毛泽东文集》（第7卷），人民出版社1999年版，第292～293页。
④ 中共中央文献研究室编：《毛泽东文集》（第7卷），人民出版社1999年版，第294页。

部矛盾问题》《关于内部矛盾的几个问题》三篇文章,对正确处理人民内部矛盾理论进行了简明扼要的介绍和阐释。此前,《文汇报》还刊发了部分政协委员在政协全体会议上的发言。如邓初民《听了毛主席的讲话以后》(3月12日),冯友兰《"百家争鸣"保证学术正常发展》(3月15日),陆侃如《学术界要打破顾虑,勇于辩论》(3月15日)。这些发言,结合具体实际对正确处理人民内部矛盾理论进行了说明。

相反,《人民日报》对于毛泽东在最高国务会议和全国宣传工作会议上的讲话反应并不积极。3月3日,《人民日报》发表了最高国务会议的消息,但当天发表的社论却是《不能放松积肥》,全国宣传工作会议连消息也一字未发。对此,毛泽东十分不满。4月10日,他与陈伯达、胡乔木等人谈话时说:"最高国务会议发了消息,为什么不发社论?消息也只有两行。为什么把党的政策秘密起来?宣传会议不发消息是个错误。这次会议有党外人士参加,为什么也不发消息?党的报纸对党的政策要及时宣传。最高国务会议以后,《人民日报》没有声音,非党报纸在起领导作用,党报被动,党的领导也被动。党报在非党报纸面前丢脸。我在最高国务会议上的讲话目前还不能发表,但可以根据讲话的意思写文章。"① 根据胡乔木的回忆,《人民日报》对此反应迟缓事出有因。他说:"关于正确处理人民内部矛盾的问题,毛主席在最高国务会议上讲了话,中间有些复杂的过程。毛主席最初认为暂时不要宣传,怕别的国家接受不了。可是后来上海文汇、新民报这些非党的报纸大讲特讲,毛主席感到应该讲,对人民日报、解放日报不宣传作了严厉的批评"。② 看来,《人民日报》对于正确处理人民内部矛盾问题的宣传过于谨慎,与毛泽东对此的忧虑不无关系。

其实,《人民日报》对此并非完全没有反应,除发表最高国务会议的消息外,还刊登了阐释正确处理人民内部矛盾理论的文章。比如,3月18日,《人民日报》刊发邓初明《我们克服人民内部矛盾的力量日益壮大》一文;3月19日,又发表欧阳予倩《听了毛主席的报告的几点体会》与张天翼《文艺怎样表现人民内部的矛盾》两文。这些文章,实际上传递

---

① 逄先知、金冲及主编:《毛泽东传(1949—1976)》(上),中央文献出版社2003年版,第664页。

② 胡乔木:《胡乔木回忆毛泽东》,人民出版社1994年版,第23页。

了毛泽东正确处理人民内部矛盾理论的一些基本观点。此外,《人民日报》摘发了全国政协二届三次会议上具体剖析人民内部矛盾的发言,报道了各地学习、讨论的相关情况。尽管如此,《人民日报》作为党报对于正确处理人民内部矛盾问题宣传乏力、声势偏低,应是不争的事实。

毛泽东批评之后,《人民日报》的态度发生了根本性变化。4月13日,《人民日报》发表社论《怎样对待人民内部的矛盾》,阐明了认识人民内部矛盾的基本观点与对待人民内部矛盾的基本态度,并重点说明了人民群众与领导者之间的矛盾,分析了这一矛盾产生的原因与解决矛盾的办法。文章认为,人民群众与领导者之间的矛盾,主要是由于领导者的官僚主义工作作风引起的;为有效克服官僚主义,必须扩大民主,加强群众对领导者的监督,并不断加强在群众中的思想政治工作,不断提高人民群众的政治觉悟。这篇社论的发表,意味着《人民日报》在宣传正确处理人民内部矛盾问题上态度的转变。此后,《人民日报》推出了系列社论,并用更大篇幅、在更显要位置报道各地学习、讨论的情况。

4月16日,《人民日报》发表驻上海记者的文章《在民主的气氛中展开激烈争论》,对上海知识界讨论毛泽东讲话的情况作了详细报道;4月17日,《人民日报》发表社论《从团结的愿望出发》,强调"人民内部矛盾是是非问题,解决人民内部矛盾是为了明辨是非,增强团结,而不是像进行敌我之间的斗争那样,要消灭或打倒矛盾的一方";4月18日、20日、24日、27日,《人民日报》连续刊登关于"百花齐放,百家争鸣"的笔谈;4月23日,《人民日报》又推出社论《全党必须认真学习正确处理人民内部的矛盾》,提出认真研究和正确处理人民内部矛盾,"这是当前党的每一个组织,特别是党的高级组织和它们的负责人员的迫切任务"。从4月中下旬的情况来看,《人民日报》对于正确处理人民内部矛盾理论的宣传可谓不遗余力。

《人民日报》的强势宣传,带动了其他中央媒体和地方媒体对正确处理人民内部矛盾理论的宣传。比如,从4月22日起,《工人日报》连载了"正确地处理人民内部的矛盾"的宣传讲话;从4月中旬起,《光明日报》接连发表了《认识矛盾,解决矛盾》《上海各高等学校热烈讨论毛主席的讲话》《几位学者对"放"的方针有不同体会》《正确处理人民内部矛盾推进社会主义事业》等文章和报道,一改此前沉寂的局面。

除报纸媒体外,广播、期刊在推动正确处理人民内部矛盾理论社会化的过程中也发挥了积极作用。经过媒体的传播与引导，民众进一步认清了人民内部矛盾的具体表现、基本特点与解决之道，消除了对人民内部矛盾问题存在的种种疑惑。正因为如此，正确处理人民内部矛盾理论逐步赢得了全党、全社会的认同。

四、实践运用与实践贯彻

在推进正确处理人民内部矛盾理论社会化的过程中，毛泽东和中共领导集体注意通过实践运用与实践贯彻，结合具体问题的处理与实际问题的解决来促进理论的社会化。

1956年年底至1957年年初，工人罢工、学生罢课、群众性的游行请愿和其他类似事件，比以前有了明显增加。1957年3月20日，毛泽东在南京、上海党员干部会议上发表讲话时，把罢工、罢课、游行、示威、请愿看作克服人民内部矛盾、"调整社会秩序的一种方法"①。1957年3月25日，中共中央发出《关于处理罢工、罢课问题的指示》（以下简称"《指示》"），进一步分析了罢工、罢课这类事件产生的原因与对待这类事件的态度。《指示》认为，罢工、罢课这类事件的发生，"首先是由于我们的工作没有作好，特别是由于领导者的官僚主义"。对于这类事件的处理，《指示》一方面提出，"为了解决人民内部的矛盾，不需要采取罢工罢课游行请愿一类的方式，采取这种方式，一般地是不符合于人民利益的。因此，我们不但不提倡这类事件，而且应该力求防止这类事件"；另一方面申明，发生这类事件时，应当采取如下方针：允许群众这样作，而不是禁止群众这样作；群众既然要闹，就让他们闹够，不要强迫中止，以便使群众在闹事的过程中受到充分的教育；对群众在事件中提出的要求，同群众按正常方式提出的要求同样对待，即接受其中正确的可行的部分，对目前做不到的要求进行解释，对不正确的要求加以批判；在事件平息以后，认真对干部和群众进行教育，一面健全民主生活，一面提高群众觉悟，以达在新的基础上增强人民内部团结的目的。② 很显然，中共中央在

---

① 中共中央文献研究室编：《毛泽东文集》（第7卷），人民出版社1999年版，第289页。
② 中共中央文献研究室编：参见《建国以来重要文献选编》（第10册），中央文献出版社1994年版，第155、第161～162页。

处理罢工、罢课问题时运用了正确处理人民内部矛盾的理论，通过这一具体问题的处理，使民众进一步明确了正确处理人民内部矛盾的方法与目的。1957年4月底发起的整风运动，其主题也在于正确处理人民内部矛盾的问题，使整风运动"同人民内部矛盾的具体解决结合起来"①。从整风运动发起之初的情况来看，对于认识、分析、解决人民内部矛盾，确实起到了积极作用。

在正确处理人民内部矛盾理论社会化的过程中，各地、各部门注意结合实际，分析具体领域的人民内部矛盾。比如，1957年4月23日，新华社发表一篇报道，指出目前农村中存在的人民内部矛盾主要是：农业合作社内领导不民主、财务不公开、分配不合理，引起群众不满；一些干部对民间的迷信活动和宗教问题处理不当，引起农民闹事；在占用渔场、畜牧场、林场、茶场、小矿山及农田等问题上，国家与当地群众发生利益纠纷；等等。又如，文化部门经过分析认为，文化系统存在八大内部矛盾，即领导与被领导的矛盾，党与非党的矛盾，事业单位之间的矛盾，文化事业的发展赶不上人民文化生活需要的矛盾，文化部门对中央与地方文化事业、国营和民间文化事业、各民族之间文化事业统筹兼顾不够的矛盾，学习外国文化知识和吸收祖国文化传统结合不够的矛盾，文化艺术领导骨干的思想业务水平和文化事业发展不相适应的矛盾，贯彻"百花齐放、百家争鸣"方针和干部思想中教条主义束缚的矛盾。② 这些结合具体实际对人民内部矛盾所作的分析，使民众认清了人民内部矛盾的内涵与类型。

在正确处理人民内部矛盾理论社会化的过程中，各地还采取一些具体措施使人民内部矛盾真正得到解决。如黑龙江省对40多万从外省盲目流入的农民、复员军人和中小学毕业生以及整编中调整出来的干部、职工，进行妥善安排和处理③；湖北省提出采取五个方面的措施，正确处理工人阶级内部的矛盾，即扩大企业的民主生活、加强政治思想工作、克服领导

---

① 中共中央文献研究室编：《建国以来重要文献选编》（第10册），中央文献出版社1994年版，第226页。

② 参见《文化部门里内部矛盾是多方面的 必须掌握中央大放的精神摆脱干部思想中教条主义的束缚》，载《人民日报》1957年4月27日。

③ 参见《黑龙江开始具体解决人民内部矛盾 四十万人将得到适当安排》，载《人民日报》1957年4月28日。

的官僚主义、及时解决工人经济与生活上的困难、改革制度中的不合理因素①。1956年10月起，广东、河南、安徽、浙江、江西、山西、河北、辽宁等省，相继有部分农民要求退社，也有部分退社农户要求重新回社。在广东，1956年秋至1957年春，先后退社的117916户农户中，有102149户重新回社，全省尚有约30万户的个体农民。5月2日，广东省委发出《关于正确处理回社社员、退社农户及个体农民有关政策的指示》，强调对于回社社员、退社农民、个体农民的关系问题，都属人民内部矛盾的问题，各级党委必须按正确处理人民内部矛盾的原则，从团结出发，妥善处理②。这些措施的提出与问题的解决，深化了民众对正确处理人民内部矛盾理论的认识与理解。

理论在实践中的运用与贯彻，既有利于彰显理论的实践价值，也有利于民众掌握理论、明确理论的内涵与实质。正确处理人民内部矛盾理论在实践中的运用与贯彻，推进了理论的社会化，增强了理论的征服力、感召力。

五、余论

正确处理人民内部矛盾理论向社会化之后，赢得了民众的认同与好评，认为它是"马克思主义列宁主义与中国实际相结合的伟大范例"③。当然，在社会化的过程中也出现了一些认识上的分歧。比如，对于人民内部矛盾是否成为我国社会的主要矛盾，就存在不同看法。一种意见认为，国内主要矛盾不是人民内部矛盾，而是先进的社会制度同落后的社会生产力之间的矛盾；另一种意见认为，人民内部矛盾就概括了先进的社会制度与落后的生产力之间的矛盾，只是一个矛盾"一而二，二而一"的两种说法；还有少数人认为，国内的基本矛盾仍然是阶级矛盾。④ 这些争论，实际上反映了如何正确认识处理人民内部矛盾重要性的分歧。又如，对于

---

① 参见《湖北决定从五个方面采取措施　正确处理工人阶级内部的矛盾》，载《人民日报》1957年4月23日。
② 参见中共广东省委党史研究室编《中国共产党广东历史大事记》（1949.10—2004.9），广东人民出版社2005年版，第78页。
③ 张西路：《认识矛盾，解决矛盾》，载《光明日报》1957年4月13日。
④ 参见张西路《认识矛盾，解决矛盾》，载《光明日报》1957年4月13日。

解决人民内部矛盾的方法，也有不同看法。有人认为自发的矛盾可以"氧化"，听其自然；有人认为无论什么矛盾都没有自生自灭的，"氧化"也要通过斗争的过程；有人说处理人民内部矛盾不能"求同存异"，只能"以同摄异"或"引异为同"；有人提出人民内部要"异同求存"，"溶异为同"；还有人认为解决人民内部矛盾时，先要分别大小，小矛盾让它"自生自灭"，大矛盾要及时解决。① 这些看法，折射出对于"团结—批评—团结"这一解决人民内部矛盾基本方法认识上的差异。甚至有人明确提出，"团结—批评—团结"公式不是万能的。② 对于人民内部矛盾产生的原因，有人认为是共产党创造出来的，也有人认定是受匈牙利事件影响形成的。③ 这些看法，说明了当时对于人民内部矛盾产生原因认识的偏颇。其实，由于知识水平、经验背景、思维方法等方面的差异，存在这些观点的分歧是正常的，恰恰反映了民众对于正确处理人民内部矛盾问题的关注和思考。

正确处理人民内部矛盾理论的社会化，具有十分重要的意义。其一，使广大干部群众明确了理论的基本内容、理论价值、实践意义，认清了人民内部矛盾凸显的原因、表现与正确处理人民内部矛盾的重要性及方法。其二，引发了全党、全社会对正确处理人民内部矛盾问题的思考和争论，其中不少合理观点对于促进正确处理人民内部矛盾理论的完善发挥了积极作用。其三，理论认同促进了政治认同，正确处理人民内部矛盾理论的社会化，使中国共产党进一步赢得了民众的信任与支持，民众对于理论的积极评价和反映折射了民众对于中国共产党的态度和看法。

正确处理人民内部矛盾理论之所以能实现有效的社会化，除了上述路径、方法的合理运用之外，还与这一理论自身的品格相关。第一，正确处理人民内部矛盾理论具有时代性。当时国际、国内形势的变化，使人民内部矛盾日益凸显，正确处理人民内部矛盾理论可谓应时而生，回答了当时现实亟需回答、干部群众十分关切的问题，因而具有"解渴"之效。第二，正确处理人民内部矛盾理论具有独创性。如何处理人民内部矛盾是国

---

① 参见张西路《认识矛盾，解决矛盾》，载《光明日报》1957年4月13日。
② 参见广东省工商联《关于正确处理人民内部矛盾问题的思想情况反映》，广东省档案馆馆藏档案 248－1－19－30－32。
③ 参见广东省工商联《关于正确处理人民内部矛盾问题的思想情况反映》，广东省档案馆馆藏档案 248－1－19－30－32。

际共产主义运动面临的新问题，围绕这一问题而构建的正确处理人民内部矛盾理论是中国共产党人的创造，其创新的程度也是引起民众关注、促使民众认同的重要因素。第三，正确处理人民内部矛盾理论具有实践性。理论必须针对问题、解决问题，才具有吸引力、说服力，正确处理人民内部矛盾理论是基于实践问题的思考，对于实践问题的解决具有指导性、方法论意义，因而推动了这一理论的社会化。

当然，正确处理人民内部矛盾理论社会化的过程中，也存在一些问题。比如，就社会化的文本而言，在毛泽东的讲话稿正式发表之前，诠释、传达、讨论、宣传没有正式的文本可依，只能领会和传播其基本精神，如此既难以使民众了解理论的全貌，也容易导致理解的偏差与歧义；就社会化的步骤而言，全国也不完全一致，华北、华东、华南起步较早，西北、西南、东北起步较晚。至4月20日，西安大部分高校尚未传达毛泽东讲话的精神，一些大学校领导对要不要传达、如何传达，是谈精神、还是谈要点，不甚清楚，有的校领导甚至担心传达之后会引起混乱、带来麻烦①；就社会化的成效而言，正确处理人民内部矛盾理论在领导干部、知识分子群体中收到了良好效果，引起了强烈共鸣，但工人、农民对于这一理论的反映并不明显，如何通过有效方式使这一理论走向工人、农民，仍然做得不够。

"开展中国特色社会主义理论体系宣传普及活动，推动当代中国马克思主义大众化"②，是当前意识形态建设面临的重要任务。从正确处理人民内部矛盾理论社会化的过程可以看出，当代中国马克思主义大众化需要运用多种方式、借助多样载体、汇集各方力量，理论创立者、中共领导集体的理论诠释，基于政党架构、组织架构所进行的各层面传达讨论，媒体的多方位传播，实践运用与实践贯彻，都是推进当代中国马克思主义大众化不可缺少的路径和方式。

（原载《中共党史研究》2009年第5期）

---

① 参见《西安大部分高等学校尚未传达毛主席讲话》，载《光明日报》1957年4月21日。
② 中共中央文献研究室编：《中国共产党第十七次全国代表大会文件汇编》，人民出版社2007年版，第33页。

试论毛泽东的制度自信

中国特色社会主义制度的基本构架奠基于 20 世纪 50 年代,以毛泽东为主要代表的中国共产党人对于新中国的国体与政体、多党合作与政治协商制度、民族区域自治制度、生产资料公有制度等进行了艰辛探索。基于实践检验、群众认同、多维比较和国际评价,毛泽东对新中国的制度充满自信。与此同时,毛泽东对新中国制度存在的问题保持清醒认识,并以科学的态度对待制度的完善和发展。本文拟就毛泽东制度自信的表征、成因、特点作一初步探讨,以揭示中国特色社会主义制度自信的理论渊源与历史底蕴。

一、毛泽东制度自信的表征

新中国成立后,依据人民民主专政的国体,先后建立了多党合作与政治协商制度、民族区域自治制度、人民代表大会制度、生产资料公有制度。1957 年 2 月,毛泽东在《关于正确处理人民内部矛盾的问题》一文中指出:"我国现在的社会制度比较旧时代的社会制度要优胜得多。如果不优胜,旧制度就不会被推翻,新制度就不可能建立。"① 毛泽东的制度自信,由此可见一斑。具体而言,有如下几个方面:

(一) 对国体的自信

人民民主专政作为一种国家制度,在人民内部实行民主,对敌人实行专政,是民主与专政的有机统一。人民民主专政概念的提出及人民民主专政国家的建立,赢得了广泛的社会认同。1951 年 11 月,毛泽东在全国政协一届三次会议上指出:"我们的人民民主专政的制度,较之资本主义国家的政治制度具有极大的优越性。在这种制度的基础上,我国人民能够发

---

① 中共中央文献研究室编:《建国以来毛泽东文稿》(第 6 册),中央文献出版社 1992 年版,第 327 页。

挥其无穷无尽的力量。"① 字里行间，体现了他对国体的自信与自豪。对于人民民主专政的功能与特点，毛泽东作了具体分析。他说：专政的作用"是为了解决国内敌我之间的矛盾"，"维护社会秩序和广大人民的利益"；专政的目的"是为了保卫全体人民进行和平劳动，将我国建设成为一个具有现代工业、现代农业和现代科学文化的社会主义国家"。② 人民内部的民主，是"民主和集中的统一，自由和纪律的统一"，是"任何资产阶级国家所不可能有的最广大的民主"。③ 可见，毛泽东对国体的自信，主要是从专政的作用、目的与人民民主的特点来阐释的，是基于与资本主义国家比较后的自信。如此立论，对国体自信的理由就显得较为充分。

（二）对人民代表大会制度的自信

人民代表大会制度是与国体相适应的根本政治制度，为实现人民当家作主提供了根本保证。在酝酿这一制度的过程中，毛泽东就肯定了其优势和特点。他在《论联合政府》一文中指出："它是民主的，又是集中的，就是说，在民主基础上的集中，在集中指导下的民主。只有这个制度，既能表现广泛的民主，使各级人民代表大会有最高的权力；又能集中处理国事，使各级政府能集中地处理被各级人民代表大会所委托的一切事务，并保障人民的一切必要的民主活动。"④ 人民代表大会制度就是依据这一思路来设计和运作的。1953年1月，在酝酿召开人民代表大会之时，毛泽东对人民代表大会充满了期待。他指出："召开人民代表大会，可以更加发扬人民民主，加强国家建设"，"人民代表大会制的政府，仍将是全国各民族、各民主阶级、各民主党派和各人民团体统一战线的政府，它是对全国人民都有利的"。⑤ 这种对于人民代表大会功能、作用的定位，折射的是对于这一制度的自信。

---

① 中共中央文献研究室编：《建国以来毛泽东文稿》（第2册），中央文献出版社1988年版，第483页。
② 中共中央文献研究室编：《建国以来毛泽东文稿》（第6册），中央文献出版社1992年版，第319页。
③ 中共中央文献研究室编：《建国以来毛泽东文稿》（第6册），中央文献出版社1992年版，第320、第321页。
④ 凯丰主编：《毛泽东选集》，东北书店1948年版，第313页。
⑤ 中共中央文献研究室编：《建国以来毛泽东文稿》（第4册），中央文献出版社1990年版，第20页。

（三）对多党合作与政治协商制度的自信

中国人民政治协商会议既是人民民主统一战线的组织形式，又具有全国各界代表会议的性质，在新中国初期的政治运作过程中发挥了重要作用。对于政治协商会议的性质、社会影响，1950年6月，毛泽东在全国政协一届二次会议的开幕词中指出："人民政协会议及其选出的全国委员会，是团结全国各民族、各民主阶级、各民主党派、各人民团体及各界民主人士的伟大的统一战线的政治组织，在全国人民中有很高的威信。我们必须巩固这种团结，巩固我们的统一战线，领导全国人民稳步地达到自己的目的。"① 政协作为"统一战线的政治组织"，既是政治协商的平台，也是党派合作的载体，毛泽东肯定其在全国人民心目中"有很高的威信"，能引领全国人民"达到自己的目的"，表露的是对这一制度的自信。1951年11月，毛泽东在全国政协一届三次会议闭幕式上的讲话重申：我国人民民主统一战线"是以工人农民为基础的，它是在工人阶级和共产党领导之下的，它又是采用自我批评方法的，因此，它就能够巩固地团结一致，它就能够越来越有生气，越来越有力量"②，这就充分肯定了政协的运作机制及政协在促进团结、激发活力、凝聚力量方面的积极作用。全国人民代表大会召开之后，政治协商会议是否有继续存在的必要？社会上出现了认识上的分歧。1954年12月，毛泽东在党内外人士参加的座谈会上对此进行了解释，消除了社会上的疑惑。他说："人民代表大会是权力机关，这并不妨碍我们成立政协进行政治协商。各党派、各民族、各团体的领导人物一起来协商新中国的大事非常重要。人民代表大会已经包括了各方面，人大常委会是全国人民代表大会的常设机关，代表性当然很大。但它不能包括所有的方面，所以政协仍有存在的必要，而不是多余的。"③ 毛泽东从政协所具有的代表性、包容性特点，肯定政协"仍有存在的必要"，并将政协的任务界定为协商国际问题、商量候选名单、提意见、调

---

① 中共中央文献研究室编：《建国以来毛泽东文稿》（第1册），中央文献出版社1987年版，第409页。

② 中共中央文献研究室编：《建国以来毛泽东文稿》（第2册），中央文献出版社1988年版，第493页。

③ 参见逄先知、金冲及主编《毛泽东传（1949—1976）》（上），中央文献出版社2003年版，第315页。

整关系、学习马列主义五个方面，为政治协商制度的存在提供了理论支撑。

政治协商指的是一种民主体制，多党合作讲的是一种党派关系。由于多党合作的一个重要内容是政治协商，所以二者有联系，但又不是同一层面的内容。新中国成立后，民主党派是否有继续存在的必要？它究竟能存在多久？社会上有不同的看法和声音，有人认为民主党派"可有可无"，也有部分民主党派成员提出解散民主党派的动议。毛泽东在《论十大关系》一文中指出："究竟是一个党好，还是几个党好？现在看来，恐怕是几个党好。不但过去如此，而且将来也可以如此，就是长期共存，互相监督。""我们有意识地留下民主党派，让他们有发表意见的机会"，"这对党，对人民，对社会主义比较有利"①。在修改中共八大政治报告时，毛泽东特别强调："我们还应当借助于各民主党派和无党派民主人士的批评来克服缺点和错误"，这种批评"能够引起注意问题的所在，使我们能够及时地解决这方面发生的问题。这也是监督的一个方面。这对于我们党，对于社会主义事业是有益无害的"。② 多党合作是中国共产党和各民主党派在共同利益、共同目标基础上的自愿联合，既确立了共产党的领导地位，又充分考虑了各民主党派参政的愿望要求，内含民主机制，能有效进行利益表达、力量整合、社会监督。毛泽东从协商、表达、监督等方面，肯定了多党合作对党、人民、社会主义事业的积极作用，表达了对多党合作制度的自信。

（四）对民族区域自治制度的自信

民族区域自治制度是我国的基本政治制度之一。在制定《共同纲领》的过程中，毛泽东提出以"民族自治"代替"民族自决"，实行少数民族地区自治，以加强民族间的团结与合作。《共同纲领》规定：中华人民共和国境内各民族一律平等，"各少数民族聚居的地区，应实行民族的区域

---

① 中共中央文献研究室编：《建国以来毛泽东文稿》（第6册），中央文献出版社1992年版，第94、第95页。

② 参见中共中央文献研究室编《建国以来毛泽东文稿》（第6册），中央文献出版社1992年版，第147页。

自治，按照民族聚居的人口多少和区域大小，分别建立各种民族自治机关"①。这一规定标志着民族区域自治制度的确立。1950年9月，毛泽东就民族区域自治问题指出："区域自治问题，牵涉很广，有西藏、青海、宁夏、新疆、甘肃、西康、云南、广西、贵州、海南、湘西等处，有的须成立内蒙那样的大区域政府，有的须成立包括几个县的小区域政府，有的是一个县或一个区的政府。"② 这种对于建立民族区域自治的清晰思路和整体筹划，表明了毛泽东对民族区域自治制度的基本态度。1951年2月，毛泽东在中央政治局扩大会议上，将"推行区域自治和训练少数民族自己的干部"③作为少数民族地区的两项中心工作，表明了他对民族区域自治问题的高度重视。1952年颁布的《中华人民共和国民族区域自治实施纲要》，使民族区域自治走出法律化、制度化的第一步。在总结实践经验的基础上，1954年宪法总纲明确规定："各少数民族聚居的地方实行区域自治。各民族自治地方都是中华人民共和国不可分离的部分。"④ 将民族区域自治载入宪法，是对民族区域自治制度自信的充分展现和最高表达。

（五）对法律制度的自信

新中国成立前，毛泽东已着手立国、治国法律的制定。《共同纲领》制定过程中，毛泽东多次向民主人士征求意见，并对草案稿进行了细心修改。《共同纲领》明确规定："废除国民党反动政府一切压迫人民的法律、法令和司法制度，制定保护人民的法律、法令，建立人民司法制度。"⑤对于《共同纲领》的法律地位，毛泽东明确表示："共同纲领必须充分地

---

① 中共中央文献研究室编：《建国以来重要文献选编》（第1册），中央文献出版社1992年版，第12页。

② 中共中央文献研究室编：《建国以来毛泽东文稿》（第1册），中央文献出版社1987年版，第518页。

③ 中共中央文献研究室编：《建国以来毛泽东文稿》（第2册），中央文献出版社1988年版，第129页。

④ 中共中央文献研究室编：《建国以来重要文献选编》（第5册），中央文献出版社1993年版，第522页。

⑤ 中共中央文献研究室编：《建国以来重要文献选编》（第1册），中央文献出版社1992年版，第5页。

付之实行，这是我们国家现时的根本大法。"① 这种坚决态度，表露了毛泽东对《共同纲领》的自信。在"五四宪法"起草过程中，毛泽东明确指出："这个宪法草案，看样子是得人心的"，"我们是以自己的经验为主，也参考了苏联和各人民民主国家宪法中好的东西"，"这个宪法草案是完全可以实行的，是必须实行的"。② 在一届全国人大的开幕词中，毛泽东明确表示："这次会议所制定的宪法将大大地促进我国的社会主义事业。"③ 字里行间，透出了毛泽东对"五四宪法"制定、实行及其效果的自信。

（六）对生产资料公有制度的自信

在七千人大会上，毛泽东曾坦承："我注意得较多的是制度方面的问题，生产关系方面的问题。"④ 的确，新中国成立后，毛泽东十分关注生产资料所有制的变革。通过没收官僚资本，建立了社会主义国有经济；随着对农业、手工业、资本主义工商业社会主义改造的完成，建立了以生产资料公有制占绝对优势的经济体制。在毛泽东看来，过渡时期总路线就是解决所有制问题，国有制扩大、私人所有制改变为集体所有制和国营，"才能提高生产力，完成国家工业化"⑤。他把所有制的变革作为发展生产力、实现国家工业化的条件，蕴涵对于生产资料公有制度的推崇。1956年1月，毛泽东在最高国务会议第六次会议上讲话时指出："农业和手工业由个体所有制变为社会主义的集体所有制，私营工商业由资本主义所有制变为社会主义所有制，必然使生产力大大地获得解放。这样就为大大地

---

① 中共中央文献研究室编：《建国以来毛泽东文稿》（第1册），中央文献出版社1987年版，第408页。

② 参见中共中央文献研究室编《建国以来毛泽东文稿》（第4册），中央文献出版社1990年版，第500、第502、第504页。

③ 中共中央文献研究室编：《建国以来毛泽东文稿》（第4册），中央文献出版社1990年版，第554页。

④ 中共中央文献研究室编：《建国以来毛泽东文稿》（第10册），中央文献出版社1996年版，第33页。

⑤ 中共中央文献研究室编：《建国以来毛泽东文稿》（第4册），中央文献出版社1990年版，第359页。

发展工业和农业的生产创造了社会条件。"① 在《关于正确处理人民内部矛盾的问题》一文中，毛泽东重申了类似的观点。他说："所谓社会主义生产关系比较旧时代生产关系更能够适合生产力发展的性质，就是指能够容许生产力以旧社会所没有的速度迅速发展，因而生产不断扩大，因而使人民不断增长的需要能够逐步得到满足的这样一种情况。"② 这里所说的生产关系，主要是指生产资料所有制关系。从这些论述可以看出，在毛泽东的视野中，生产资料公有制度能促进生产力发展，有利于国家工业化和农业生产的发展，也有利于满足人民的生活需求，因而对此满怀信心，并孜孜以求所有制的变革和升级。

可见，毛泽东对于新中国的制度自信集中于政治制度、经济制度，且多从其作用、功能来诠释自信的缘由、说明自信的依据。由于文化制度的建设需要更长的时间来探索，相对而言，毛泽东对于文化制度的自信彰显和表达不够。

二、毛泽东制度自信的成因

毛泽东对新中国的制度自信，不是单纯的主观想象或善良愿望的表达，而是制度效率彰显、人民群众认同、多维度比较、国际社会积极评价等因素促成的。

（一）新中国制度效率的彰显

新中国成立后建立的各项制度，维护了国家统一，促进了民主政治发展、经济快速增长、文化变革转型、社会稳定有序，其效率在短时间内已显现出来。比如，"一五"期间工业生产所取得的成就，远远超过旧中国的100年。增长速度同世界其他国家同一时期相比较，也是名列前茅的。③ 对此，毛泽东作出了这样的判断："社会主义制度促进了我国生产

---

① 中共中央文献研究室编：《建国以来毛泽东文稿》（第6册），中央文献出版社1992年版，第22页。
② 中共中央文献研究室编：《建国以来毛泽东文稿》（第6册），中央文献出版社1992年版，第327页。
③ 参见中共中央党史研究室著《中国共产党历史》（第2卷）（上册），中共党史出版社2011年版，第419页。

力的突飞猛进的发展，这一点，甚至连国外的敌人也不能不承认了。"①这是新中国制度带来的经济方面的效率。刘少奇在中共八大政治报告中指出："我们所建立的国家，同一切其他的社会主义国家一样，是人类历史上最民主、最有效率、最巩固的国家。"② 这是新中国制度带来的政治方面的效能。1961年6月，毛泽东对刘少奇在庆祝中国共产党成立40周年大会上的讲话稿进行修改时强调："人们可以看到，社会主义的社会制度已经在中国的大地上建立起来了，贫穷落后的中国已经开始走上翻身的道路了。"③ 这一判断，与当时中国经济社会发展的实际是吻合的。实践已经证明新中国制度的效率，事实上已显现新中国制度的优越性，这是毛泽东制度自信形成的客观基础。

（二）人民群众对新中国制度的认同

人民群众对制度的认同和支持，既是制度发挥作用的重要条件，也是毛泽东制度自信形成的重要因素。比如，实行民族区域自治，赢得了人民群众的认同和支持。据参加一届全国政协会议的内蒙古自治区代表刘春回忆，会议讨论民族区域自治问题时，代表们认为："把'民族区域自治'确定为解决国内民族问题的一项基本政策，是非常正确的，完全符合我国的国情和国内民族关系的实际。"④ 民族区域自治制度顺应了各族群众的愿望和诉求，这是毛泽东决心推进这一制度实施的重要原因。在一届全国人大召开之前，全国各地进行了普选。据统计，全国有3.2亿多名选民进行了登记，占进行选举地区18周岁以上人口总数的97.18%。随后，在全国基层单位进行选举时，参加投票的选民共2.7亿多人，占登记选民总数的85.88%。⑤ 如此高比例的人口参加选民登记、高比例的选民参加投票，为召开全国人民代表大会创造了十分有利的条件，其中折射的是人民

---

① 中共中央文献研究室编：《建国以来毛泽东文稿》（第6册），中央文献出版社1992年版，第327页。

② 中共中央文献研究室、中央档案馆编：《中共中央文件选集（1949年10月—1966年5月）》（第24册），人民出版社2013年版，第93页。

③ 中共中央文献研究室编：《建国以来毛泽东文稿》（第9册），中央文献出版社1993年版，第525页。

④ 高建中：《中国人民政治协商会议成立纪实》，当代中国出版社2002年版，第267页。

⑤ 参见逄先知、金冲及主编《毛泽东传（1949—1976）》（上），中央文献出版社2003年版，第312页。

群众对于人民代表大会制度的热情和支持。其他各项制度,同样赢得了人民群众的认同与拥护,催生了毛泽东的制度自信。

(三) 在比较中获得对新中国制度的自信

有比较才有鉴别,毛泽东善于通过比较来表达对新中国制度的自信。一是与资本主义制度比较获得自信。新中国制度与资本主义制度比较,有其独特的优势。1954年9月,毛泽东在修改刘少奇《关于中华人民共和国宪法草案的报告(草稿)》时强调:"我们的国家所以能够关心到每一个公民的自由和权利,当然是由我国的国家制度和社会制度来决定的。任何资本主义国家的人民群众,都没有也不可能有我国人民这样广泛的个人自由。"① 这就从个人自由、权利方面说明了新中国制度的优越性。在七千人大会上,毛泽东指出:"在十七世纪,欧洲的一些国家已经在发展资本主义了,经过三百多年,资本主义的生产力有了现在这个样子。社会主义和资本主义比较,有许多优越性,我们国家经济的发展,会比资本主义国家快得多。"② 这是从生产力发展速度方面说明社会主义制度优于资本主义制度之处。1962年3月,毛泽东在修改林彪在七千人大会上的讲话稿时,加写了如下一段话:"我们的社会主义制度优胜于资本主义制度,我们的无产阶级政党——共产党的领导优胜于资产阶级政党的领导。资本主义需要三百多年才能发展到现在这样的水平,我们肯定在几十年内,至多在一百多年内,就可以赶上和超过它。"③ 这就从党的领导方面彰显了社会主义制度的优越性。二是与南京国民政府的制度比较获得自信。1938年7月至1948年3月,南京国民政府设立了国民参政会,其性质为民意咨询机关,有听取国民政府施政报告、询问、建议、调查之权,但对国民政府并无强制执行其所通过决议案的权力,对南京国民政府缺乏约束力。1954年12月,毛泽东召集党内外人士座谈,在论及政协的性质和任务时说:"国家各方面的关系都要协商。国民党的参议会才是投闲置散、虚应

---

① 中共中央文献研究室编:《建国以来毛泽东文稿》(第4册),中央文献出版社1990年版,第549页。
② 中共中央文献研究室编:《建国以来毛泽东文稿》(第10册),中央文献出版社1996年版,第31页。
③ 中共中央文献研究室编:《建国以来毛泽东文稿》(第10册),中央文献出版社1996年版,第63页。

故事的,我们的政协是有事情做的。"① 据陈毅传达记录稿的记载,毛泽东在这次座谈会上,对国民参政会与政协作了形象的比较:"蒋介石也搞过参政会,但他的做法是把本来有事可做的机关搞成无事可做的机关,他不敢也不愿意要这些机关起作用,他要的是扼杀民主。我们的做法,则是把本来没有多少事可做的机关搞成很有事可做的机关。"② 这就通过与南京国民政府时期国民参政会进行比较,彰显了政治协商制度的优越性。

（四）国际社会对新中国制度的积极评价

对于新中国的制度构架,西方政要、学者、媒体在批评之余,也包含一些肯定性评价。美国康伦公司关于美国对亚洲外交政策的报告曾断言:中国可能是世界上工业革命最迅速的国家之一。③ 这种对于新中国发展速度的评价,从一个侧面肯定了新中国制度带来的效率,引起了毛泽东的关注。1959年美国《纽约时报》发表评论,认为中国比苏联优越的地方有四个方面:一是中国可以得到社会主义国家的帮助,苏联那时没有这种帮助,它当时是唯一的社会主义国家;二是中国的合作化搞得快,没有造成损失;三是中国的劳动力多,而且用人民公社这种"集中营"的方法组织起来了;四是中国是后进的国家,可以接受最先进、最现代化的科学技术,这是一切落后国家赶上先进国家的优越条件。毛泽东认为,"这个评论比较客观,看起来同我们的想法差不多"④。这些积极评价,对毛泽东也是一种鼓舞,有助于增进毛泽东的制度自信。此外,苏联、东欧社会主义国家,对新中国的制度也有不少肯定性评价。1951年6月30日,苏联《文学报》以《光荣的三十年》为题发表社论,称"新中国现在是一个劳动人民参加决定国事的国家,是千百万农民获得了长久渴望着的土地的国家,是劳动者的子女能够受教育的国家,这样的国家是不可战胜的"⑤。

---

① 中共中央文献研究室编:《毛泽东文集》(第6卷),人民出版社1999年版,第386页。
② 逄先知、金冲及主编:《毛泽东传（1949—1976）》(上),中央文献出版社2003年版,第315页。
③ 参见中华人民共和国国史学地编《毛泽东读社会主义政治经济学批注和谈话》(下),中华人民共和国国史学会1998年印,第684页。
④ 中华人民共和国国史学会编:《毛泽东读社会主义政治经济学批注和谈话》(下),中华人民共和国国史学会1998年印,第685页。
⑤ 《在中国共产党领导下新中国是不可战胜的》,载《人民日报》1951年7月3日。

这篇社论尽管是为纪念中国共产党成立30周年而作，但包含对新中国制度的肯定。类似的评价，是促成毛泽东制度自信的重要原因。

因此，毛泽东的制度自信是多方面因素促成的，而其乐观主义的人生态度，对制度自信的形成也产生了一定影响。

三、毛泽东制度自信的特点

毛泽东认为，"根本的问题是制度问题，制度决定一个国家走什么方向"①。也正因为如此，新中国成立前夕即已开始谋划制度的建立，并在新中国成立后不久建构了基本制度框架。当然，毛泽东也清醒意识到新中国制度存在的问题，并能科学把握制度形成发展的内在规律。

（一）对新中国制度存在的问题有清醒认识

毛泽东一方面对于新中国制度充满自信，另一方面能正视新中国制度存在的问题。由于旧制度的影响一时难以完全消除，新制度的实践效果未能充分展现，制度本身也存在一些需要完善的地方，这些因素交织妨碍了制度优越性的发挥。因此，毛泽东对新中国制度的自信持十分谨慎的态度。一般来说，新制度的建立与旧制度的废除需要一个过程，旧制度的影响不会随着新制度的建立迅速消解。如在民族区域自治问题上，毛泽东坦承："凡有少数民族存在的地方，大都存在着尚未解决的问题，有些是很严重的问题。表面上看来平静无事，实际上问题很严重。""在许多地方的党内和人民中，在民族关系上存在的问题，并不是什么大汉族主义的残余的问题，而是严重的大汉族主义的问题。"② 从毛泽东对大汉族主义问题的估量，可知其对民族区域自治实施过程中存在的问题心中有数。新旧制度的更替，往往会遇到一些阻力，并非一帆风顺。在谈到农村所有制变革时，毛泽东说："改变社会制度，从私有到公有，从个体到集体，几亿人口，总有勉强的。"③ 在谈到整体的制度变革时，毛泽东指出："每一个

---

① 中华人民共和国国史学会编：《毛泽东读社会主义政治经济学批注和谈话》（下），中华人民共和国国史学会1998年印，第775页。
② 中共中央文献研究室编：《建国以来毛泽东文稿》（第4册），中央文献出版社1990年版，第128页。
③ 中共中央文献研究室编：《毛泽东文集》（第7卷），人民出版社1999年版，第250页。

时期，总会有这样一部分人，保持旧制度对他们有利，用新制度代替旧制度对他们不利。他们安于已有的制度，不愿意改变这种制度。……任何一种新制度的建立，总要对旧制度有所破坏，不能只有建设，没有破坏。要破坏，就会引起一部分人的抵触。"① 应当说，毛泽东对于制度变革的曲折、由制度变革引起的冲突有充分的准备。也正因为如此，毛泽东能直面新中国制度的不完善、不成熟，客观承认"我国的社会主义制度还刚刚建立，还没有完全建成，还不完全巩固"②。"社会主义生产关系已经建立起来，它是和生产力的发展相适应的；但是，它又还很不完善，这些不完善的方面和生产力的发展又是相矛盾的。除了生产关系和生产力发展的这种又相适应又相矛盾的情况以外，还有上层建筑和经济基础的又相适应又相矛盾的情况。"③ 毛泽东不仅承认社会主义制度的不完善，而且承认社会主义制度之间的矛盾，为社会主义的制度改革提供了理论依据。

（二）将新中国制度完善立于生产力发展的基础之上

既然社会主义制度还不完善，还存在诸多问题，如何促成社会主义制度的完善？毛泽东指出："只有经过十年至十五年的社会生产力的比较充分的发展，我们的社会主义经济制度和政治制度，才算获得了自己的比较充分的物质基础（现在，这个物质基础还很不充分），我们的国家（上层建筑）才算充分巩固，社会主义社会才算从根本上建成了。"④ 制度完善程度与经济发展水平密切相关，毛泽东将制度完善与生产力发展结合起来，反映了他对制度发展规律的把握。在谈到集体所有制向全民所有制过渡问题时，毛泽东也说："集体所有制向全民所有制过渡的迟早，取决于生产发展的水平和人民觉悟水平这些客观存在的形势，而不能听凭人们的

---

① 中华人民共和国国史学会编：《毛泽东读社会主义政治经济学批注和谈话》（上），中华人民共和国国史学会1998年印，第276～277页。
② 中共中央文献研究室编：《建国以来毛泽东文稿》（第6册），中央文献出版社1992年版，第327页。
③ 中共中央文献研究室编：《建国以来毛泽东文稿》（第6册），中央文献出版社1992年版，第328页。
④ 中共中央文献研究室编：《建国以来毛泽东文稿》（第6册），中央文献出版社1992年版，第549～550页。

主观愿望，想迟就迟，想早就早。"① 毛泽东能依据生产力水平与人民愿望，来思考生产资料公有制的变革问题，把握生产资料公有制变革的节奏，符合制度变革的客观规律。

（三）将新中国制度完善视为一个过程

由于制度完善、所有制的变革建立在生产力发展的基础上，而生产力的发展需要一个过程，制度完善同样需要经历较长时期的探索和积累，并非短期内能够完成。对此，毛泽东有充分的思想准备和心理准备。他说："我们的社会主义制度还需要有一个继续建立和巩固的过程，人民群众对于这个新制度还需要有一个习惯的过程，国家工作人员也需要一个学习和取得经验的过程。"② 制度本身的完善与对制度的熟悉、运用需要一个过程。同时，制度不是固定不变的，随着时代与经济社会的发展，制度本身相应发生变革。在毛泽东看来，"一定的社会制度，在一定的时期内需要巩固它，但是这种巩固必须有一定的限度，不能永远地巩固下去。认识不到这一点，反映这种制度的意识形态就僵化起来，人们的思想就不能适应新的变化"③。尽管毛泽东推崇全民所有制，但认识到由集体所有制过渡到全民所有制需要时间。1961年初，毛泽东在修改刘少奇在扩大的中央工作会议上的报告稿时强调："集体所有制转变为全民所有制，是建设社会主义整个历史时期的逐步发展的过程，需要很长的时间，例如说，几十年的时间，不可能在一个短时间内完成。"④ 毛泽东将集体所有制过渡到全民所有制的时间估算为"几十年"，将制度完善视为一个过程，反映了他对制度发展规律、步骤的把握。

总之，20世纪50年代建构的新中国制度框架，奠定了中国特色社会主义制度的基础。毛泽东尚且对于新中国制度充满自信，经历新中国成立

---

① 中共中央文献研究室编：《建国以来毛泽东文稿》（第7册），中央文献出版社1992年版，第570页。
② 中共中央文献研究室编：《建国以来毛泽东文稿》（第6册），中央文献出版社1992年版，第329页。
③ 中华人民共和国国史学会编：《毛泽东读社会主义政治经济学批注和谈话》（上），中华人民共和国国史学会1998年印，第332页。
④ 中共中央文献研究室编：《建国以来毛泽东文稿》（第10册），中央文献出版社1996年版，第7页。

后 64 年的建设，特别是改革开放以来 35 年的发展，中国特色社会主义制度日臻完善，我们更有理由坚定中国特色社会主义制度自信。

（原载《教学与研究》2013 年第 11 期）

试论毛泽东思想的当代价值

任何理论都是时代的产物。然而，随着时代内涵的转换和历史间距的积累，有的理论会日渐暗淡，那些曾经切合实际的真知灼见也会变得不合时宜；有的理论却能超越时空的限制，具有恒久的魅力。20世纪70年代之后，随着第三次科技革命的兴起和社会生产力的发展，和平与发展取代战争与革命而成为时代主题。在和平与发展的时代，特别是随着邓小平理论和"三个代表"重要思想指导地位的确立，如何评价毛泽东思想的当代价值，如何看待毛泽东思想在21世纪中国社会发展中的地位和作用，就成为我们不能回避、应当回答的一个问题，本文拟就此作一初步探讨。

一、评价毛泽东思想当代价值的基本视角

从价值哲学的观点来看，价值是一种客观社会关系，它是客观的，本身具有确定性；价值评价则是价值在意识中的反映，带有一定的主观性、情感性。由于受阶级立场、认识水平、主体状态等因素的影响，对同一事物进行价值评价，往往会得出不同的结论。为了科学、合理地评价毛泽东思想的当代价值，尽量减少毛泽东思想当代价值评价中的主观性、情感性，笔者认为有必要确立一些评价的基本视角。

（一）从时代主题和时代特征出发把握毛泽东思想的当代价值

评价毛泽东思想的当代价值，首先必须站在时代的高度，反映时代的要求，立足中国的实际。价值评价尽管是主观的，但总要有一个对大多数人来说可以接受和认同的客观标准。评价毛泽东思想的当代价值，其标准应当是毛泽东思想与当今时代主题和时代特征契合的程度，特别是毛泽东思想满足当代中国社会发展需要的程度。毛泽东思想中符合时代主题和时代特征，能够指导当代中国实践、满足当代中国社会发展需要的内容，才可以说具有当代价值。相反，毛泽东思想中与时代主题和时代特征不符，

与当代中国实践和中国社会发展需要距离较远的内容,则其当代价值不大或者说不那么明显。

或许有人会说,时代主题和时代特征已经发生了变化,毛泽东思想中为何具有与当今时代主题和时代特征契合的内容?这是因为:第一,科学理论作为时代的产物,一经形成之后,又具有超越时代的属性,不会完全因时而变,因时而废,毛泽东思想在一定程度上就具有这样的属性。第二,毛泽东思想中关于新民主主义社会和社会主义建设的一些理论,实际上已经反映了当今的时代特征。尽管当时战争的危险依然存在,但毛泽东和第一代领导集体其他成员敏锐地洞察到了世界和平的曙光和发展的趋势,并在理论和实践上作出了一定的回应,因而其新民主主义社会理论和社会主义建设理论的部分内容具有切合当今时代主题的特点。第三,和平与发展尽管是当今的时代主题,但这两大课题至今一个都没有解决,局部动荡依然存在,各种形式的霸权主义、强权政治仍在威胁世界和平,天下仍很不太平。我们常为20世纪90年代世界格局呈现多极化趋势而欣慰,但由于"冷战"结束以后,世界力量对比严重失衡,美国在经济、科技、军事上处于超强地位,世界走向政治多极化必将经历较长的发展过程,而不会一帆风顺。在这样的时代背景和国际环境下,毛泽东思想中和战争与革命时代相适应的一些内容,就很难说完全与当今时代背离,毫无当代价值可言。

因此,毛泽东思想与时代主题和时代特征契合的程度和满足当代中国社会发展需要的程度,应该作为评价毛泽东思想当代价值的基本标准和参照系,只有这样才能合理评价毛泽东思想的当代价值。

(二)从毛泽东思想的层次结构来把握毛泽东思想的当代价值

毛泽东思想是一个完整的科学体系,其内部结构具有层次性。大致来说,毛泽东思想包括普遍、一般和特殊三个层次。涉及世界观、方法论的内容属于普遍,涉及新民主主义革命、新民主主义社会和社会主义建设的本质和规律的内容属于一般,而仅仅涉及新民主主义革命、新民主主义社会和社会主义建设某个局部或某个方面的具体内容则属于特殊。毛泽东思想的层次不同,其当代价值也不一样。其普遍层次的内容,如实事求是的一元论观、知行统一的认识论观、对立统一的宇宙观、人民大众的历史观等世界观理论;理论联系实际的学习方法、调查研究的认识方法、矛盾分析的思想方法、群众路线的工作方法等方法论理论,仍可直接用于指导当代中国人对自然、社会和人的认识,仍可直接作为思想方法、领导方法、工作方法来使用。其一般层次的内容,如正确认识中国国情,从中国国情出发从事革命和建设,走自己的路;新民主主义革命的目的就是"解放被束缚的生产力";经过新民主主义社会向社会主义社会转变;社会主义社会的基本矛盾是生产力和生产关系、经济基础和上层建筑之间的矛盾;社会主义的"根本任务已经由解放生产力变为在新的生产关系下面保护和发展生产力"①;调动一切积极因素为社会主义建设服务;社会主义社会要经过不同的发展阶段,等等。这些思想对当代建设中国特色社会主义事业仍具有重要的指导意义和启迪作用,其当代价值不容否认。其特殊层次的内容,如关于中国工业化道路的设计、关于经济体制改革的思考、关于执政党建设的理论、关于民主政治建设的理论、关于两类矛盾的学说、关于文化建设的方针、关于军队建设和国防建设的思想等,在当代仍有其可资借鉴的价值,有的内容经过邓小平理论发扬光大之后继续在发挥指导作用。有些特殊层次的内容,如红色政权理论、农村革命根据地建设的理论、土地革命的理论、游击战争的理论、社会主义改造的理论等,对当代中国的直接指导意义和借鉴作用不那么明显,对这部分内容的当代价值不宜过分强调和夸大。从毛泽东思想自身的层次结构出发来进行价值评价,才能准确地把握毛泽东思想的当代价值。

(三)从不同的学科视角来把握毛泽东思想的当代价值

毛泽东思想已经成为20世纪中国的思想遗产,就其本身来说是凝固的,后人无法变量。但是,我们可以从不同的角度来审视其价值、解读其精髓,可以运用不同的方法来挖掘其契合时代主题、适应当代需要的内容,以更好地发挥其指导作用。如从政治学的角度来看,毛泽东思想中关于政治发展、政治动员、政治参与、政治决策、政治合法化、政治社会化等理论,就有不少值得借鉴之处;如从发展经济学的角度来看,毛泽东思想中关于中国经济发展目标、前提、道路、策略和中国经济发展的内外关系的思考,就有一些可取的地方;如从文化学的角度来看,毛泽东思想中

---

① 中共中央文献研究室编:《毛泽东文集》(第7卷),人民出版社1999年版,第218页。

关于文化本质、文化类型、文化冲突、文化批判、文化整合、文化控制等思想，就对当代中国的文化建设和文化发展具有启发作用；如从军事学的角度来看，毛泽东思想中关于战争本质的看法，关于军队建设的原则和国防建设的方针，关于战略战术的诸多思想，至今仍有相当的合理性；如从外交学的角度来看，毛泽东思想中维护民族独立和国家主权的意识、和平共处五项原则、国际主义精神、反对帝国主义、殖民主义与霸权主义的立场，仍是当今必须遵循的外交准则。再从社会学的角度来看，毛泽东思想中关于社会公平、社会控制、社会流动的理论，对于当今中国的社会变迁和社会转型也不无参考价值。多学科、多视角，才能充分揭示和把握毛泽东思想的当代价值。

（四）从比较的视角来把握毛泽东思想的当代价值

要科学评价毛泽东思想的当代价值，必须合理界定评价视域，即与什么相比。笔者认为，要科学评价毛泽东思想的当代价值，首先应该与毛泽东思想在战争与革命年代的价值进行比较。相对而言，毛泽东思想在当代中国社会所能发挥的作用将不如战争与革命的年代。在过去的年代，毛泽东思想真正成了个人、集体、民族、国家的行动指南和思想圭臬。在当代，由于时代条件的变化，毛泽东思想的价值实现程度将难以与过去相比，影响的广度、深度和力度都会有一些变化。其次，要科学评价毛泽东思想的当代价值，应该把毛泽东思想与马克思主义、邓小平理论和"三个代表"重要思想进行比较。相对于马克思主义而言，毛泽东思想对于当代中国的价值显得直接一些，因为它毕竟是中国化的马克思主义，是立足于中国国情的思索，更加接近当代中国的实际；相对于邓小平理论和"三个代表"重要思想而言，毛泽东思想对于当代中国的价值又具有某种程度的间接性，因为邓小平理论和"三个代表"重要思想是当今时代的产物，更加贴近时代特征和当代中国的现实，其对当代中国的指导作用自然更直接、更具体。

总之，科学评价毛泽东思想的当代价值，应以时代主题和时代特征为坐标、为参照，分别从不同的层次来说明，运用多学科的视角来考察，并且要合理界定评价的视域。如此，才能对毛泽东思想的当代价值进行准确定位。

二、毛泽东思想当代价值的基本内涵

上述视角观照下的毛泽东思想当代价值,具有多方面的内容,这里主要从时代主题和时代特征出发,来揭示毛泽东思想当代价值的基本内涵。

(一)发展价值

发展是当代中国和当代世界的主题之一。每一种科学的理论,都有一个主题、一个中心,众所周知,邓小平理论就是围绕"什么是社会主义,如何建设社会主义"这一主题展开的。如果有人要追问毛泽东思想的主题,那么可以说,毛泽东思想的主题就是中国的发展问题或者说如何实现中国的现代化。也许有人认为,革命是毛泽东思想的主题,但实际上革命正是为中国社会发展扫清障碍,创造现代化所需的前提条件,革命不是目的,只是实现中国发展的手段和途径,革命的着眼点、归宿点在于中国的发展和中国的现代化。毛泽东思想凝聚了第一代领导集体对于中国社会发展问题的思索和探讨,对于当代中国发展理论的构建和发展问题的解决,不仅具有世界观和方法论意义,而且富有具体的指导意义。

就政治发展而言,毛泽东思想中关于政治发展要从中国的国情出发、民主政治是政治发展的目标、政治发展有赖国民素质的提高、政治发展是一个渐进的过程等思想,对当代中国的政治发展,就颇具导向价值。

就经济发展而论,毛泽东思想中关于变落后农业国为现代化工业国的经济发展目标,通过经济发展使国家走向富强、人民走向富裕的经济发展取向,调动一切可以调动的积极因素、力争高速发展的经济发展方针,以处理农、轻、重三者关系为核心的中国工业化道路,以协调为基准的中国经济发展策略等思想,对当代中国的经济发展,也极富定位意义。

就文化发展来看,毛泽东思想中关于文化发展的"民族化、科学化、大众化"方向,处理古今、中外文化关系的"古为今用,洋为中用"原则,促进科学和艺术发展的"百花齐放,百家争鸣"方针,文化选择和吸收的"剔除其糟粕""吸收其精华"方法,科技发展中的打破常规尽量采用先进技术、加强基础理论研究、发展尖端科技等策略,对当代中国文化和科技的发展,仍然是行之有效的方针。

就人的发展来看,毛泽东充分尊重人的价值,深信"世间一切事物中，人是第一个可宝贵的",对人的价值给予了充分肯定;在对国民性进行深层解剖的同时,要求解放个性、发展个性,积极谋求人的解放、人的权利。毛泽东非常关注人的发展,强调人应该在德、智、体诸方面全面发展;并把普及与提高相结合、全日制教育与业余教育相结合、智力开发与思想教育相结合、基础知识教育与培养思维能力相结合作为提高中华民族素养的途径。这些思想,对于促进当代中国人的全面发展,也有启发作用。

应当说,发展是毛泽东思想的主题,毛泽东思想中蕴涵了不少对当代中国社会发展有指导作用与启迪意义的思想和主张,这是毛泽东思想具备当代价值的内在基础。

（二）和平价值

和平是当今世界的另一主题。毛泽东思想尽管产生于战争与革命的年代,但它充满了对和平的期望,对和平的渴求,并提出了一些谋求和平的具体办法,其主张对于当代世界和平问题的解决,也富有启发性。

第一,国家关系之和。中国人民一向爱好和平,中华民族本质上是一个爱好和平的而不是好战的民族。争取和平,维护和平,正是毛泽东外交思想的立足点,也是中国对外政策的主要目标。早在抗日战争初期,毛泽东便指出:中国人民举起义旗,进行"反侵略的民族革命战争","是神圣的、正义的,是进步的、求和平的。不但求一国的和平,而且求世界的和平,不但求一时的和平,而且求永久的和平"。① 正是基于对和平的向往,毛泽东在"七大"的政治报告中,把"保持世界和平"作为"中国共产党的外交政策的基本原则"之一。新中国成立后,由于社会主义现代化建设更加需要一个稳定的、和平的国际环境,毛泽东一再宣告新中国将执行和平的外交路线。1954年10月,他在同印度总理尼赫鲁的谈话中就指出:"我们现在需要几十年的和平,至少几十年的和平,以便开发国内的生产,改善人民的生活。我们不愿打仗。"② 为了争取和平,赢得社

---

① 参见中共中央文献编辑委员会编《毛泽东选集》(第2卷),人民出版社1991年版,第476页。

② 中华人民共和国外交部、中共中央文献研究室编:《毛泽东外交文选》,中央文献出版社、世界知识出版社1994年版,第168页。

会主义建设所需要的和平环境，毛泽东一再强调：要把和平共处五项原则推广到所有国家的关系中去；凡国际争端，诉诸武力解决不了的问题，只有通过和平谈判的方式才能得到解决；国家无论大小、富贫、强弱都应相互尊重、平等相待；各国人民的事务应该由各国人民自己管理，坚决反对国际社会中那种以大欺小、以富压贫、以强凌弱的强权政治；中国是维护世界和平的重要力量，应当为争取世界和平作出"非常伟大"的贡献；中国的事情必须由中国人民自己作主张，自己来处理，不容许任何帝国主义国家再有一丝一毫的干涉；中国不称霸，要以平等态度对待别国，同样尊重别国的平等地位。这些关于世界和平的期望、呼吁和争取和平的准则、途径，对于当今世界和平问题的解决，是有借鉴意义的。

第二，民族关系之和。中国是一个多民族的国家，维护民族关系之和是毛泽东民族理论的出发点。在他看来，民族团结既有利于国家统一，也有利于国家的繁荣；只有加强了民族团结，才能调动各族人民的积极性，使各民族共同得到发展，使国家走向富强。为了实现民族团结，毛泽东提出，民族没有大小、优劣、贵贱之分，每个民族都有自己的长处，都对中国历史作出了贡献，因而在政治、经济、文化上，各民族都处在同等重要的地位，应享有同等的权利；汉族在我国民族关系中起着主导作用，汉族是否主动和少数民族搞好团结是巩固和增强民族团结的关键；国家应帮助少数民族发展经济、政治和文化，这是实现民族团结的基础；实行民族区域自治，是实现民族团结的重要保障。同时，毛泽东还强调，实现民族团结，必须抵御国际分裂主义势力对我国边疆民族地区的渗透以及各种方式的分裂活动，要反对民族分裂主义。毛泽东解决国内民族问题的这些主张，对于当今国际民族纷争的解决和国内和谐民族关系的维护，都有一定的启发和指导意义。

第三，党派关系之和。对于党派关系的处理，毛泽东的基本着眼点也在于和，崇尚"和为贵"。如主张通过谈判、协商解决国共两党的分歧；通过成立联合政府，协调国共两党的利益关系；通过求同存异取得国共两党关系之和。对于共产党与民主党派关系的处理，则通过多党合作与政治协商制度，维持和发展了团结合作的友党关系。应当说，毛泽东对党派关系之和的追求及其致和之道，对当今党派关系的处理，仍有参考之用和指导之效。

因此，毛泽东思想中蕴含不少与当今和平主题相契合的内容，许多思想可为今用，这是毛泽东思想具有当代价值的又一内在基础。

（三）文化价值

随着和平与发展问题的解决，文化问题将凸现出来而成为时代主题。按照袁贵仁先生的说法，"一切价值都是文化的价值，都是以文化形式存在着的价值"①。文化价值是毛泽东思想当代价值的另一重要方面，其表现有三：

第一，知识价值。毛泽东思想不仅仅是一种指导思想，不仅仅属于意识形态的范畴，它是一种真正意义上的知识体系。实际上，毛泽东思想有着丰富的知识内涵，富有知识的价值和力量。毛泽东思想既是马克思主义与中国实际相结合的产物，也是中国传统文化和20世纪中国历史的折射。从毛泽东思想，可以了解马克思主义的基本原理、基本观点和基本方法；从毛泽东思想，可以了解中国传统文化的部分精华和对待中国传统文化应持的态度；从毛泽东思想，可以看到20世纪中国历史和中国社会的一个侧面；从毛泽东思想，可以看到中国共产党曲折的奋斗历程；从毛泽东思想，可以感悟第一代领导集体的创新精神、开拓意识、求真态度。如果对毛泽东思想不熟悉、不了解，那么，在一定意义上可以说就是对马克思主义、中国传统文化和20世纪中国历史、中国社会的不了解，也是对中国共产党历史和第一代领导集体的不了解。

第二，道德价值。一个民族有一个民族的精神支柱，毛泽东思想是20世纪中华民族的重要精神支柱，是20世纪中华民族的象征。在许多中国人眼里，毛泽东思想已内化为一种信念、一种精神。毛泽东思想的这种精神力量来源于毛泽东和第一代领导集体其他成员的人格魅力和道德力量。江泽民同志曾这样评价毛泽东："毛泽东同志是伟大的马克思主义者，无产阶级革命家，战略家和理论家，是近代以来中国伟大的爱国者和民族英雄。毛泽东同志在艰苦漫长的革命岁月中，表现出一个革命领袖高瞻远瞩的政治远见，坚定不移的革命信念，得心应手的斗争艺术和驾驭全局的领导才能。他是从人民群众中成长起来的伟大领袖，永远属于人民。毛泽东同志的革命精神具有强大的凝聚力，他的伟大品格具有动人的感染

---

① 袁贵仁：《价值学引论》，北京师范大学出版社1991年版，第322页。

力,他的科学思想具有非凡的号召力。"① 毛泽东和第一代领导集体其他成员的人格魅力、领导智慧和非凡才华,赋予了毛泽东思想道德的力量。正因为如此,毛泽东思想至今仍为绝大多数中国人所景仰,当代中国人仍能从这里感受到精神的力量和道德的震撼。在一定意义上可以说,毛泽东思想是净化当今社会风气的良药。

第三,思想价值。毛泽东思想作为中国共产党人的思想遗产,是后继的共产党人构建新理论、提出新学说的重要思想资源。邓小平理论与毛泽东思想就有一种渊源关系,甚至在一定程度上可以说,没有毛泽东思想的奠基,也就没有邓小平理论的形成,建设有中国特色社会主义理论始于毛泽东,成于邓小平。同样,毛泽东思想中也蕴涵了"三个代表"重要思想的思想因子,为"三个代表"重要思想的提出提供了丰富的思想资源。我们常说毛泽东思想、邓小平理论、"三个代表"重要思想是一脉相承的关系,这正好说明了毛泽东思想在当代的思想价值所在。同时,毛泽东思想的形成机制——马克思主义与中国实际相结合,毛泽东思想的基本品格——唯物性、实践性、辩证性、人道性、革命性、批判性、创新性,对于当代中国马克思主义的拓展,也富有方法论的启迪意义。

毛泽东思想的当代价值是经济价值、政治价值、文化价值、社会价值的统一,是指导价值、导向价值、规范价值、参考价值的统一,也是绝对价值与相对价值、直接价值与间接价值、潜在价值与现实价值的统一。也许,随着时代的发展,毛泽东思想的当代价值会日渐显现出来,从而使我们的认识更加清楚。但是,我们不能把毛泽东思想理解为解决当代中国所有问题的"万能药方",不恰当地夸大它的当代价值,也不能有意低估毛泽东思想的当代价值,贬低它的指导地位和指导作用。

三、毛泽东思想当代价值的实现

毛泽东思想当代价值的实现,是毛泽东思想潜在价值与内在价值的充分发挥,也就是毛泽东思想对当代中国产生的实际作用和影响。毛泽东思想当代价值的实现及其程度,取决于多方面的因素。

---

① 《在毛泽东同志诞辰一百周年纪念大会上的讲话》,载《人民日报》1993 年 12 月 27 日。

(一) 毛泽东思想当代价值的实现，要求重构毛泽东思想的体系结构

马克思曾经指出：理论在一个国家的实现程度，决定于理论满足这个国家需要的程度。要使毛泽东思想满足当代中国社会的需要，要使毛泽东思想的当代价值得到实现和发挥，目前要做的一项重要工作就是体系重建。这一工作要求从21世纪建设中国特色社会主义的现实需要出发，重新回到毛泽东思想的文本，科学理解毛泽东思想，把握其深层的合理内核，构建其新的理论体系，以有效地表达毛泽东思想的当代价值，科学地揭示毛泽东思想的当代价值。

也许有人觉得，这是一种对待毛泽东思想的实用主义做法。但我们认为，重建体系的工作并非实用主义：第一，任何理论实际上都存在两种体系或两种表现形式，一种是思想家本人构建、以文本形式存在的"自在体系"，另一种是经过后人演绎和发挥的"自觉体系"。"自觉体系"只能不断接近"自在体系"，但难以完全回归"自在体系"，因为后人的演绎和发挥往往会受到知识素养、生活阅历、认知水平、感悟能力、情感因素等方面的影响。毛泽东思想也存在上述两种体系，我们所说的体系重建实际上是指"自觉体系"的重建。第二，目前学术界比较认同的毛泽东思想体系，是1981年党的十一届六中全会通过的《关于建国以来党的若干历史问题的决议》所作的概括，即六条基本原理加上活的灵魂。这一"自觉体系"自然有它的科学性、合理性，我们无意否定它，作为一种得到广泛认同的概括，它已经存在，我们无法使它消失，也无法使它改变。但这一概括是否就是千真万确、无可挑剔呢？恐怕也很难说。我们说的体系重建，是提出新的体系构架，与之并存，使我们对毛泽东思想体系的认识更加接近其"自在体系"。第三，如前所述，毛泽东思想作为一种思想资源、思想遗产，它是凝固的、不变的。但我们可以从不同的角度来表述它，这不是对前人思想的随意曲解，只是表达方式的不同。六条基本原理加上活的灵魂的概括，是后人的一种表述，也包括了后人的演绎和发挥，并非毛泽东思想的"自在体系"。当然，重构毛泽东思想体系，要以文本为依据，不可断章取义，更不可曲解前人的思想。

（二）毛泽东思想当代价值的实现，有赖国民（主体）素养的提高

按照价值哲学的理论，客体价值的实现与否以及实现的程度、层次，不仅与客体有关，而且与主体有关。毛泽东思想当代价值的实现，与当代中国人的价值发现、价值评价、价值选择的能力和素养有极大的关系。为此，首先要通过适当的途径和渠道，让当代中国人特别是年轻人了解毛泽东思想的丰富内涵，接受毛泽东思想的基本观点和基本方法，只有为国人所了解和接受，毛泽东思想才能发挥其指导、规范作用，实现其当代价值。其次，当代中国人要有发现、评价毛泽东思想当代价值的能力。要实现毛泽东思想的当代价值，必须培养当代中国人的价值评价能力，在价值评价的基础上能够作出合理的价值选择。再次，要培养当代中国人了解、接受、选择、运用毛泽东思想的自觉。毛泽东思想当代价值的发挥，不能采取强制手段，而要出于国民的自觉自愿。所有这些，都要以国民文化素养、理论素养、能力素养的提高为基础。

（三）毛泽东思想当代价值的实现，还需要和谐的文化环境

文化环境为价值实现提供一种文化背景、文化氛围和文化观念。文化激进主义和文化保守主义，都不利于毛泽东思想当代价值的实现。因为，文化激进主义的虚无态度将难以承认毛泽东思想的当代价值，文化保守主义的抱残守缺又将窒息毛泽东思想的当代价值。毛泽东思想当代价值的实现，需要的是一种历史主义的文化精神和开放主义的文化态度。尊重历史、尊重传统，冷静地看待前人的思想成果，理智地评价前人思想的当代价值，只有在这种历史主义的文化氛围下，毛泽东思想的当代价值才能得到认同和实现；既不盲目否定前人的思想成果，又不为前人的思想成果所束缚，而能实现继承与发展、继承与超越的有机统一，只有在这种开放主义的文化心态下，毛泽东思想的当代价值才能有效体现和发挥。因此，营造良好的文化氛围，培养国民正确的文化态度和文化精神，是毛泽东思想当代价值实现的重要条件。

（四）毛泽东思想当代价值的实现，需要借助于一定的中介

价值的实现需要一系列中介，没有一定的中介，客体价值就难以实

现。在我看来，毛泽东思想当代价值实现的中介主要有三：一是建设中国特色社会主义的实践。毛泽东思想当代价值的实现，首先要立足于建设中国特色社会主义的实践，回答实践中提出的种种问题，或者作为实践中决策的依据和指南。如此，才能展示毛泽东思想的当代价值，实现毛泽东思想的当代价值。二是当代知识精英、政治领袖的理论建构活动。毛泽东思想当代价值的实现，要求当代知识精英、政治领袖把毛泽东思想作为构建其新的思想体系的重要思想资源或者原初起点，把毛泽东思想的合理内核融入新的思想体系之中，赋予毛泽东思想以新的活力，从而光大其价值，传承其精髓。三是国人的实践活动和意识活动。毛泽东思想当代价值的实现，要求国人把毛泽东思想作为一种动力、智慧、精神、思想方式和价值取向，以此指导国人的实践活动和意识活动。

我想，实现毛泽东思想的当代价值，如同实现马克思主义的当代价值和充分发挥邓小平理论、"三个代表"重要思想的指导作用，同样是当代中国人肩负的历史使命。诚然，毛泽东思想当代价值的实现有一个过程，毛泽东思想当代价值的实现也许还需要其他一些条件，但对于毛泽东思想当代价值的实现，我们应持积极的态度，以真正发挥其指导作用。

（原载《教学与研究》2003年第1期）

附录

陈金龙主要著述目录

一、个人专著

[1]《民族精神与毛泽东》,湖南出版社 1993 年版。
[2]《继承与超越——毛泽东与孙中山比较研究》,广东教育出版社 1998 年版。
[3]《中国共产党与中国的宗教问题——关于党的宗教政策的历史考察》,广东人民出版社 2006 年版。
[4]《改革开放与民族精神》,广东教育出版社 2008 年版。
[5]《南京国民政府时期的政教关系——以佛教为中心的考察》,中国社会科学出版社 2011 年版。

二、与人合著

[6]《近代中国社会思潮与马克思主义中国化》(陈金龙等著),人民出版社 2013 年版。

三、主编著作和学术丛书

[7]《马克思主义中国化概论》,人民出版社 2005 年版。
[8]《科学发展在广东》丛书 5 卷本,广东教育出版社 2013 年版。
[9]《中国特色社会主义理论与实践专题研究》,中国社会科学出版社 2013 年版。

四、论文

[10]《反传统主义的历史走向》(与肖君华合作),《湖南师范大学学报》1990 年第 4 期;《新华文摘》1990 年第 10 期。
[11]《"半殖民地半封建"概念形成过程考析》,《近代史研究》1996 年第 4 期;《新华文摘》1997 年第 1 期。
[12]《孙中山思想:毛泽东思想的重要理论来源》,《教学与研究》2000

年第 8 期；《新华文摘》2001 年第 1 期；《人大复印资料·中国现代史》2000 年第 11 期。

[13]《李大钊的日本观》，《光明日报》2005 年 12 月 13 日；《新华文摘》2006 年第 5 期。

[14]《略论民主革命时期中国共产党的纪念活动》，《中共党史研究》2007 年第 6 期；《新华文摘》2008 年第 2 期；《人大复印资料·中国现代史》2008 年第 3 期。

[15]《论民主革命时期的中共建党纪念活动》，《中共党史研究》2011 年第 4 期；《新华文摘》2011 年第 12 期；《人大复印资料·历史学文摘》2011 年第 2 期。

[16]《关于道路自信、理论自信、制度自信的思考》，《马克思主义研究》2014 年第 2 期；《新华文摘》2014 年第 9 期。

[17]《从庙产兴学风波看民国时期的政教关系——以 1927 至 1937 年为中心的考察》，《广东社会科学》2006 年第 1 期；《中国社会科学文摘》2006 年第 3 期。

[18]《辛亥革命与中共早期革命话语的建构》，《中共党史研究》2011 年第 10 期；《中国社会科学文摘》2012 年第 2 期；收入《中国共产党创建史研究文集》，上海人民出版社 2013 年版。

[19]《中国革命经验与毛泽东建设话语的建构》，《现代哲学》2013 年第 5 期；《中国社会科学文摘》2014 年第 1 期。

[20]《论马克思主义中国化的若干问题》，《马克思主义研究》2006 年第 12 期。

[21]《时代特征与马克思主义中国化》，《马克思主义研究》2008 年第 9 期。

[22]《试论国庆纪念的社会功能》，《马克思主义研究》2009 年第 10 期。

[23]《马克思主义中国化的主体探析》，《马克思主义研究》2010 年第 5 期。

[24]《略论民主革命时期中国共产党的宗教政策》，《中共党史研究》1997 年第 3 期。

[25]《毛泽东论孙中山》，《中共党史研究》1998 年第 3 期。

[26]《1957—1966：中国共产党宗教政策的曲折发展》，《中共党史研究》2001 年第 6 期；《新华文摘》2002 年第 3 期；《人大复印资料·中

国现代史》2002 年第 3 期。

[27]《第三代领导集体与民族精神的弘扬和培育》,《中共党史研究》2003 年第 6 期;《人大复印资料·邓小平理论研究》2004 年第 4 期。

[28]《试论正确处理人民内部矛盾理论的社会传播路径》,《中共党史研究》2009 年第 5 期;《人大复印资料·毛泽东思想》2009 年第 5 期。

[29]《中共纪念活动与党史文化的建构》,《中共党史研究》2012 年第 11 期;收入《全国党史文化论坛文集》,中共党史出版社 2013 年版。

[30]《党史研究若干学术分歧的回顾与思考》,《中共党史研究》2014 年第 5 期。

[31]《新时期中国共产党宗教政策恢复拓展的历史条件》(与郭文亮合作),《当代中国史研究》2002 年第 3 期;《人大复印资料·中国现代史》2002 年第 11 期。

[32]《论孙中山的民族平等思想》,《民族研究》1997 年第 1 期;《人大复印资料·中国近代史》1997 年第 4 期。

[33]《建国初期中国共产党宗教政策略论》,《民族研究》2001 年第 2 期。

[34]《论 1958—1960 年中国宗教制度的民主改革》,《世界宗教研究》2002 年第 3 期;《人大复印资料·宗教》2003 年第 1 期。

[35]《从僧伽制度整理看民国时期政教关系》,《世界宗教研究》2006 年第 2 期。

[36]《试论毛泽东思想的当代价值》,《教学与研究》2003 年第 1 期;《新华文摘》2003 年第 5 期;《人大复印资料·毛泽东思想研究》2003 年第 3 期。

[37]《深化马克思主义中国化研究的若干思考》,《教学与研究》2006 年第 2 期;《人大复印资料·马克思主义 列宁主义研究》2006 年第 4 期。

[38]《改革开放以来弘扬和培育民族精神的基本经验》,《教学与研究》2008 年第 12 期。

[39]《论中国共产党建党纪念的社会功能》,《教学与研究》2011 年第 5 期;收入《全国党史界纪念中国共产党成立 90 周年学术研讨会论

文集》，中共党史出版社2011年版。

[40]《〈教学与研究〉：助力当代中国学术发展》，《教学与研究》2012年第6期。

[41]《试论毛泽东的制度自信》，《教学与研究》2013年第11期；入选"纪念毛泽东诞辰120周年学术研讨会"。

[42]《为全面落实科学发展观提供有力保障》，《求是》2006年第13期。

[43]《社会主义核心价值体系是兴国之魂》（与蒋斌合作），《求是》2012年第2期。

[44]《杜绝奢靡之风》（与蒋斌合作），《求是》2013年第17期。

[45]《党带领人民不懈探索实践的理论结晶》，《人民日报》2007年12月3日。

[46]《把先进性与广泛性要求统一于和谐文化建设实践》，《人民日报》2007年9月21日。

[47]《当代中国发展进步的根本制度保障》，《人民日报》2011年8月19日。

[48]《孙中山的科技发展观》，《光明日报》1996年11月12日。

[49]《试论孙中山的忧患意识》，《光明日报》1999年10月22日。

[50]《孙中山关于西部开发的若干设想》，《光明日报》2000年11月10日。

[51]《论"五四"纪念活动的社会功能》，《光明日报》2009年5月5日。

[52]《共产国际与中共建党纪念活动的发端》，《光明日报》2011年4月27日；《人大复印资料·马克思主义文摘》2011年第6期。

[53]《谈谈辛亥革命纪念的社会功能》，《光明日报》2011年9月28日。

[54]《辛亥革命与马克思主义中国化》，《光明日报》2011年10月8日。

[55]《中国特色社会主义：概念演变与内涵升华》，《光明日报》2013年1月16日。

[56]《孙中山民生主义的历史作用与当代价值》，《科学社会主义》2011年第1期。

[57]《民族立场与世界眼光》，《当代世界与社会主义》2006年第6期。

[58]《比较方法与中共党史研究》，《党的文献》2006年第4期。

[59]《试论孙中山的科学技术思想》，《自然辩证法研究》1996年第12

期;《人大复印资料·科技哲学》1997年第2期。

[60]《近代化视野下的近代人物研究》,《近代中国》(台北)2000年第5期。

[61]《中国共产党处理宗教问题的历史经验》,《社会科学战线》1999年第4期;《人大复印资料·宗教》1999年第4期。

[62]《人文精神与科学精神的有机统一》,《学术研究》2002年第12期。

[63]《科学发展观研究的方法与路径》,《学术研究》2007年第1期。

[64]《南京国民政府与中国佛教会》,《学术研究》2010年第3期。

[65]《论江泽民的历史观》,《广东社会科学》2007年第2期。

[66]《毛泽东与纪念活动的政治功能表达》,《现代哲学》2009年第1期。

[67]《十月革命与毛泽东革命话语的建构》,《现代哲学》2012年第3期;《人大复印资料·毛泽东思想》2012年第5期;收入《毛泽东思想研究》第1辑,中国社会科学出版社2014年版。

[68]《苏共二十大与中共八大》,《人文杂志》1997年第4期;《新华文摘》1998年第1期,《人大复印资料·中国现代史》1997年第11期。

[69]《孙中山和毛泽东科技价值观之比较》,《人文杂志》1998年第5期。

[70]《试论抗日战争时期党的宗教政策的成熟》,《人文杂志》2000年第6期;《人大复印资料·中国现代史》2001年第3期。

[71]《试论建国初期的宗教革新运动》,《人文杂志》2002年第5期;《人大复印资料·宗教》2003年第1期。

[72]《毛泽东孙中山的普及教育思想比较》,《安徽史学》1997年第1期。

[73]《孙中山与佛教》,《安徽史学》2005年第2期。

[74]《中国佛教界对民国政治的参与——以1927—1937年为中心的考察》,《贵州社会科学》2008年第1期;《中国社会科学文摘》2008年第7期;收入《中国抗战与世界反法西斯战争》(下卷),社会科学文献出版社2009年版。

[75]《论七七事变前中国佛教界的抗日活动》,《民国档案》2005年第3期。

[76]《冲突与调适：南京国民政府与佛教界互动关系探微》，《宗教学研究》2006年第3期。

[77]《建国初期的中国宗教界》，《中国宗教》2002年第5期。

[78]《论建国初期大汉族主义问题的消解》，《党史研究与教学》2009年第4期；《人大复印资料·中国现代史》2010年第2期。

[79]《从地方自治到民族区域自治：孙中山与毛泽东自治观之比较》，《贵州民族研究》1998年第3期。

[80]《孙中山和毛泽东民族团结观之比较》，《广西民族研究》1998年第3期。

[81]《毛泽东与民族的"人和"精神》，《毛泽东思想研究》1992年第4期。

[82]《毛泽东与孙中山经济发展思想之比较》，《毛泽东思想研究》1995年第1期。

[83]《毛泽东与孙中山的节制资本思想》，《毛泽东思想论坛》1994年第4期。

[84]《毛泽东与孙中山的武装斗争思想》，《毛泽东思想论坛》1996年第2期。

[85]《孙中山与毛泽东道德观之比较》，《毛泽东思想论坛》1997年第4期。

[86]《群众路线：实现中国梦的重要保障》，《中国高等教育》2013年第20期。

[87]《全面建设小康社会是全国各族人民的根本利益所在》，《思想理论教育导刊》2008年第5期。

[88]《孙中山的道德修养论初探》，《思想教育研究》2003年第10期。

[89]《文化环境与大学生思想政治教育》，《思想教育研究》2006年第4期。

[90]《纪念活动与思想政治教育》，《思想教育研究》2008年第8期。

[91]《试论刘少奇关于社会主义民主的思想》，《湘潭大学学报》1988年第4期。

[92]《孙中山与毛泽东外交思想之比较》，《湘潭大学学报》1996年第4期；《人大复印资料·中国外交》1996年第11期。

[93]《中西文化交流与党的思想建设》，《湖南师范大学学报》1991年第

3 期。

[94]《传统精神与时代精神》,《湖南师范大学学报》1991 年第 4 期。

[95]《青年毛泽东与民族忧患意识》,《湖南师范大学学报》1992 年第 1 期;《人大复印资料·毛泽东思想研究》1992 年第 2 期。

[96]《毛泽东对民族精神的振兴》,《湖南师范大学学报》1992 年第 3 期。

[97]《毛泽东与民族的自强精神》,《湖南师范大学学报》1993 年第 3 期。

[98]《南京国民政府时期政教关系发生的基础——以 1927—1937 年南京国民政府与佛教的关系为例》,《同济大学学报》2006 年第 3 期。

[99]《试论毛泽东对古代道德修养理论的批判继承》,《长沙水电师院学报》1990 年第 4 期;《人大复印资料·毛泽东思想研究》1991 年第 1 期。

[100]《试论第一次国共合作的文化基础》,《青海师范大学学报》1996 年第 4 期,《人大复印资料·中国近代史》1997 年第 3 期转载。

[101]《孙中山与民族精神》,《华南师范大学学报》1996 年第 6 期。

[102]《1921—1927:中国共产党宗教政策的萌芽》,《华南师范大学学报》2000 年第 5 期。

[103]《试论孙中山的忧患意识》,《华南师范大学学报》2003 年第 4 期。

[104]《论孙中山的协调发展观》,《华南师范大学学报》2005 年第 1 期;《人大复印资料·中国近代史》2005 年第 7 期。

[105]《从庙产管理看南京国民政府时期的政教关系——以 1927—1937 年为中心的考察》,《华南师范大学学报》2006 年第 5 期;《新华文摘》2007 年第 3 期;《人大复印资料·中国现代史》2007 年第 1 期。

[106]《近代中国民族主义与马克思主义中国化》,《华南师范大学学报》2010 年第 4 期。

[107]《中国改革话语是如何建构起来的?》,《华南师范大学学报》2014 年第 4 期。

[108]《领袖群体与马克思主义中国化》,《理论学刊》2009 年第 11 期;《人大复印资料·马克思主义文摘》2010 年第 6 期。

[109]《新中国初期的纪念活动与国家形象建构》,《新视野》2012 年第

4 期。
［110］《党建文化的界定与建构：以中国共产党为视角》，《理论学刊》2012 年第 10 期；《人大复印资料·中国共产党》2013 年第 3 期。

后　记

这本文集由 17 篇论文组成，内容涉及中国共产党纪念活动的历史发展与社会功能、马克思主义中国化的基本理论、毛泽东思想研究的视阈拓展，记录了我近期的研究兴趣和学术轨迹。

因这些论文发表的时间距今不长，收入本集时基本上保持原貌，只对注释进行了规范性调整，或依据最新出版的文献对引文进行了校订。

本集的出版，得益于广东省委宣传部、广东省社科联的鼎力支持。作为广东省首届优秀社会科学家最年轻的一位，我为自己选择了广东、广东接纳了我而欣慰。广东开放、包容的学术环境，为我的成长提供了自由的空间。衷心感谢广东省委宣传部、广东省社科联领导和广东学术界同仁对我的关爱之心、提携之情。

本集的出版，得到了中山大学出版社的倾力支持。责任编辑陈霞女士为此付出了辛勤劳动，没有她的最后把关、加工和润色，本书或许会留下不少遗憾。在此，谨向中山大学出版社领导、责任编辑陈霞女士表达虔诚的谢意和敬意。

囿于专业基础、学术水平与研究视野、研究能力的局限，书中粗疏之处在所难免，敬请学界同道、广大读者批评指正。

陈金龙
2015 年 8 月于广州